JARLE SÄNGER

Komm, lass uns wandern

BERGISCHES LAND
EIFEL
MITTELRHEIN

emons:

Das ist drin

Zum Herunterladen der GPS-Daten auf den Computer und zur Nutzung auf GPS-Geräten:
emons-verlag.de/wandern-Koeln

Die steilen Wupperhänge bei Solingen

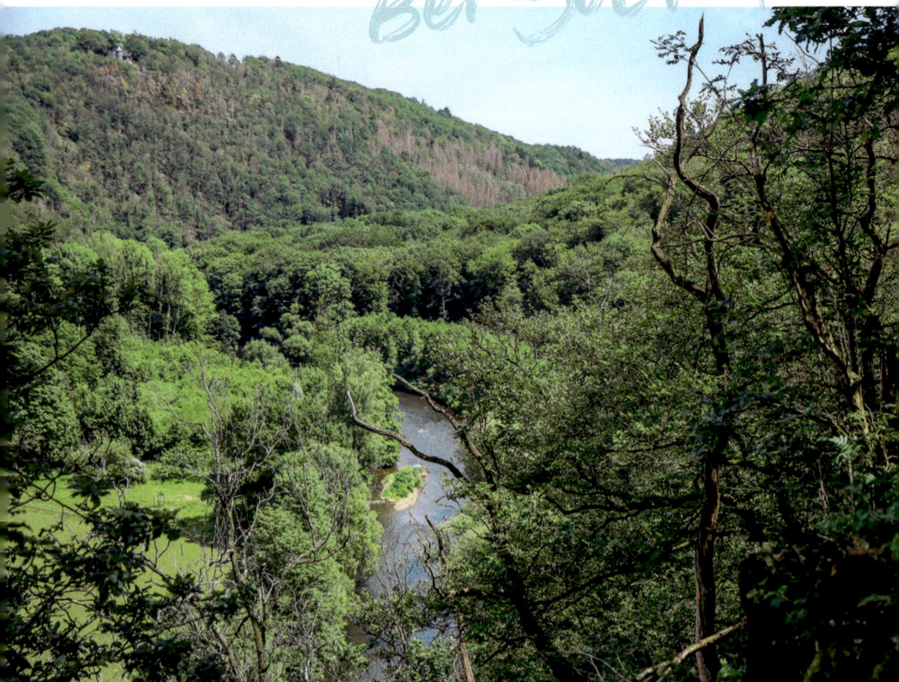

Schwierigkeit: mittel // 11,4 Kilometer // 346 Höhenmeter
Für Familien mit Kindern geeignet

ÜBER STOCK UND STEIN
AUF SCHMALEN PFADEN:
WO DIE WUPPER AM WILDESTEN IST

Man glaubt oft nicht, was für wilde Naturareale quasi direkt vor den Toren Kölns zu finden sind. Urwüchsige Steilhänge, das streckenweise sehr malerische Tal der Wupper und jede Menge tolle Wanderpfade – die Wupperhänge sind nicht nur ein Naturschutz-, sondern auch ein hervorragendes Wandergebiet, in dem vieles noch ganz ursprünglich geblieben ist. Auf fast 90 Prozent Pfadanteil kommt diese eher kurze, insgesamt aber mittelschwere Runde und erreicht damit einen absoluten Spitzenwert für alle, die am liebsten auf Trampelpfaden unterwegs sind.

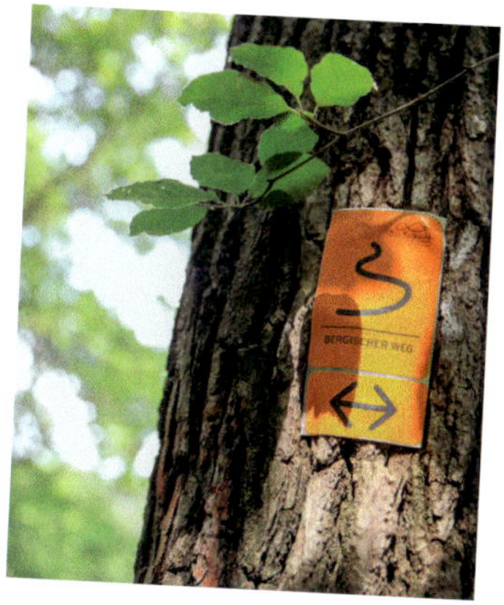

MARKIERUNG: BERGISCHER WEG

Los geht es am Landhaus Ferres in Wupperhof, eine Adresse, die ihr euch schon einmal für den gelungenen Ausklang der Tour merken könnt. Doch jetzt soll erst einmal gewandert werden. Vom Wupperhof aus folgt ihr den Beschilderungen des Bergischen Weges (oranges Logo) in Richtung Altenberg, ein kurzes Stück entlang der Straße, dann direkt auf einen steinigen Pfad.

WO HEUTE FREIZEITBIKER UND CABRIOS ENTLANGCRUISEN, GING ES MAL RICHTIG ZUR SACHE. DIE SERPENTINENREICHE STRASSE VOM WUPPERHOF HINAUF NACH ORTH WAR NÄMLICH VON 1966 BIS 1984 AUSTRAGUNGSORT DES SOGENANNTEN KLINGENRINGBERGRENNENS. NAMENSGEBER DES RENNENS, ZU DESSEN ERSTER AUSTRAGUNG SAGE UND SCHREIBE 10.000 MENSCHEN AN DIE WUPPERHÄNGE PILGERTEN, WAR DIE MESSERSTADT SOLINGEN.

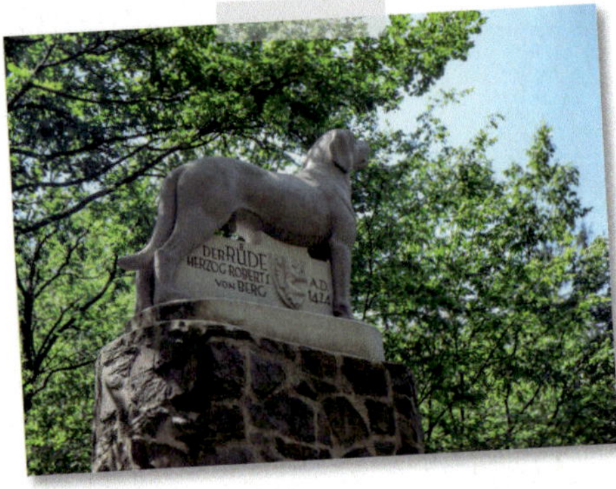

Noch einmal kreuzt ihr die Straße, doch anschließend wird es schnell wild und einsam. Ganz dicht hat sich die Vegetation schon herangewagt, ihr streift Gräser, Äste und Büsche und folgt dem windungsreichen Pfad bis hin zum RÜDENSTEIN 1. Dieser ist nicht zu übersehen; ein großer, steinerner Jagdhund prangt hier stolz auf einem Sockel und gibt ein ziemlich ungewöhnliches Denkmal mitten im Wald ab, das 1927 nach den Entwürfen von F. Otto Hoppe erbaut worden ist.

DIE SAGE VOM RÜDENSTEIN ERZÄHLT DIE GESCHICHTE VON ROBERT VON BERG, EINEM GESCHICHTLICH NICHT VERIFIZIERBAREN UND DAHER WOHL FIKTIVEN HERZOG AUS DEM HERZOGTUM BERG, DER IM 15. JAHRHUNDERT AN DEN STEILHÄNGEN DER WUPPER AUF JAGD GEWESEN SEIN SOLL. BEI DER VERFOLGUNG EINES HIRSCHES STÜRZTE ER MITSAMT SEINEM PFERD IN DEN ABGRUND UND VERLETZTE SICH SCHWER. SEIN VIERBEINIGER BEGLEITER JEDOCH LIEF ZURÜCK NACH SCHLOSS BURG UND KONNTE DEN REST DER JAGDGESELLSCHAFT LAUT BELLEND AUF DEN VERUNGLÜCKTEN HERZOG AUFMERKSAM MACHEN, WELCHER DARAUFHIN GERETTET WURDE.

Am Rüdenstein geht es kurz hinab, dann erreicht ihr das Tal des Herzbaches, welcher sich etwas weiter unterhalb mit der Wupper vereint. Hier verlasst ihr den Bergischen Weg und folgt nun dem Zuweg nach Witzhelden (blaues Logo des Bergischen Weges). Eine wunderschöne Passage schließt sich an, immer in der Nähe des kleinen Gewässers. Stetig leicht bergauf wandernd kann man die Ruhe und Idylle des schmalen Bachtals voll und ganz genießen. Die Vögel

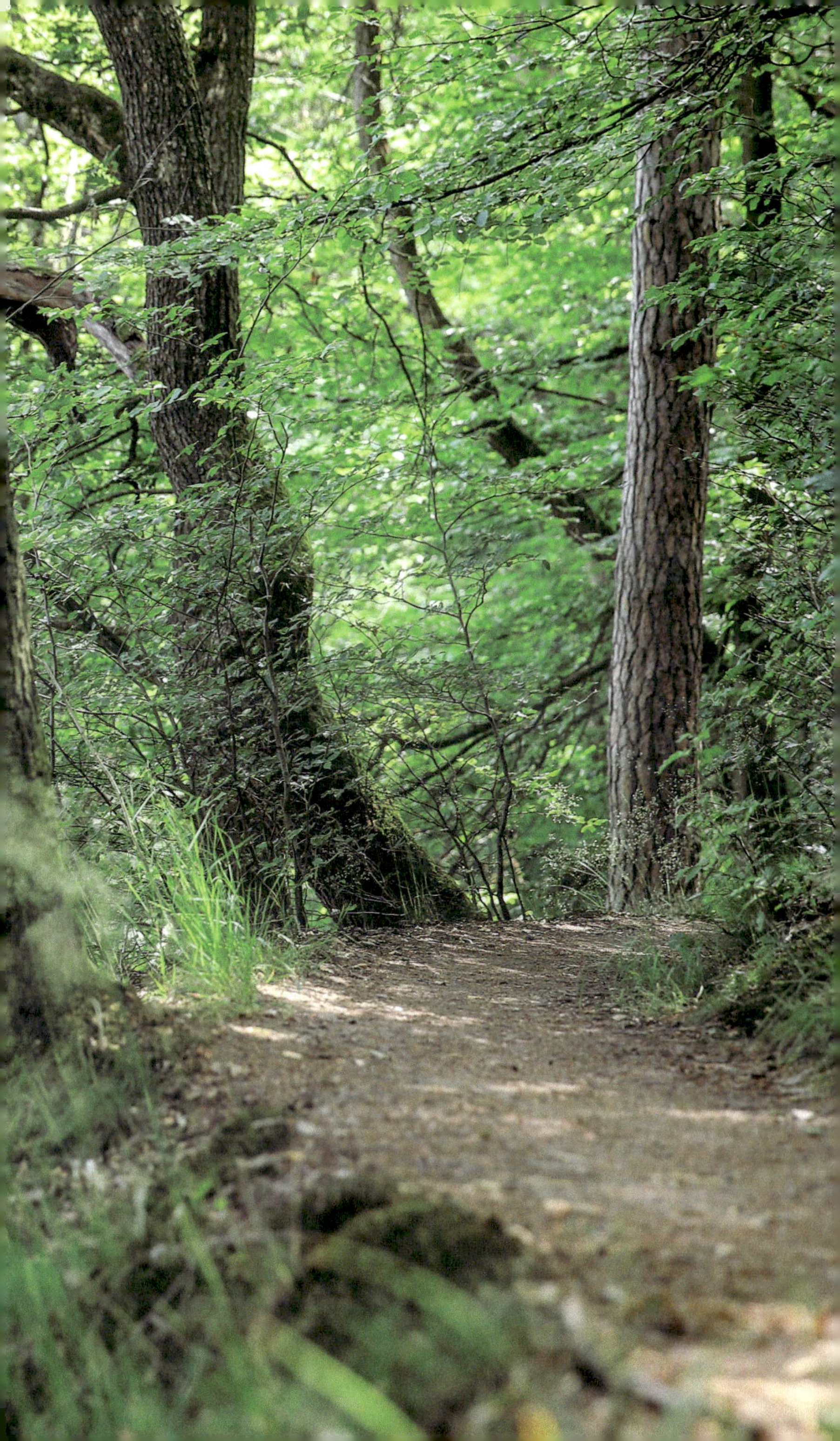

zwitschern über euren Köpfen, das Wasser sprudelt und plätschert vor sich hin, und ihr stapft den Waldpfad in aller Seelenruhe hinauf. Nach einiger Zeit geht es dann links ab, noch immer dem Zuweg nach Witzhelden folgend und weiter durch das eingekerbte Bachtal, bis ihr ein Asphaltsträßchen erreicht. Hier verlasst ihr die markierte Zuwegung und wandert zunächst ohne Markierung nach links durch Orth. Vorbei an einigen Häusern folgt ihr dem Weg bis zur Hauptstraße, dort geht ihr links ein kurzes Stück entlang der Straße, dann auf Höhe des Wassersammelbeckens kurz nach dem Ortsausgangsschild rechts über einen Wiesenweg weiter. Das dichte Blätterdach ist längst gewichen, und die offene Hochfläche sorgt für Abwechslung, auch wenn der Blick von hier oben nicht allzu weit reicht. Ihr passiert einige Vorgärten, dann stoßt ihr auf einen Asphaltweg. Dort links ab und auf den ziemlich großen Reiterhof zu. Ihr schlendert vorbei

Kein Fliegengewicht: Der Fernmeldeturm von Witzhelden ragt wuchtig über den Wald hinaus

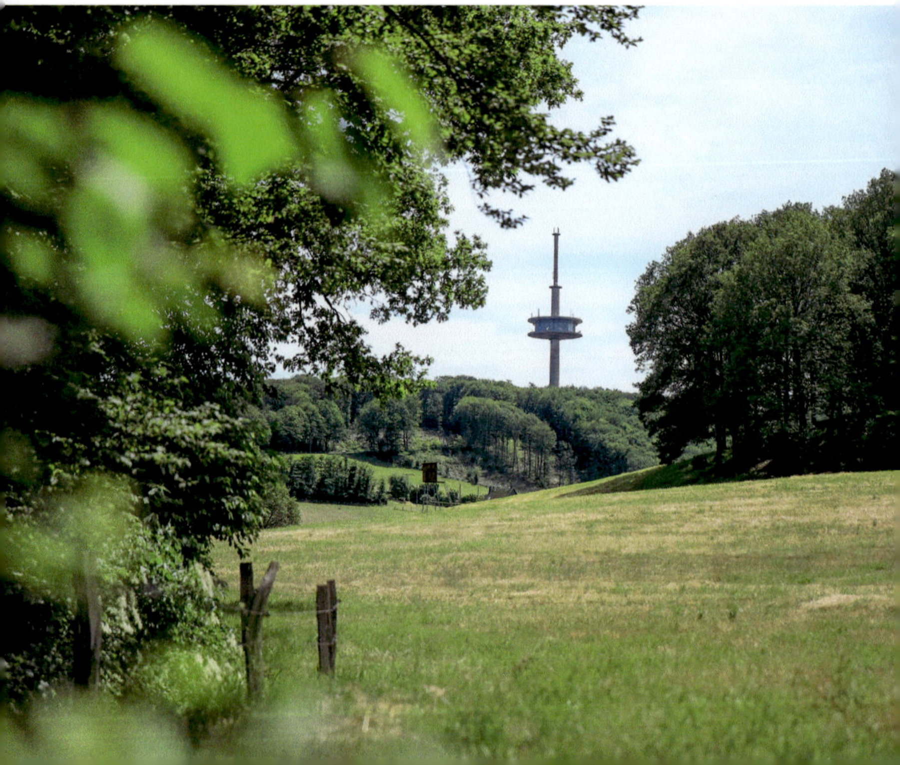

an den grasenden Pferden und Ställen bis zum Waldrand. Ab hier folgt ihr der schwarz-weißen Markierung mit dem »O«. Diese führt euch nach rechts und zunächst über einen kleinen Waldweg, der immer schmaler wird und schließlich in einen Pfad entlang der Waldlichtung mündet. Bei Sonnenschein blitzen die Strahlen in regelmäßigen Abständen durch die Baumkronen, und hin und wieder bietet sich ein freier Blick auf die sattgrünen Wiesen am Waldrand. Eine tolle Passage, die euch bis zum SPORTPLATZ VON WITZHELDEN 2 führt.

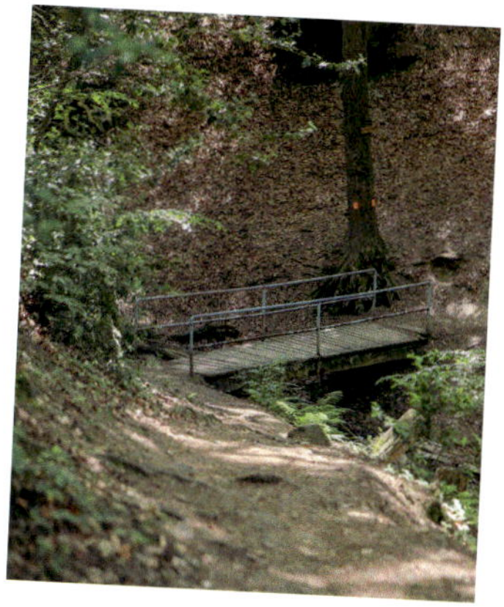

BACHQUERUNG AM STEILHANG

DER NAME WITZHELDEN HAT ÜBRIGENS KEINE »LUSTIGE« HERKUNFT, WIE MAN ZUNÄCHST VIELLEICHT ANNEHMEN MAG. IM 12. JAHRHUNDERT HIESS DER ORT NOCH WITHSELEDEN, WAS ÜBERTRAGEN AUF UNSERE HEUTIGE SPRACHE SO VIEL WIE HOLZSIEDLUNG HEISST. SCHADE, KEIN WITZ, KEIN LACHER. NUR HOLZ.

Kaum zu übersehen ist hier der mächtige Fernmeldeturm, der ganze 134 Meter in die Höhe ragt. Dort sendet WDR 2 auf der UKW-Frequenz 95,7 MHz. Fun fact: Bei guter Sicht könnt ihr den Fernmeldeturm bei Witzhelden übrigens auch von der Kölner Zoobrücke aus sehen. Also, vergesst Fernglas und Radio nicht, bei der nächsten Fahrt mit der Kölner Seilbahn. Den Sportplatz umrundet ihr zur Hälfte, ehe ihr auf eine Straße trefft. Folgt dem »O« nach links und leicht abwärts, in der darauffolgenden Rechtskurve verlasst ihr diese Markierung und geht geradeaus. Ihr gelangt auf einen Schotterweg

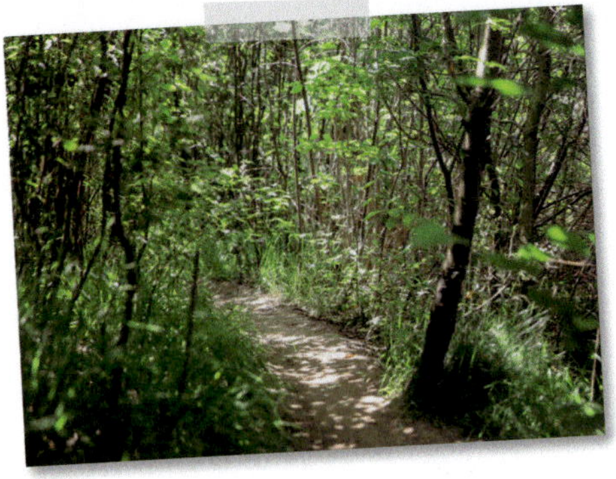

und haltet euch an der nächsten Gabelung wieder links. Es dauert nicht lang, bis euch der Wald wiederhat. Begegnet man im Bereich des Sportplatzes unter Umständen noch einigen Menschen, wird es jetzt wieder still. Der Forstweg senkt sich immer steiler hinab ins Tal der Wupper und dort, wo die Fahrspuren weiter geradeaus führen, folgt ihr nach links dem breiten Reitweg in etwa parallel zum Hang bzw. nur leicht abwärts. Nach zwei Bachquerungen geht es an der nächsten Kreuzung rechts. Ab hier führt euch das schwarz-weiße »N« hinunter zur idyllischen WUPPERAUE 3.

Unten erwartet euch das malerische, teils aber auch spektakuläre Tal der Wupper mit seinen steilen Felsformationen, ursprünglichen Laubwäldern und grünen Auen. Ohne Frage das landschaftliche Highlight dieser Runde. Folgt nun einfach dem Bergischen Weg (oranges Logo) in Richtung Altenberg bzw. Wupperhof. Zunächst stört die im Tal verlaufende Straße noch etwas den Eindruck einer Wildnis, doch ihr lasst sie bald schon hinter euch. Dann übernehmen wieder das Rauschen der Bäume und das Zwitschern der Vögel. Viel zu steil für jedwede Bewirtschaftung, sind große Bereiche der WUPPERHÄNGE 4 über Jahrhunderte hinweg unberührt geblieben – ein Hauch von Urwald so nah an Köln. Mitten durch das wilde Reich der Wupper führt ein abwechslungsreicher Pfad. Mal aufwärts, mal abwärts, mal nach links, mal nach rechts und stets entlang der steilen Hänge. Zwischendurch öffnet sich immer mal wieder der Blick auf die idyllischen Auen und Weiler am Rande der Wupper. Das kleine Balkhausen sieht von hier oben wie gemalt aus. Zum Schluss geht es noch einmal ordentlich bergauf, und noch einmal geratet ihr ins Schwitzen, doch dann zeigt sich der Pfad wieder zahm und ist leicht zu gehen, bis ihr letztlich bergab den Wupperhof erreicht, wo ein kühles Blondes im Biergarten des Landhauses wartet.

Alles, was ihr wissen müsst

Rundtour: kurze Wanderung mit mittelschwerem Profil // Vorsicht bei den beiden Straßenquerungen, sonst keine besonderen Gefahren für wandernde Kinder // **nicht kinderwagentauglich**

Markierung: nicht einheitlich, bitte Text und/oder GPS beachten

Entfernung von Köln: 38 Kilometer
ÖPNV: mit der Bahn nach Solingen, dort weiter mit der S 7 nach Bahnhof Solingen Mitte und mit dem Bus 252 zur Zielhaltestelle Wupperhof, Leichlingen // Achtung: Anbindung unregelmäßig bzw. stark variierend – gut planen
Auto: Wupperhof 8, 42799 Leichlingen // kostenloser Wanderparkplatz direkt an der Wupper

Einkehr: Landhaus Ferres, Wupperhof 8, 42799 Leichlingen, landhaus-ferres.de

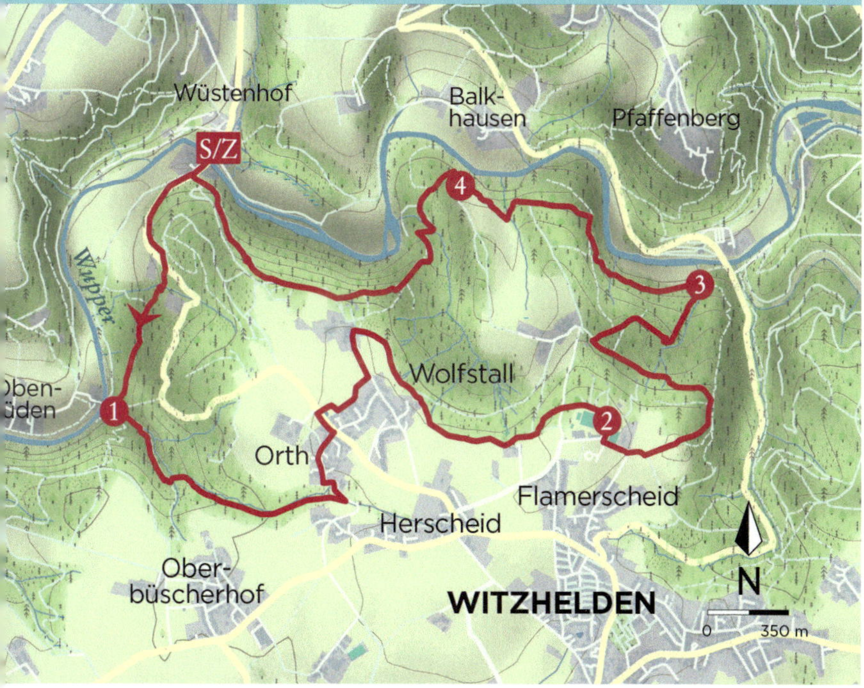

Durch pfadreiche Täler zur Dhünntalsperre

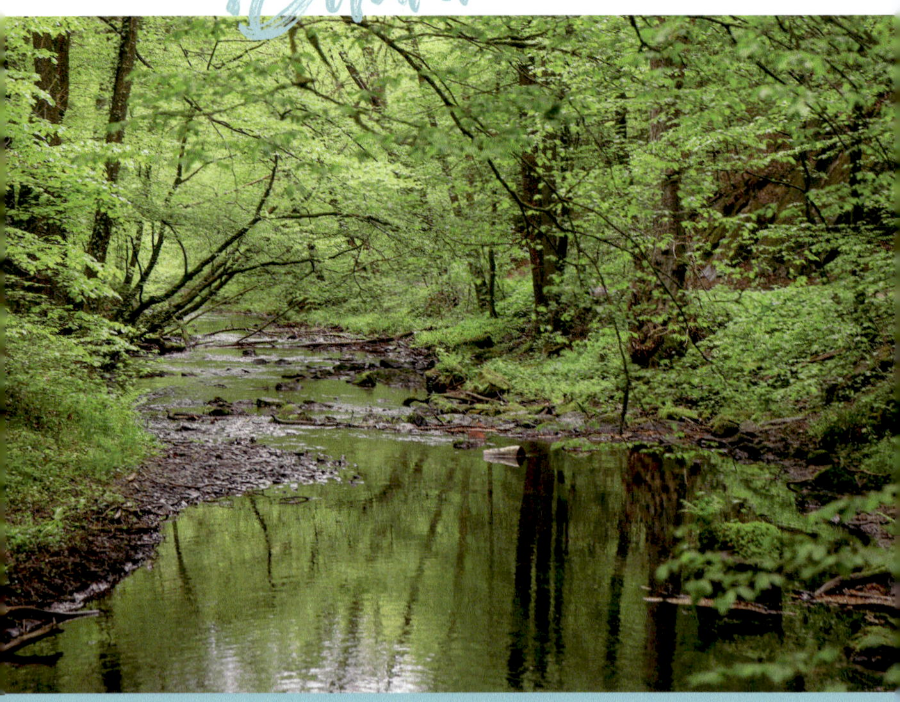

Schwierigkeit: mittel // 15,8 Kilometer // 245 Höhenmeter

Für Familien mit Kindern geeignet

STILLE WEGE ZUR INNEREN RUHE: DER KLEINE DOM UND SEINE VERWUNSCHENEN BACHTÄLER

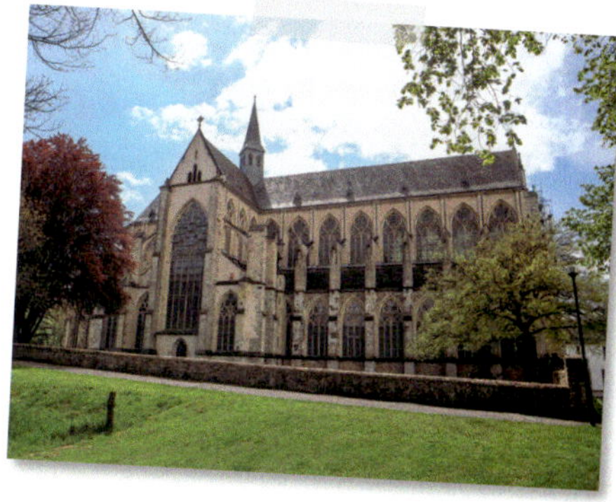

Gleich vor den Toren Kölns erwarten euch wundervolle Bachtäler, an denen entlang sich steinige und wurzelige Pfade durch die Wälder winden. Langweilig wird es auf dem Weg vom prachtvollen Altenberger Dom zur glitzernden Dhünntalsperre ganz bestimmt nicht. Und auch wenn der Altenberger Dom im Vergleich zu seinem großen Pendant aus Köln ein kleines Bauwerk ist, braucht sich das bergische Gotteshaus nicht zu verstecken. Malerisch liegt es im breiten Tal der Dhünn und stellt dort zum Auftakt der Tour ein fantastisches Postkartenmotiv dar.
Los geht es am Parkplatz Rösberg, von dem aus ihr die Landstraße quert und dann über den Fußweg zum ALTENBERGER DOM ❶ gelangt. Was für ein imposantes Bauwerk mitten im Grünen! Schaut euch in aller Ruhe auf dem Gelände um, zu dem nicht nur der Dom selbst, sondern jede Menge wunderschöner Nebengebäude, die Markuskapelle, ein kleiner Buchladen, ein Kräutergarten sowie alte Klostermauern der ehemaligen Abtei Altenburg gehören.

EIN SPANNENDER LEBENSLAUF: DER ALTENBERGER DOM WURDE 1255 ALS KLOSTERKIRCHE DER ABTEI ALTENBERG GEBAUT, WELCHE BEREITS 1133 VON DEN ZISTERZIENSERN GEGRÜNDET WURDE. IM ZUGE DER SÄKULARISATION WURDE DIE ABTEI 1803 AUFGELÖST, VERKAUFT UND DANACH MITUNTER ALS CHEMIEFABRIK GENUTZT. JA, RICHTIG GELESEN, IM ALTENBERGER DOM WURDE SOGENANNTES BERLINER BLAU HERGESTELLT. NACH EINER FOLGENSCHWEREN EXPLOSION VERFIEL DAS ANWESEN JEDOCH ZUSEHENDS, BIS ES IM 19. UND FRÜHEN 20. JAHRHUNDERT MEHRFACH GROSS ANGELEGTE RESTAURIERUNGEN ERFUHR. HEUTE STEHT DER DOM DA WIE NEU.

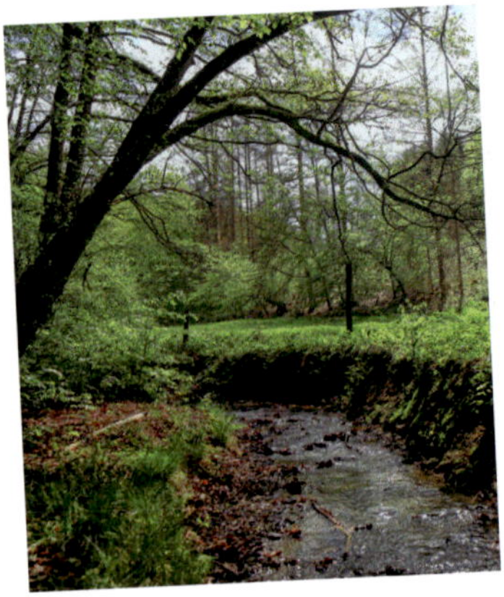

Das Tal des Pfengstbachs

Auf dem Eugen-Heinen-Platz vor dem Dom findet ihr die Wegweiser des Bergischen Weges, dessen oranger Markierung ihr erst einmal in Richtung Bensberg folgt. Kurz hinter dem Wanderparkplatz am Bülsberger Weg übernimmt die Natur wieder die Regie, während ihr durch das stille Tal des Pfengstbaches wandert. Der breite Waldweg wird mit jedem Schritt schmaler, bis ihr den Pfengstbach und seine üppig bewachsene Aue auf einem schmalen Holzsteg überquert. Dahinter geht es über Stufen hinauf und kurz nach links, dann verlasst ihr den Bergischen Weg. Folgt dem Hinweis links ab nach Feld und Neschen und überquert erneut den plätschernden Bach. Anschließend lauft ihr rechts auf einem schmalen Pfad weiter, und auch an der nächsten Gabelung haltet ihr euch rechts, um fortan auf einem unmarkierten Trampelpfad am Pfengstbach zu wandern. Auf diese wurzelübersäte Spur verirrt sich nur selten ein Wanderer. Versteckt im Wald gelegen, windet sie sich abwechslungsreich nach links und rechts sowie auf und ab entlang des schmalen Tals mit seinen sattgrünen Wiesen.

Der Weg wird allmählich etwas breiter und leichter zu gehen, während rechts neben euch das tief eingegrabene Bett des Breidbacher Siefens auftaucht. Ihr folgt nun der markanten Einkerbung leicht bergauf, wo ihr eine sonnige Waldlichtung und einen Feldweg erreicht. Haltet euch hier links und überquert dann die Landstraße in einer raschen Links-rechts-Kombination, dazu folgt ihr ab hier einfach dem weißen »N« auf schwarzem Grund. Die Straße lasst ihr sofort hinter euch, stattdessen führt euch ein schöner Wiesenpfad hinab durch die – typisch bergisch – sanft gewellte Wiesenlandschaft.

Vorbei an solitär stehenden Baumschönheiten und saftigen Wiesen erreicht ihr den kleinen Weiler Bömerich, welchen ihr mit nur wenigen Schritten durchquert. Wieder senkt sich der Weg hinab und auf Höhe des mächtigen Mühlsteins, der vor Jahrhunderten einmal am Wegesrand verloren gegangen zu sein scheint, habt ihr einen tollen Blick auf die Bömerichermühle unter euch im engen Tal des gleichnamigen Baches.

Es schließt sich eine der vielen Bachpassagen an, die euch auf schönen Pfaden durch den schattigen Wald und entlang der gurgelnden Bäche des Bergischen Landes führen. Auf Höhe einer Schutzhütte zu eurer Linken überquert ihr einen breiten Forstweg und lauft weiter geradeaus, dem »N« folgend, direkt am Bach, zu dem ihr an vielen Stellen Zugang habt, um euch zu erfrischen. Wenig später gabelt sich der Weg, und ihr verlasst das »N« sowie das Bachtal fürs

Klassisch bergischer Anblick: grüne Wiesen zwischen dichten Wäldern auf sanft gewelltem Land

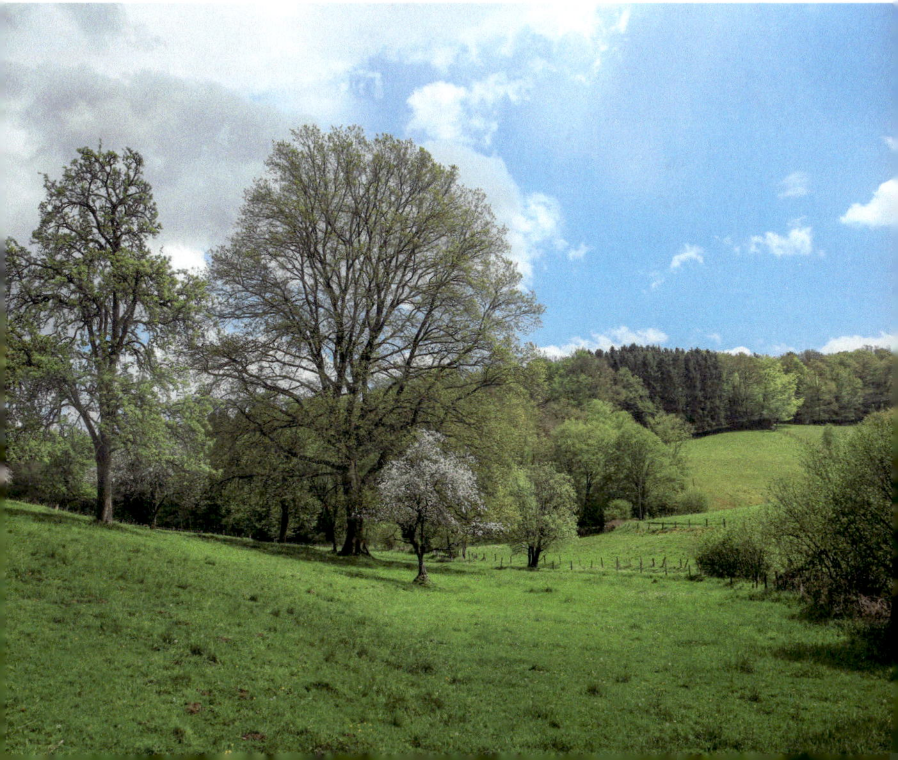

Erste. Rechts geht ein recht steiler Weg hinauf, der euch nun in Richtung Dhünntalsperre führt. Letztlich folgt ihr der Zugangsstraße zum Betriebsgelände bergauf, bis ihr den mächtigen Staudamm der DHÜNNTALSPERRE 2 erreicht habt. Von hier aus habt ihr einen fantastischen Blick über den riesigen Stausee, der sich bis zum Horizont ausdehnt.

IHR STEHT HIER AN DER ZWEITGRÖSSTEN TRINKWASSERTALSPERRE IN DEUTSCHLAND, DIE SEIT 1985 FÜR SAUBERES TRINKWASSER IN WUPPERTAL, REMSCHEID, SOLINGEN UND LEVERKUSEN SORGT. HIER GIBT ES SO VIEL TRINKBARES NASS, DASS DIE GROSSE DHÜNNTALSPERRE, WIE SIE OFFIZIELL HEISST, SOGAR IN DIE NOTFALLVERSORGUNG VON DÜSSELDORF

Die Dhünntalsperre mit dem Wasserentnahmeturm am linken Bildrand

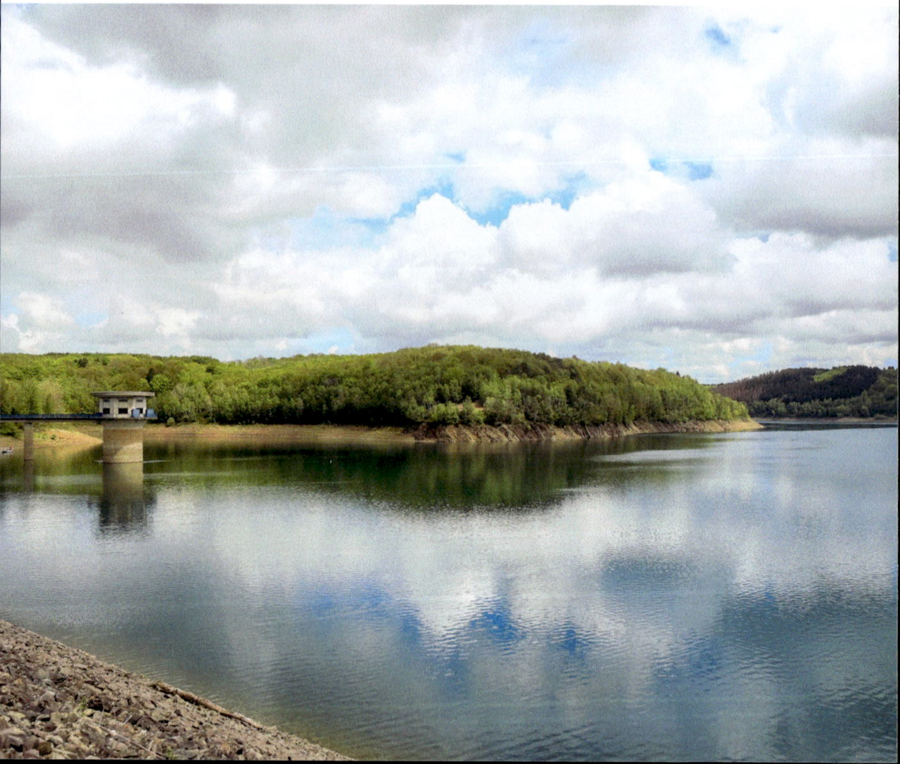

EINGEBUNDEN IST. INS AUGE FALLEN VOR ALLEM DER GROSSE WASSER-ENTNAHMETURM SOWIE DER ÜBERFALLTRICHTER FÜR DEN HOCH-WASSERFALL.

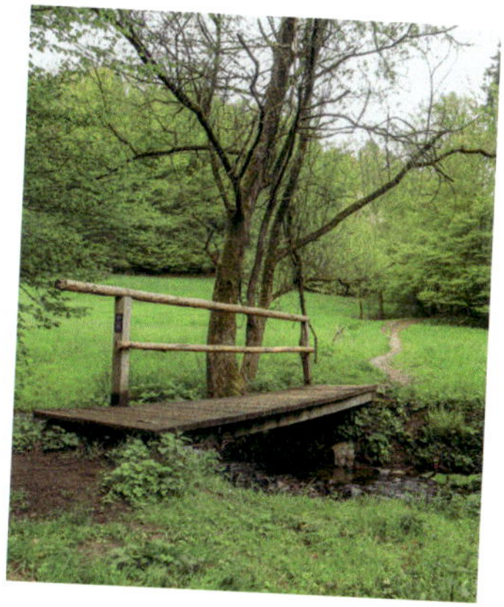

Malerische Pfade

Lauft jetzt über den Damm und am anderen Ende vorbei am Informationszentrum des Wupperverbands, in dem ihr euch detailliert über die Talsperre informieren könnt. Weiter geht es hinauf bis zum blauen Tor des Betriebsgeländes, durch das ihr eine Straße erreicht. Folgt hier dem weißen »E 3« auf schwarzem Grund nach rechts durch Lindscheid. In einer Rechtskurve führt euch der »E 3« geradeaus und wieder hinab über einen durch Pferdehufe stark ausgehöhlten Pfad in den Wald. Im Tal der Linnefe öffnet sich dieser, und ihr erreicht eine gleichermaßen malerische wie einsame Aue, wo ihr mittels einer kleinen Holzbrücke den Bach überquert. Doch nehmt euch Zeit, macht ein Picknick im Gras und genießt die Abgeschiedenheit dieses Ortes. Kurz hinter der Brücke teilt sich der Weg mehrfach, ihr verlasst den »E3« und wählt den ganz linken Weg leicht bergab, der sich fortan dicht an die plätschernde Linnefe schmiegt. Seite an Seite mit dem wunderschönen Bach geht es über unzählige große und kleine Steine und Wurzeln, während ihr dem Gurgeln lauscht.

Am Talboden der Dhünn angekommen, wo sich die zwei Gewässer vereinen, folgt ihr dem Wegweiser in Richtung Maria in der Aue über den breiten Forstweg, auf dem vor allem an Wochenenden jede Menge Fußgänger unterwegs sind. Doch keine Sorge, schon einen Kilometer später verlasst ihr den Trubel wieder. Geht dazu auf Höhe der Dhünnbrücke kurz nach rechts und dann gleich wieder links

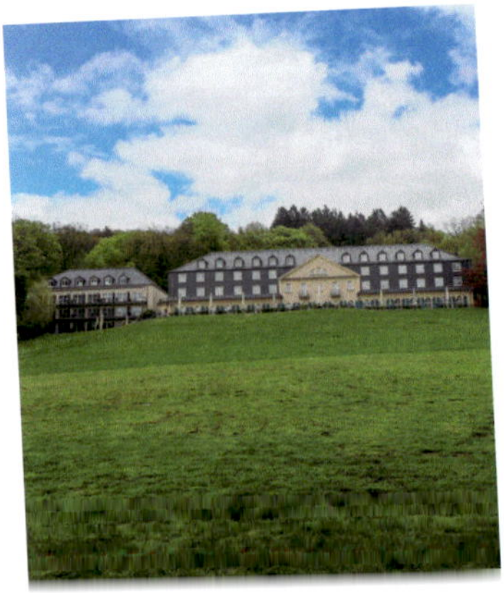

Maria in der Aue (Biergarten)

auf einen breiten Schotterweg unterhalb des Tagungszentrums mit herrlichem Biergarten. Eine Pause auf der Aussichtsterrasse von MARIA IN DER AUE 3 ist wärmstens zu empfehlen, sodass sich ein Abstecher zum Biergarten im Tagungszentrum anbietet. Der Schotterweg bleibt nicht lange so breit, es folgt ein versteckter Pfad inmitten einer sattgrünen Wiese, der sich in abwechslungsreicher Manier am Bachbett entlangzieht. Die Äste der umliegenden Büsche streifend, im engen Slalom um die schlanken Bäume und manchmal etwas holprig am felsigen Hang über der Dhünn wandert ihr jetzt ein gutes Stück weiter.

Irgendwann ist diese schöne Passage vorüber, ihr trefft auf einen Forstweg sowie einen alten Bekannten: Das weiße »N« hat euch wieder. Folgt diesem nach rechts zum Schöllerhof, wo ihr die Landstraße quert und dann rechts kurz an dieser bleibt. Schnell wendet sich der naturnahe Schotterweg vom Verkehr ab, und ihr überquert den Eifgenbach. Kurz dahinter haltet ihr euch links, nun seid ihr wieder auf dem Bergischen Weg, der euch mit Hilfe seiner orangen Markierung bis zum Altenberger Dom geleitet. Stellenweise Trittsicherheit erfordernd, windet sich der kleine Pfad entlang des plätschernden Eifgenbaches durch den Wald. Mal an steinigen Kanten, dann über eine Holzbrücke oder wurzelübersäte Waldböden bis zum MÄRCHENWALD 4, in dem ihr gegen Eintritt (6,50 Euro, Kinder 4,50 Euro) die wundervolle Welt von Grimms Märchen entdecken könnt. Von hier aus ist es nicht mehr weit bis zum Altenberger Dom und damit zum Start- und Zielpunkt dieser bergischen Traumtour, wo mehrere Einkehrmöglichkeiten warten.

Alles, was ihr wissen müsst

Rundtour: mittellange Wanderung mit leichtem Profil // Stellenweise Trittsicherheit erforderlich // Besondere Vorsicht bei oder nach Regen, gutes Schuhwerk aufgrund möglicherweise matschiger Passagen empfohlen // **nicht kinderwagentauglich**

Markierung: nicht einheitlich, bitte Text und/oder GPS beachten

Entfernung von Köln: 26 Kilometer
ÖPNV: mit der Bahn nach Leverkusen-Schlebusch, von dort 5 Minuten Fußweg zur Haltestelle Manfort Finanzamt, Leverkusen, weiter mit Bus 212, Haltestelle Altenberg, Odenthal
Auto: Wanderparkplatz, Am Rösberg, 51519 Odenthal

Einkehr: **Hotel und Restaurant Wißkirchen,** Am Rösberg 2, 51519 Odenthal, hotel-wisskirchen.de // **Maria in der Aue,** In der Aue 1, 42929 Wermelskirchen // **Altenberger Hof,** Eugen-Heinen-Platz 7, 51519 Odenthal, altenberger-hof.de

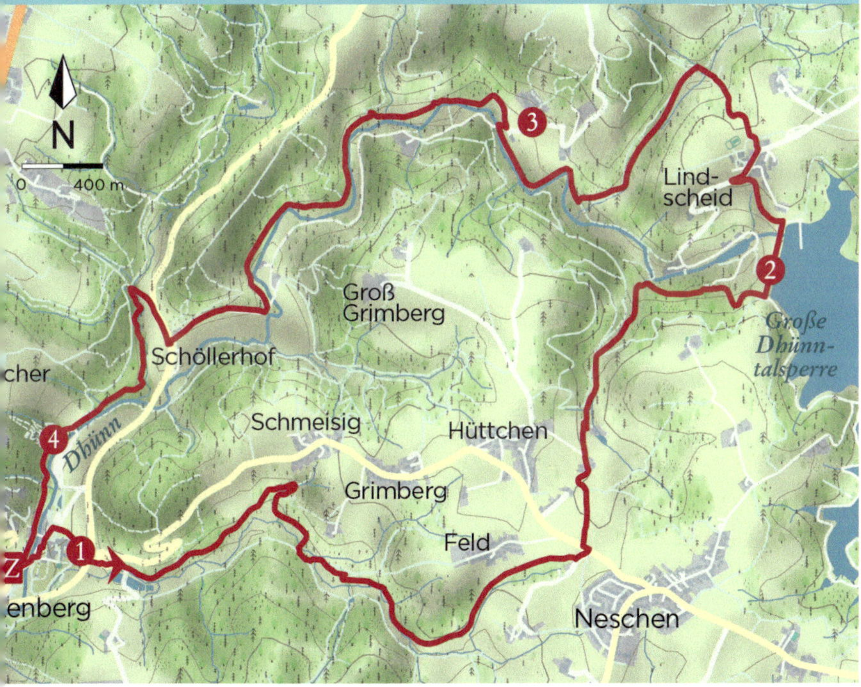

Rund um die Genkeltalsperre

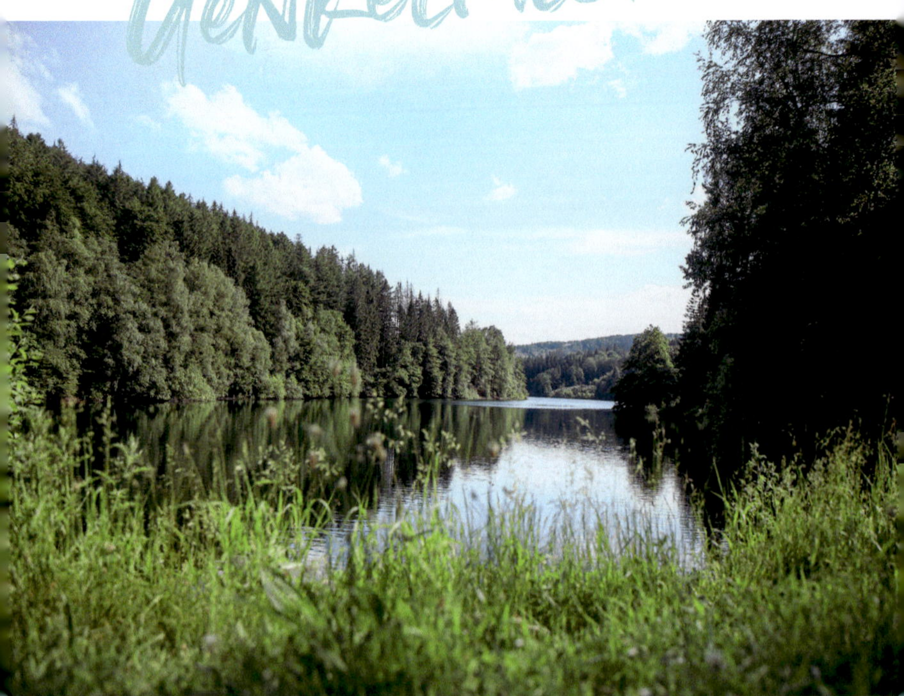

Schwierigkeit: leicht // 9,8 Kilometer // 75 Höhenmeter
Für Familien mit Kindern geeignet

EIN TRAUM AUS WALD UND WASSER: DIE BERGISCHE KARIBIK IST WERTVOLLER LEBENSRAUM SELTENER ARTEN

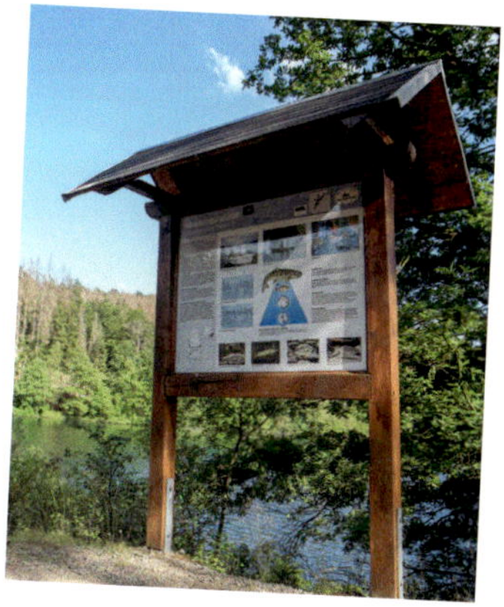

Infotafel am Wasserlehrpfad

Nein, hier gibt es keine schwimmenden Schweine wie auf den Bahamas und zugegeben, der Vergleich mit der Karibik ist gewagt; und doch erinnert das türkisblaue Wasser der malerischen Genkeltalsperre ein kleines bisschen an ferne Strände. Eingerahmt und geschützt von dichtem Wald schlummert der Stausee im Schoße der Hügel des Bergischen Landes. Einsamkeit und Stille bestimmen diese kinderwagentaugliche Tour, die einmal rund um eine der schönsten Talsperren in Westdeutschland führt und dabei fast keine Höhenmeter aufweist.

Kein Vergleich zu Köln, doch zu Beginn, auf dem Wanderparkplatz in Lantenbach, ist die Zivilisation noch deutlich spür- und hörbar. Autos brausen über die Landstraße, Menschen wuseln auf dem Parkplatz herum, und im kleinen Dorf zwischen Genkeltal- und Aggertalsperre herrscht buntes Treiben. Es wird Zeit, ins Reich der bergischen Karibik einzutauchen. Folgt dazu dem Wegweiser zur Genkeltalsperre an der Zufahrt des Parkplatzes. Wie schnell sich die Geräuschkulisse ändern kann, ist schon faszinierend. Denn kaum seid ihr ein paar Meter in den Wald gewandert, scheint jeglicher Zivilisationslärm verschluckt. Die Vögel zwitschern, der Wind rauscht durch die Baumkronen, und im Unterholz raschelt es. Noch bewegt ihr euch über einen schmalen Asphaltweg, an dessen Gabelung haltet ihr euch links, indem ihr dem Wegweiser zum Rundweg folgt. Erst einmal geht es gemächlich bergauf, schließlich will die Staumauer erklommen werden, doch auf Höhe des BETRIEBSGELÄNDES (1) hat nicht nur die Steigung für den Rest der Strecke ein Ende, auch der Asphalt weicht ab hier einem gut ausgebauten Schotterweg rund um die Talsperre.

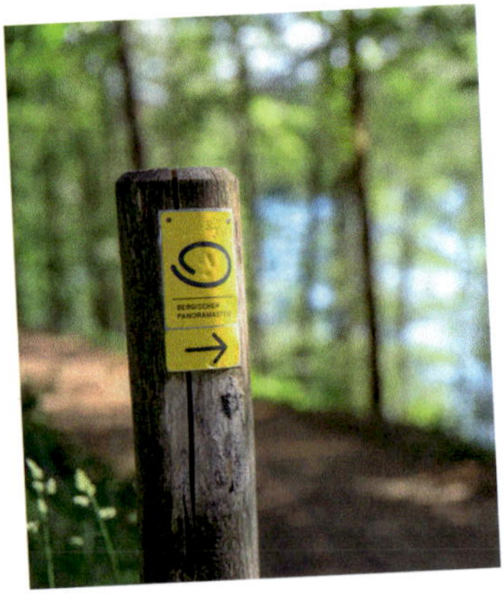

Der Bergische Panoramasteig

Die Orientierung ist denkbar einfach – in zahlreichen Windungen führt er immer ganz nah am Ufer entlang. Spätestens jetzt vernehmt ihr nichts anderes mehr als die Geräusche der Natur rund um die 1953 fertiggestellte Trinkwassertalsperre. Gespeist wird das traumhaft gelegene Kleinod vor allem von der namensgebenden Genkel, die es auf ihren insgesamt 7,1 Kilometern Länge wahrlich nicht eilig hat, gen Meer zu fließen. In aller Seelenruhe durchfließt sie die vor euch liegende Genkeltalsperre, um nur 500 Meter dahinter in die Aggertalsperre einzumünden. Von einem quirligen Flüsslein kann wahrlich nicht die Rede sein. Umso schöner ist ihr Reich, denn im Gegensatz zu vielen anderen Talsperren des Bergischen Landes verläuft hier weit und breit keine Straße. Der Wald reicht bis nah ans Ufer, scheint stellenweise fast im Wasser zu versinken.

Ihr umrundet die vielen Seitenärmchen des Gewässers, jedes für sich ein kleines Paradies, in dem das türkisblaue Wasser in der Sonne glitzert. Mit über 8 Millionen Kubikmetern gestauten Wassers spielt der Stausee keine besondere Rolle im Konzert der großen Talsperren der Republik, doch immerhin kann er den Großteil der Haushalte in der Umgebung mit Trinkwasser versorgen. Das ist auch der Grund, wieso hier weder gebadet noch Wassersport betrieben werden darf; die Reinheit des Wassers hat verständlicherweise Vorrang. Anders ist das bei der Aggertalsperre vis-à-vis, dort können sich Wassersportler nach Herzenslust austoben. Mittlerweile hat sich der gelb markierte Bergische Panoramasteig zu euch gesellt, den ihr von nun an ein kleines Stück auf seiner insgesamt 244 Kilometer langen Rundreise durch das Bergische Land begleitet. Bald gelangt ihr zum

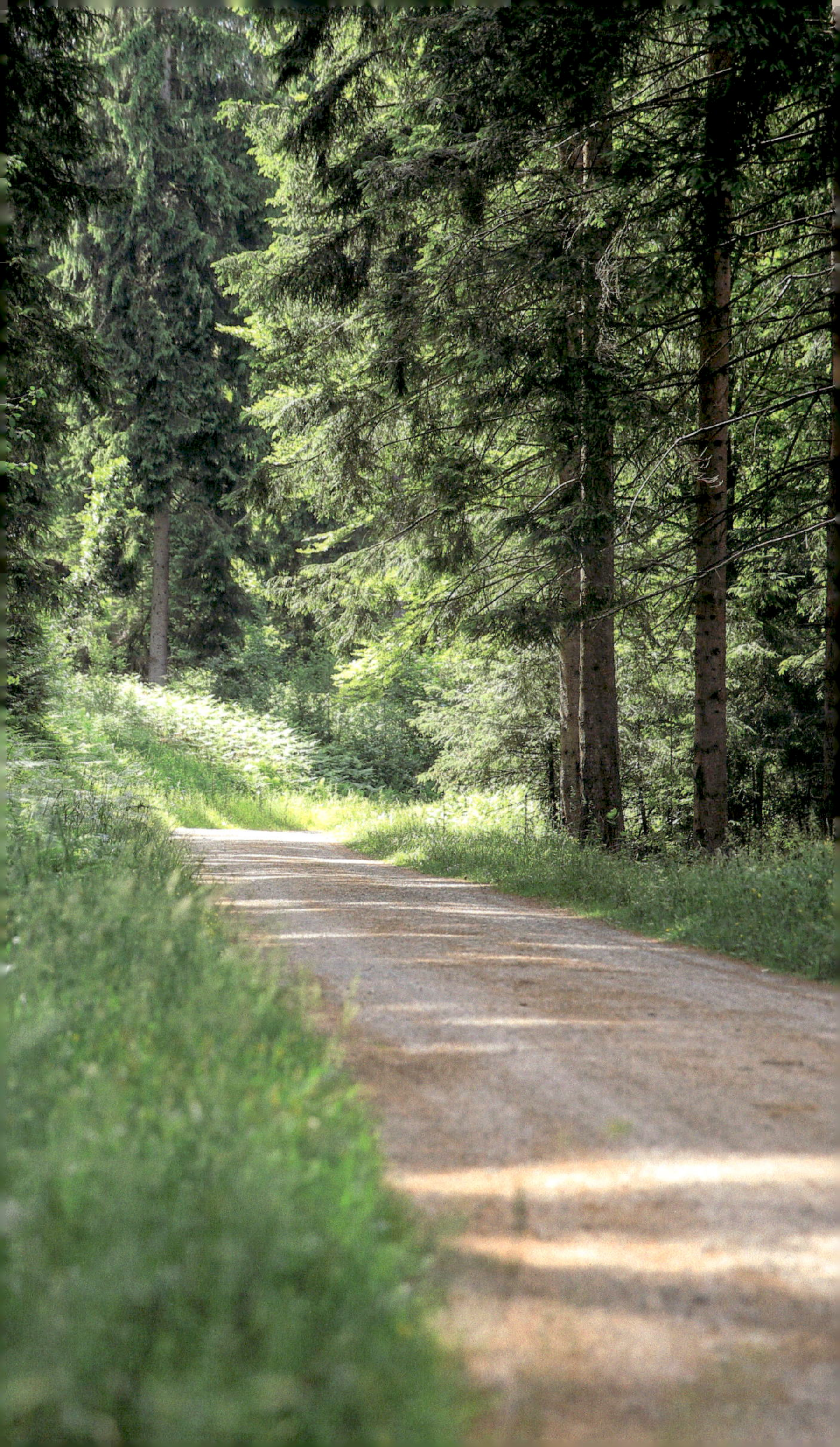

VORBECKEN DES STAUSEES 2, folgt dort dem Bergischen Panoramasteig nach rechts und auf der anderen Seite des Sees zurück in Richtung Lantenbach.
Doch nicht so schnell – Lust auf einen Abstecher? Nicht weit entfernt liegt ein kleines architektonisches Prachtstück versteckt auf einer Lichtung. Das GUT LISTRINGHAUSEN 3, ein 1621 erstmals erwähntes historisches Anwesen, ist ein echter Blickfang und gilt als eines der Wahrzeichen von Meinerzhagen. Einige Haupt- und Nebenhäuser bilden hier gemeinsam mit dem Torhaus, den Stallungen sowie einem Park und der begrenzenden Bruchsteinmauer ein tolles Ensemble, welches ihr über einen kurzen, ca. 1 Kilometer langen Stichweg erreicht. Dazu haltet ihr euch am Vorbecken links und lauft an der nächsten Kreuzung wieder links, bis sich der Wald lichtet und ihr vor euch bereits das schmucke Rittergut entdecken könnt.

Das ehemalige Rittergut Listringhausen nahe der Genkeltalsperre

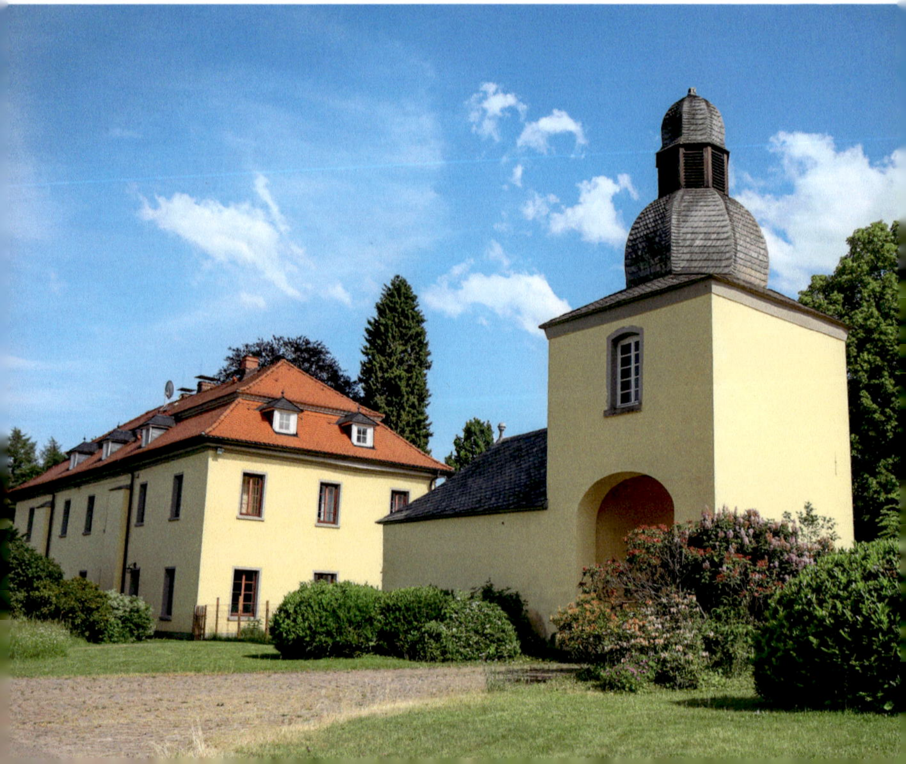

Leider ist es nur von außen zu besichtigen, dennoch lohnt sich der Abstecher für alle, die ein Faible für schöne Bauwerke oder längst vergangene Zeiten haben.

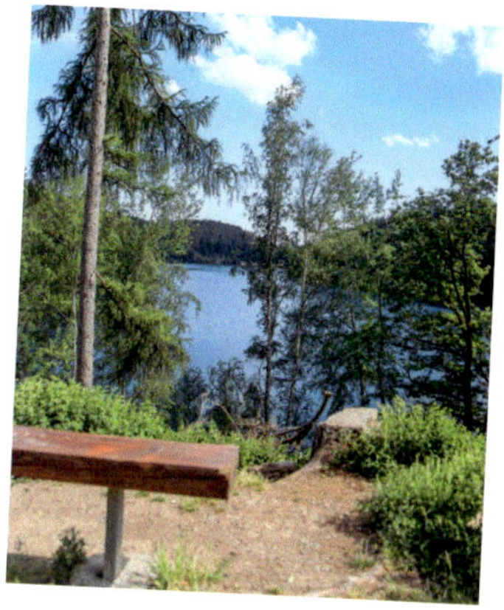

Die bergische Karibik

DAS ROMANTISCH GELEGENE GUT LISTRINGHAUSEN WURDE FRIEDRICH VON NEUHOFF, EINEM WOHLHABENDEN ADLIGEN, IM JAHRE 1621 VOM KURFÜRSTEN VON BRANDENBURG ZUGESPROCHEN UND BLIEB FÜNF GENERATIONEN LANG IM FAMILIENBESITZ, EHE ES MEHRMALS DIE BESITZER WECHSELTE. AUCH HEUTE NOCH IST ES IN PRIVATBESITZ. NEBEN DEM RITTERGUT LISTRINGHAUSEN GEHÖRTE DEM ERSTEN BESITZER VON NEUHOFF ÜBRIGENS AUCH DAS NAHE GELEGENE SCHLOSS BADINGHAGEN, EIN SEHENSWERTES KLEINES WASSERSCHLOSS. EIN EINFLUSSREICHER MANN MUSS ER GEWESEN SEIN, DIESER FRIEDRICH.

Zurück am Vorbecken folgt ihr wie zuvor erwähnt dem Bergischen Panoramasteig in Richtung Bergneustadt und macht euch damit auf den Rückweg nach Lantenbach. Ihr wandert zwischen Genkeltalsperre und deren Vorbecken auf die andere Seite, wo sich eine völlig neue Perspektive auf die malerische Talsperre auftut. Auch auf dieser Seite langweilt der Weg nicht, in zahlreichen Windungen schmiegt er sich eng an die Hänge des 432 Meter hohen Heedberges, der linker Hand hoch über den Stausee aufragt. Vor allem artenreicher Misch- und Laubwald fühlt sich hier wohl; in ihm leben Kaninchen, Hasen, Spechte, Enten, Eichhörnchen, Igel, Wildschweine, Grau-

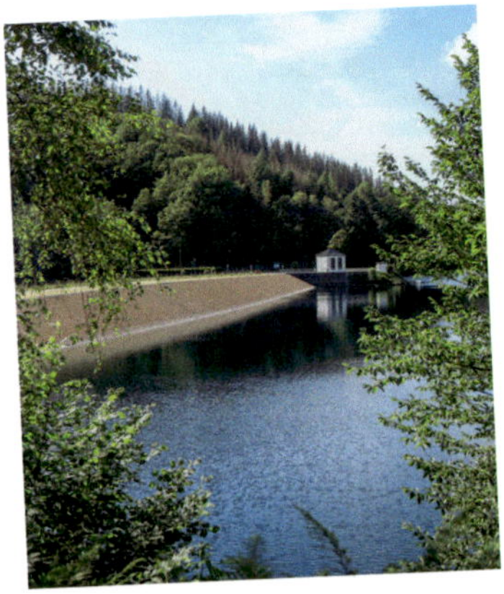

STAUDAMM DER GENKELTALSPERRE

reiher und Marder sowie seltenere Tiere wie Eisvogel, Königslibelle oder Tagpfauenauge. Immer wieder kommt ihr an Infotafeln entlang des Wasserlehrpfades vorbei, der sich ebenfalls rund um die Genkeltalsperre zieht und auf dem es insgesamt 13 Stationen zu studieren gibt. Wie genau zum Beispiel die Proben zum Testen der Trinkwasserqualität entnommen werden, ist eher etwas für Biologie-Asse, doch wie der ewige Kreislauf des Wassers funktioniert, wie viel Wasser für welche Lebensbereiche des Menschen benötigt wird und welches Land besonders viel Wasser verbraucht – das sind auch für Laien interessante Infos.

Bald schon verlässt euch der Bergische Panoramasteig, ein Wegweiser weist links bergauf, ihr hingegen bleibt auf dem Uferweg und erreicht bald darauf den STAUDAMM 4, den man von dieser Seite um einiges besser im Blick hat. Rund 41 Meter hoch und 200 Meter lang ist das aus einer Steinschüttung bestehende Bauwerk. Kaum vorstellbar, welch eine Kraft auf die Staumauer einwirken muss! Faszinierend, wie der Eingriff des Menschen eine so schöne Landschaft hervorbringen kann, wo er doch sonst eigentlich fast immer nur zerstörerisch wirkt. Vom Staudamm aus geht es nun bergab und zurück nach Lantenbach, wo ihr die Landstraße erreicht. Hier müsst ihr nur wenige Meter nach rechts gehen, dann seid ihr auch schon wieder am Parkplatz. Ihr habt noch nicht genug der frischen Luft? Gleich gegenüber auf der Aggertalsperre könnt ihr Tretboot fahren, schwimmen oder einfach nur am Wasser liegen und euch von der kleinen Wanderung erholen.

Alles, was ihr wissen müsst

Rundtour: leichte Wanderung ohne besondere Schwierigkeiten // **kinderwagentauglich**

Markierung: Rundweg Genkeltalsperre

Entfernung von Köln: 59 Kilometer
ÖPNV: mit der Bahn nach Gummersbach, von dort mit Bus 318 zur Zielhaltestelle Bredenbuch Genkeltalsperre, von hier aus sind es nur ein paar Meter zum Startpunkt am Wanderparkplatz gegenüber dem Aggerufer
Auto: Wanderparkplatz, In der Ratemicke, 51647 Gummersbach

Einkehr: **Gaststätte Kleine Auszeit,** Derschlager Straße 4, 51647 Gummersbach, freizeitcamp.de // **Imbiss Motorradtreff Aggertalsperre,** Frömmersbacher Straße 58, 51647 Gummersbach

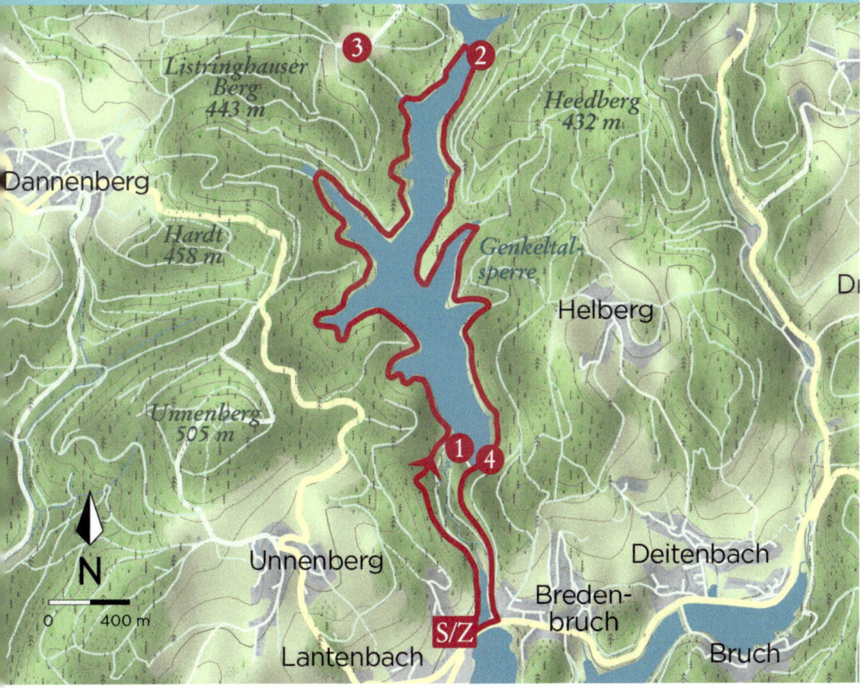

Auf dem Waldmythenweg

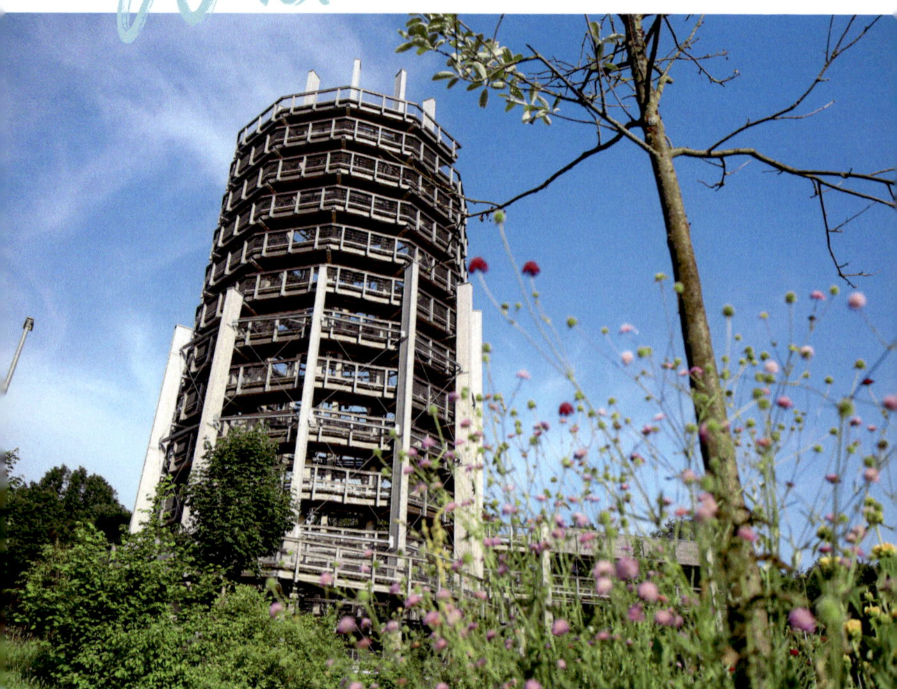

Schwierigkeit: mittel // 12,7 Kilometer // 305 Höhenmeter
Für Familien mit Kindern besonders geeignet

VON MYTHEN, SAGEN UND AUSBLICKEN: AUF TUCHFÜHLUNG MIT DEN VIELEN GESICHTERN DES WALDES

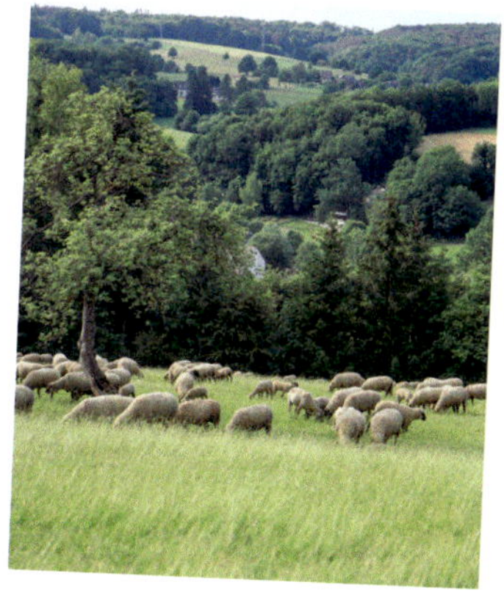

Glückliche Schafe bei Helten

Der Waldmythenweg bei Waldbröl, einer der insgesamt 24 Bergischen Streifzüge, ist ein toller Weg für die ganze Familie. Theodor Heuss sagte einst: »Holz ist ein einsilbiges Wort, doch dahinter steckt eine Welt voller Märchen und Wunder.« Ein passendes Motto für den kinderfreundlichen Rundweg, erzählt er doch spannende Geschichten von Feen, Elfen, Wölfen, Riesen und anderen mythischen Gestalten und lässt auch dank des Naturerlebnisparks Panarbora mit seinem Baumwipfelpfad und dem rund 40 Meter hohen Aussichtsturm Kinderherzen höherschlagen. Auf überwiegend einfach zu begehenden Forst- und Wiesenwegen können sich die Kleinen nach Herzenslust austoben, und die überaus grüne, sanft hügelige Landschaft des Oberbergischen sorgt dazu für eine wunderschöne Kulisse.

Der Startpunkt liegt direkt an der Vierbuchermühle, wo einmal im Jahr das Oktoberfestwochenende stattfindet, bei dem Hobby- und Thekenmannschaften aus der ganzen Region in Geschicklichkeits- und Kraftspielen gegeneinander antreten. Abgesehen von diesem Wochenende voller Trubel ist es ruhig im abgeschiedenen Tal des Schnörringer Baches. Vom großen Parkplatz aus folgt ihr für die komplette Tour einer einheitlichen Markierung, der weißen 23 auf rotem Grund. Zunächst wandert ihr leicht ansteigend hinauf in Richtung Diepenthal, einem winzigen Weiler, der lediglich aus ein paar Häusern besteht. Das ist ganz typisch oberbergisch: Zwischen den kleinen Hügeln ruhen verwunschene Täler, in denen es sich Höfe, Mühlen und Weiler gemütlich gemacht haben. Doch auch auf den waldfreien Höhen, oftmals von nichts als Wiesen und Feldern umgeben, liegen winzige Ortschaften, in denen vor allem die typisch bergischen Fachwerkhäuser mit ihren grünen Fensterläden und Türen auffallen. Die Farbkombination eines sogenannten Bergischen Hauses aus Grün, Weiß und Schwarz wird auch als Bergischer Dreiklang bezeichnet.

WIE ZERSIEDELT DAS OBERBERGISCHE LAND STELLENWEISE IST, ZEIGT SICH IM KLEINEN WALDBRÖL MIT SEINEN KNAPP 20.000 EINWOHNER. 64 ORTSTEILE, EINIGE DAVON VON NUR EINER ODER WENIGEN FAMILIEN BEWOHNT, UND VIER VERSCHIEDENE VORWAHLEN TEILEN SICH DIE WALDBRÖLER, VON DENEN EIN GROSSTEIL IM HAUPTORT LEBT. ZUM VERGLEICH: DIE 1.000.000 BEWOHNER VON KÖLN KOMMEN AUF 86 STADTTEILE UND ZWEI VORWAHLEN.

Nach Diepenthal lauft ihr durch Hochwald, ebenfalls ein schmucker kleiner Ort, dann geht es wieder in den Wald hinein und vorbei an einer der vielen Wissensstationen. Kinder und Erwachsene können hier fleißig kurbeln und produzieren damit den nötigen Strom für die kurzen Audiobeiträge zu den einzelnen Themen. Die spannenden Geschichten von Waldmythen, Sagengestalten und Räubern regen die Fantasie der jungen Wanderer an und sind fortan hervorragender Stoff für die Erzählungen der Eltern. Und so fern liegt der eine oder andere Mythos gar nicht. Das Oberbergische Land ist nämlich seit August 2020 offizielles Wolfsgebiet, nachdem in der Gemeinde Eitorf im Rhein-Sieg-Kreis ein Wolfsrudel bestätigt wurde. Es ist das vierte Wolfsgebiet in NRW und umfasst eine Fläche von 754 Quadratkilometern. So schnell verschwimmen Mythos und Realität. Und wer weiß, ob wir nicht doch noch irgendwann einen Riesen im Wald entdecken – lasst euch von den Mythen entlang des Weges einfach überraschen.
Der Weg senkt sich hinab ins Tal des Hufener Baches und trifft auf eine kaum befahrene kleine Straße. Nach kurzem Asphalt-Intermezzo quert ihr den Hufener Bach und gelangt auf einen Feldweg

inmitten einer sattgrünen Wiese. Das ist ein Vorgeschmack auf das original oberbergische Feeling. Grün, so weit das Auge reicht. Noch einmal geht es für einige Meter auf Asphalt, doch dann kehrt ihr dem Zivilisationsteppich den Rücken und gelangt auf einem schönen Feldweg ins Baumener Bachtal, wo eine Rastbank am Wiesenrand zum Sonnetanken einlädt. Durch ein schattiges Waldstück begleitet ihr den Baumener Bach, der fröhlich vor sich hinplätschert, und letztlich wandert ihr durch BAUMEN 1 hindurch – eines dieser oberbergischen Dörfchen. Hier zeigt sich die ganze Schönheit der Region mit ihren verwinkelten Weilern und den malerischen Fachwerkbauten. Kleine Gärten, enge Gassen, bellende Hunde und krähende Hähne – willkommen auf dem Land. Kaum habt ihr Baumen wieder verlassen, lauft ihr durch eine aussichtsreiche Wiesenlandschaft aufwärts; ab und zu innehalten und den Blick genießen lohnt sich.

Keine Seltenheit: Grüne Wiesen säumen die weichen Passagen des Waldmythenweges

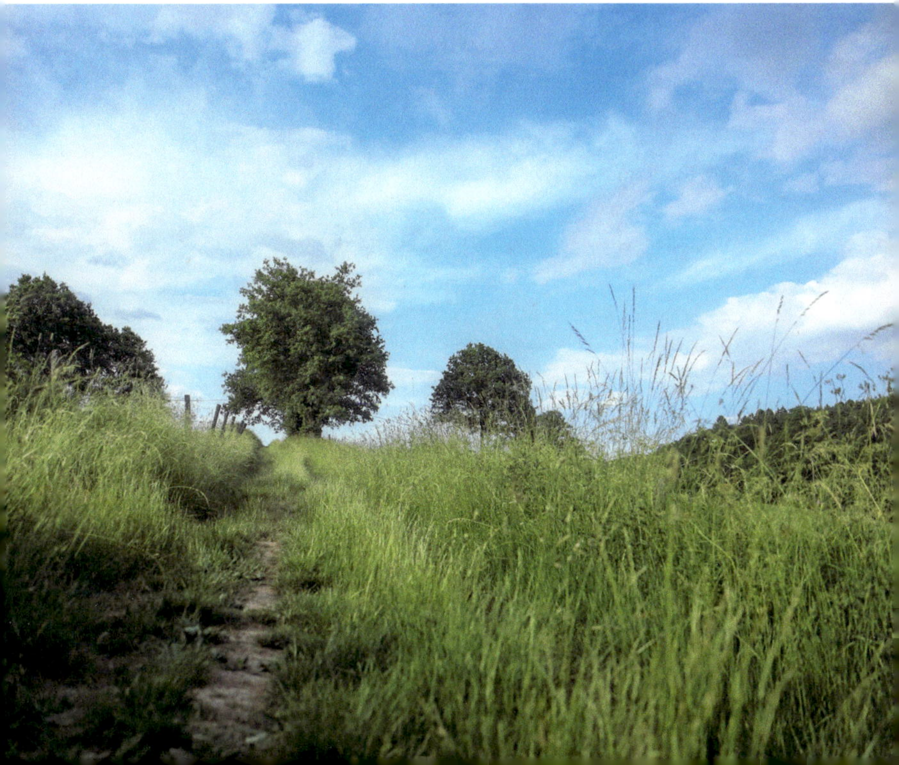

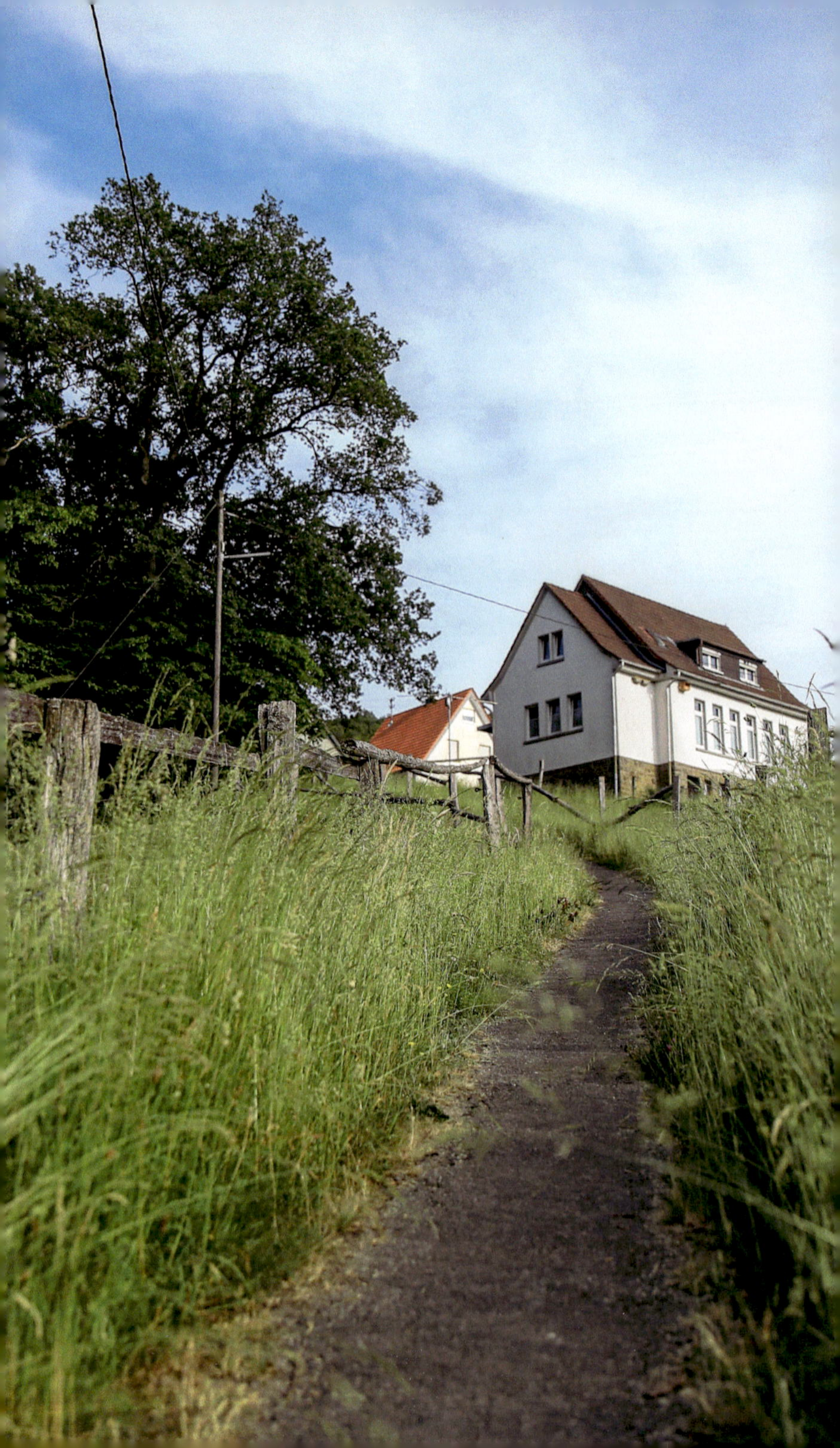

Sich der umliegenden Schönheit gewahr werden, durchatmen und den Moment auskosten. Eine Straße ist schnell gequert, dann geht es auf einem kleinen Pfad zum Waldrand, wo ihr wenig später im Grün versinkt. Jetzt ist es nicht mehr weit bis zum Abzweig zum NATURERLEBNISPARK PANARBORA 2. Der Abstecher dorthin lohnt sich unbedingt, vor allem für Kinder. Der Eintritt für Erwachsene liegt bei rund 10 Euro, für Kinder bei etwa 7 Euro, und unter vier Jahren ist der Zugang kostenfrei. Wer das Waldreich einmal von oben aus völlig neuer Perspektive betrachten möchte, wird auf dem rund 500 Meter langen Baumwipfelpfad, der sich circa 23 Meter über dem Waldboden befindet, spannende Einblicke in die Welt der Bäume gewinnen. Und der fast 40 Meter hohe Aussichtsturm bietet einen grandiosen Blick über das Bergische Land. Dazu gibt es hier ein Tiergehege mit Streichelzoo, einen Abenteuerspielplatz sowie Spieletunnel, sodass es nicht langweilig wird. Nach ausgiebigem Toben und Staunen geht es zurück auf gleichem Wege, bis ihr den Waldmythenpfad wieder erreicht habt.

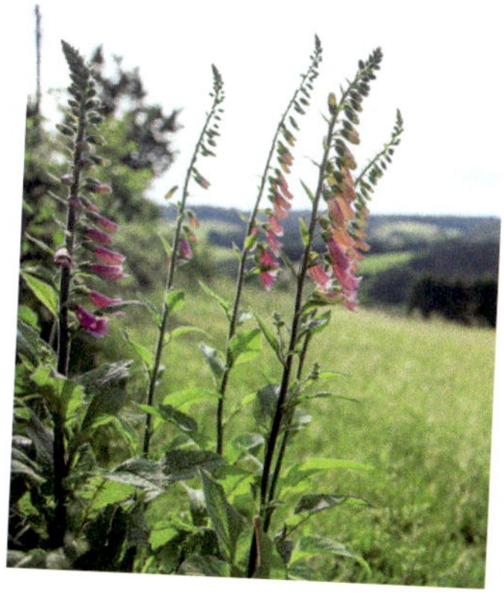

ROTER FINGERHUT

»PANARBORA« SETZT SICH ZUSAMMEN AUS DEM GRIECHISCHEN WORT »PAN«, WAS SO VIEL WIE »GOTT DES WALDES« ODER »GOTT DER NATUR« BEDEUTET, SOWIE AUS DEM LATEINISCHEN WORT »ARBOR«, LETZTERES IST DER BEGRIFF FÜR BAUM. DER NATURERLEBNISPARK WURDE 2015 ERÖFFNET UND IST AUS ÜBER 700 KUBIKMETERN HOLZ GEBAUT – ALLE ACHTUNG! ÜBRIGENS: WER EINMAL IN GANZ BESONDERER

ATMOSPHÄRE ÜBERNACHTEN WILL, FINDET DORT NEUN BAUMHÄUSER, IN DENEN MAN IN LUFTIGER HÖHE DIE NACHT VERBRINGEN KANN.

Mit HERFEN 3 erreicht ihr erneut eines der typischen Dörfer, in denen sich der gemächliche Gang des ländlichen Lebens bewundern lässt. Leicht bergab schlendert ihr anschließend inmitten von Wiesen, die besonders in der Abendsonne ein traumhaftes Motiv abgeben, hinab ins TAL DES HUFENER BACHES 4 . Zauberhaft, wie das kleine Bächlein hier vor sich hin mäandert und jeglicher Stress weit, weit entfernt ist. Ihr macht euch auf, den zweiten Anstieg dieser Tour zu bewältigen, kurz durch Helten hindurch, dann auf eine aussichtsreiche Höhe, von der aus man sich des Ausmaßes der sanften Hügellandschaft bewusst wird. Am Horizont thront Seifen, darüber funkelt die Sonne. Hier seid ihr gar nicht so weit von Köln entfernt und doch in einer anderen Welt. Eine Welt, die euch noch ein Stück begleitet auf eurem Weg hinab ins Tal der Vierbuchermühle, wo im sommerlichen Biergarten der krönende Abschluss dieser Tour wartet und bestimmt über den einen oder anderen Waldmythos sinniert wird.

Übrigens: Vierbuchermühle bezeichnet offiziell eine Ortschaft mit sage und schreibe 36 Einwohnern, doch gilt der Ort gemeinhin als Synonym für das alte Mühlengelände, in dem heute das Ausflugslokal Haus am Mühlenberg untergebracht ist. Gleich neben dem Gasthaus mit sonnigem Biergarten, Spielplatz und Wildgehege befindet sich ein hauseigener Fischteich, und wer freundlich fragt, bekommt seinen eigenen Fang gleich im Anschluss im Restaurant frisch zubereitet – lecker!

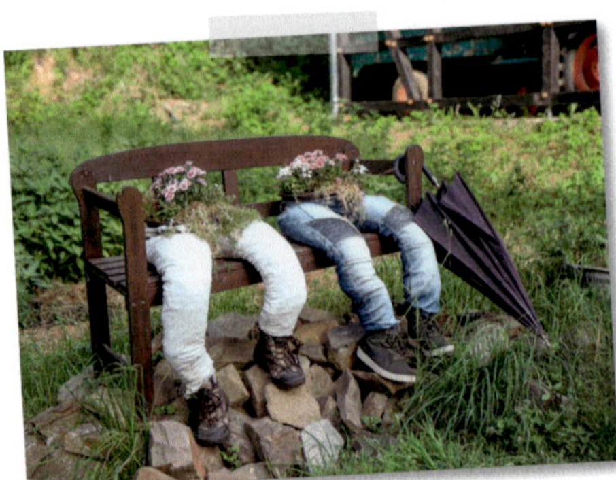

Alles, was ihr wissen müsst

Rundtour: kurze Wanderung mit leichtem Profil // keine besonderen Schwierigkeiten für Kinder // **nicht kinderwagentauglich**

Markierung: weiße 23 auf rotem Grund

Entfernung von Köln: 64 Kilometer
ÖPNV: keine Anbindung an den ÖPNV am Startpunkt // Alternativer Startpunkt am Naturerlebnispark Panarbora: hierzu mit der Bahn nach Schladern (Sieg) und weiter mit dem Bus 342 zur Zielhaltestelle Panarbora, Waldbröl
Auto: Wanderparkplatz an der Vierbuchermühle, 51545 Waldbröl

Einkehr: **Haus am Mühlenberg,** Vierbuchermühle, 51545 Waldbröl, vierbuchermuehle.de // **Panarbora-Restaurant,** Naturerlebnispark Panarbora, Nutscheidstraße 1, 51545 Waldbröl, panarbora.de

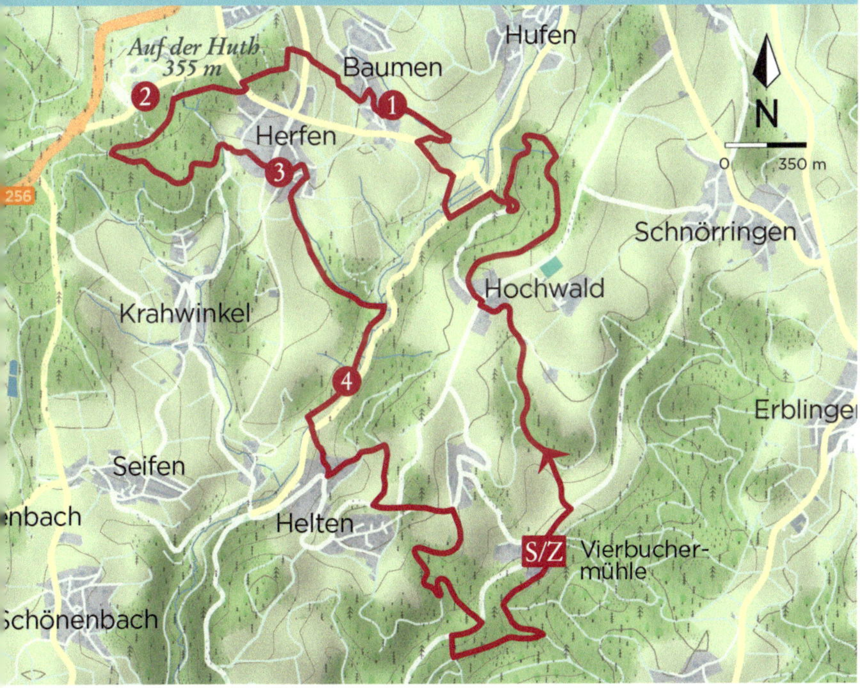

Rund um Hoffnungsthal

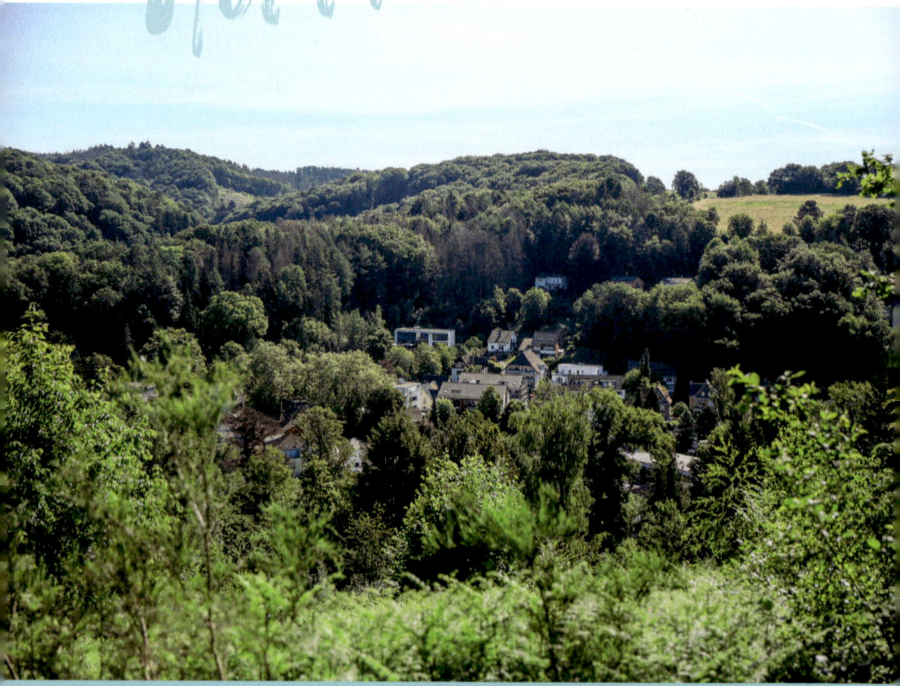

Schwierigkeit: leicht // 8,4 Kilometer // 186 Höhenmeter

Für Familien mit Kindern geeignet

WANDERN FÜR KURZENTSCHLOSSENE: EIN BERGISCHES INTERMEZZO IM VORGARTEN VON KÖLN

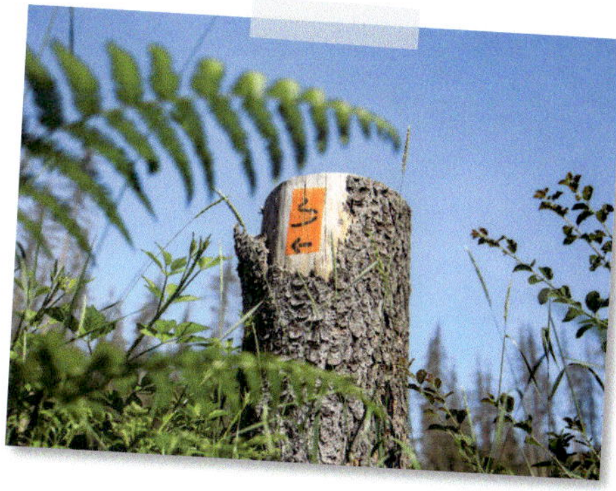

Lust auf einen spontanen Ausflug in die Natur? Oder darauf, die warme Abendsonne eines schönen Sommertages im Freien zu genießen? Hoffnungsthal liegt direkt vor den Toren von Köln, ist unkompliziert sowie schnell zu erreichen und verspricht eine überaus erholsame Stadtflucht. Rund um den Ort dominieren idyllische Waldgebiete und die rauschende Sülz, an deren Ufer ein Großteil dieser Tour entlangführt. Schnell mal raus? Ab nach Hoffnungsthal!

Vom Bahnhof Hoffnungsthal folgt ihr zunächst dem Zuweg des Bergischen Weges (blaues Logo). Dieser führt euch über die Bahnhofstraße und den kleinen Rathausplatz zur Hauptstraße und dann zum Ufer der Sülz. Ab hier geht es kurz ohne Markierung weiter, nämlich über die SÜLZBRÜCKE (1) auf die andere Flussseite und vor dem Fachwerk Hoffnungsthal rechts in die Straße Volberg, eine Straße mit historischer Bedeutung.

FRÜHER HIESS HOFFNUNGSTHAL NOCH VOLBERG UND WAR EIN KLEINES KIRCHDORF. EIN ÜBERBLEIBSEL DAVON IST DIE EVANGELISCHE KIRCHE VOLBERG, AN DER IHR UNMITTELBAR VORBEILAUFT. ERST 1899 WURDE VOLBERG IN HOFFNUNGSTHAL UMBENANNT; DER NAME GEHT ZURÜCK AUF EIN HAMMERWERK NAMENS HOFFNUNGSTHALER HAMMER, WELCHES WIRTSCHAFTLICHEN AUFSCHWUNG IN DAS SUMPFIGE TAL DER SÜLZ BRACHTE.

Auch die ehemalige Bahnstrecke zwischen Köln und Lindlar, die sogenannte Sülztalbahn, entstand zu dieser Zeit. Übernommen wurde das Unternehmen im 19. Jahrhundert von der Fabrikantenfamilie

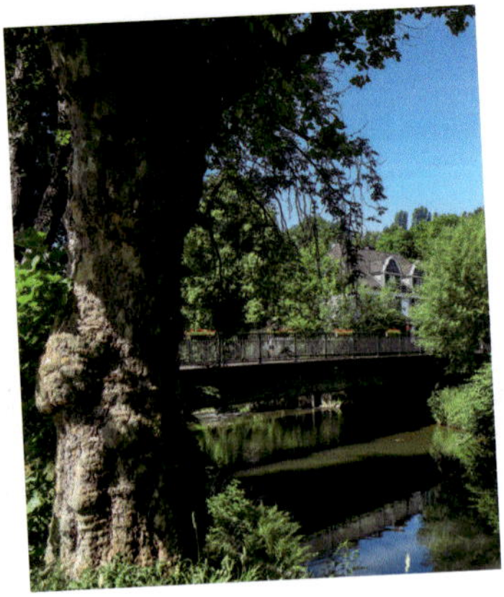

Die Sülz in Hoffnungsthal

Reusch, die mit zahlreichen Villen in Hoffnungsthal ihr prunkvolles Erbe weithin sichtbar hinterlassen hat.

Folgt der Straße Volberg bis zur Gabelung, dort erreicht ihr den Bergischen Weg (oranges Logo), dessen hervorragender Markierung ihr euch bis auf Weiteres entspannt überlassen könnt. Entspannt? Na gut, zunächst geht es zugegebenermaßen sehr, sehr steil hinauf, vorbei an den letzten Häusern hoch über Hoffnungsthal und hinein in den Wald. Doch versprochen, so anstrengend wird es im Lauf der Wanderung nicht mehr oft. Habt ihr die Steigung hinter euch gelassen, wandert ihr nach einer kleinen Verschnaufpause am Waldrand weiter, was euch vor allem an schönen Sommertagen dank der Ausrichtung nach Westen fantastische Lichtspiele beschert. Der Trubel von Hoffnungsthal ist schnell vergessen, hier regiert der Wald. Und mit ihm seine quirligen Bewohner, von denen ihr vielleicht das eine oder andere Lebenszeichen wahrnehmt.

So geht es für zunächst weiter, auf dem schmalen Waldweg erreicht ihr den Rand von FORSBACH 2, doch nach einer Spitzkehre und nur wenigen Häusern verlasst ihr die bergische Ortschaft auch schon wieder. Die umgebenden Wiesen hoch über Hoffnungsthal leuchten in der Abendsonne, ehe es wieder in das Reich des Waldes und hinab in ein schattiges Bachtal geht. In der Folge führt der Waldpfad mal bergauf, mal geschwungen bergab, und ab und an quert ihr einen der vielen Bäche. Nach kurzem, aber knackigem Anstieg erreicht ihr den Ortsrand von Lehmbach, lauft ein kurzes Stück entlang von Häusern und versinkt dann wieder im Wald. Wenig später verlasst ihr den Bergischen Weg an einer T-Kreuzung und geht nach rechts.

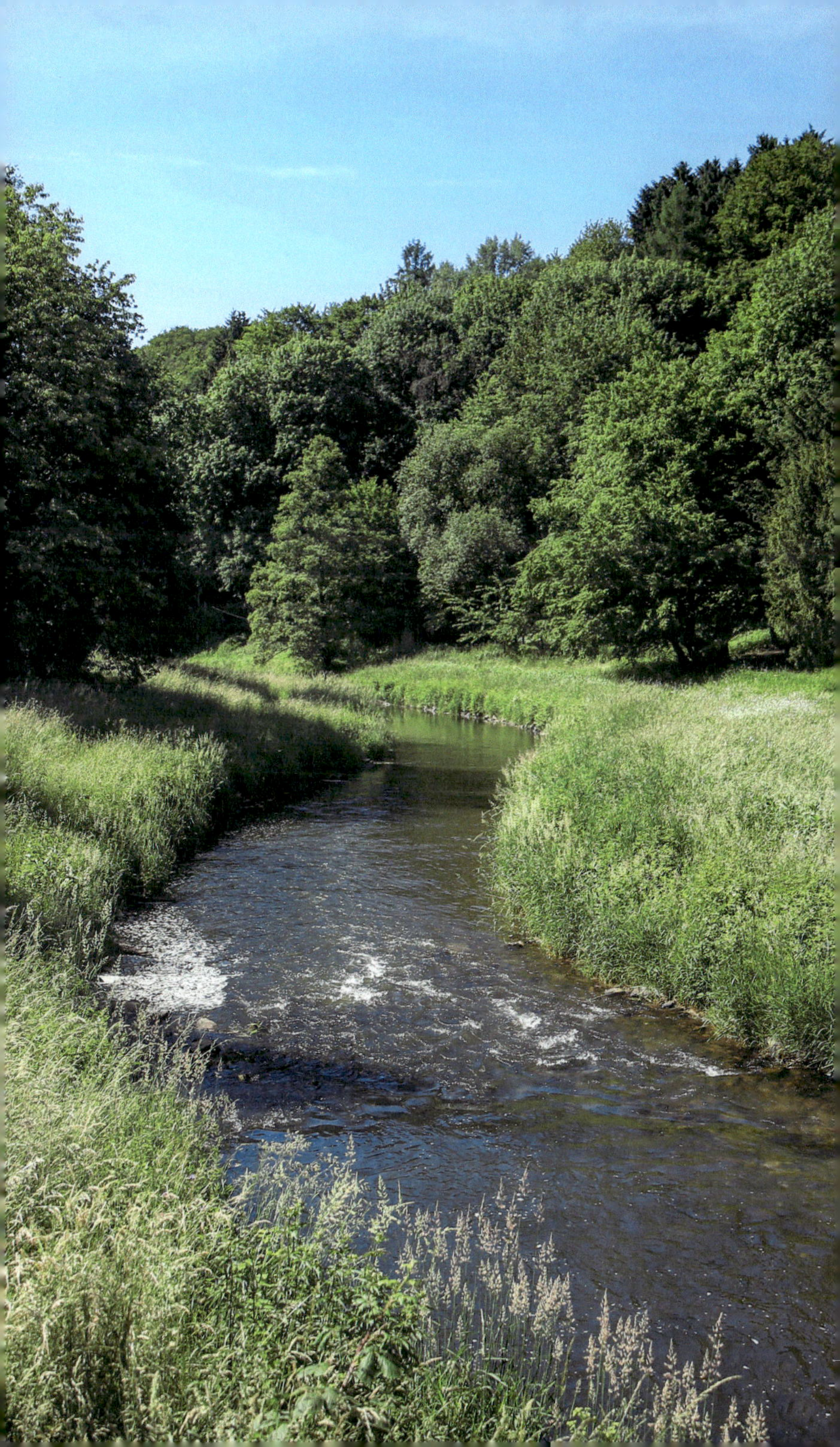

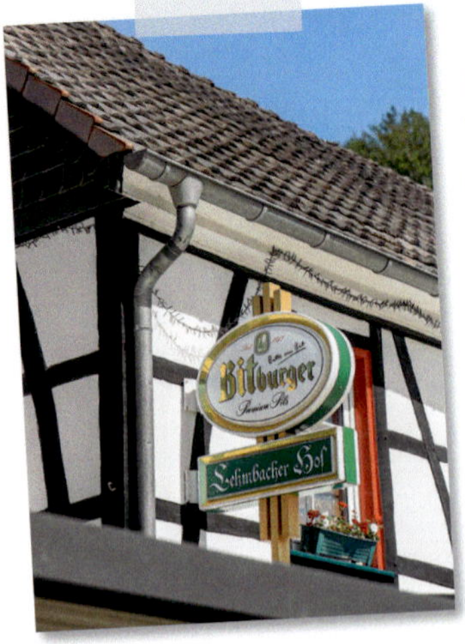

Folgt hier dem weißen »K« des Kölner Weges hinab durch das Tal des Lehmbaches bis hin zur Hauptverkehrsstraße auf Höhe des RISTORANTE LEHMBACHER HOF 3, das in einem schönen Fachwerkhaus untergebracht ist. Dank eines kriegswichtigen Betriebs während des Zweiten Weltkriegs bekam das kleine Lehmbach damals sogar einen eigenen Bahnhaltepunkt, der bis zur Stilllegung der Strecke Köln–Lindlar erhalten blieb.

Jetzt gilt: Ohren zuhalten, die Strecke führt ein kurzes Stück nach rechts entlang der Landstraße, doch keine Angst, die Passage ist schnell vorbei. Zum zweiten Mal heute quert ihr die Sülz und direkt hinter der Brücke geht es rechts ab. Folgt nun dem schönen Wiesenpfad am Ufer oder dem Fuß- und Radweg daneben – der PFAD AM WASSER 4 ist jedoch wesentlich angenehmer zu laufen und ein bisschen naturnäher, kann je nach Jahreszeit aber überwuchert sein. An einigen Stellen kommt ihr direkt ans kühle Nass – das verspricht Erfrischung an heißen Sommertagen. Und die Wiesen am Ufer der 24,7 Kilometer langen Sülz laden zum Picknicken ein. Vorbei an den grünen Auen bahnt ihr euch euren Weg immer Seite an Seite mit der Sülz, die zunächst in die Agger, dann in die Sieg und letztlich in den Rhein mündet, ehe sie in der Nordsee ihre letzte Ruhestätte findet. Die lange Reise des Wassers – immer wieder faszinierend. Vom geschäftigen Hoffnungsthal ist kaum etwas zu sehen, und man hört nichts als das Rauschen und Plätschern der Sülz. So geht es weiter, bis der Pfad vor einem Zulauf endet. Hier wechselt ihr auf den Fuß- und Radweg und wandert noch ein wenig entlang des Flusses, bis ihr wieder auf die Hauptstraße und den Rathausplatz trefft. Von dort geht ihr auf gleichem Weg wie zuvor zurück zum Bahnhof, wo die kleine, aber feine Rundtour endet. Was für ein Feierabend!

Alles, was ihr wissen müsst

Rundtour: kurze Wanderung mit drei kurzen, aber steilen Anstiegen // keine besonderen Gefahren für wandernde Kinder // **nicht kinderwagentauglich**

Markierung: Bergischer Weg (Logo), Kölner Weg (weißes K)

Entfernung von Köln: 25 Kilometer
ÖPNV: mit der Bahn von Köln nach Hoffnungsthal
Auto: Parkplätze im Bereich des Bahnhofs (entlang der Rotdornallee), 51503 Rösrath

Einkehr: **Brauhäuschen,** Bahnhofstraße 19, 51503 Rösrath, brauhaeuschen-hoffnungsthal.de // **Ristorante Lehmbacher Hof,** Bergische Landstraße 161, 51503 Rösrath, lehmbacher-hof.de

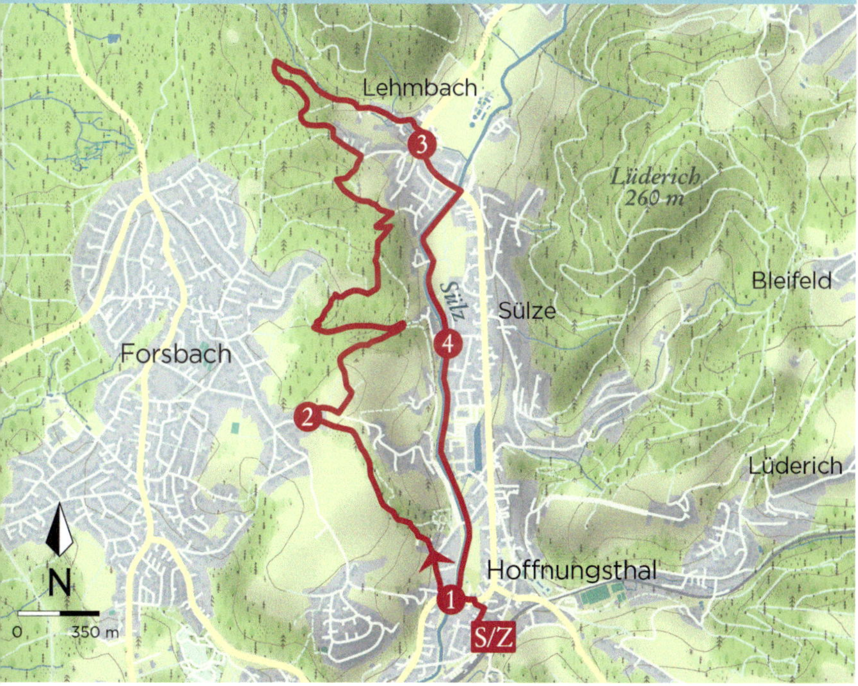

Zu den Hotspots des Siebengebirges

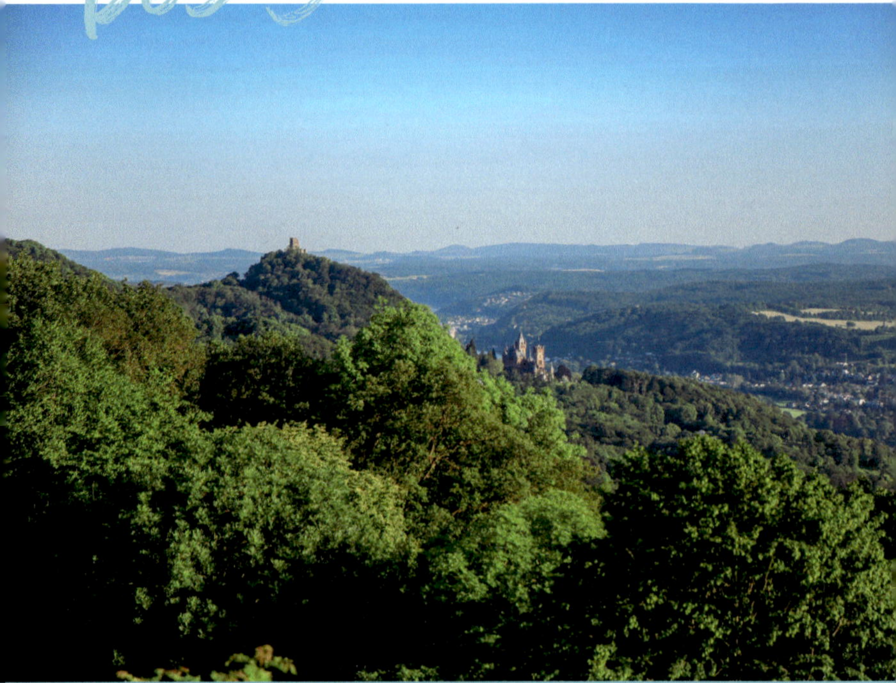

Schwierigkeit: schwer // 19,5 Kilometer // 698 Höhenmeter
Für Familien mit Kindern bedingt geeignet

AUF STILLEN WEGEN.
GENUSS TRIFFT HERAUSFORDERUNG:
FÜNF MAL GIPFEL, FÜNF MAL EINKEHR

Was für eine Tour! Gleich sechs Siebengebirgsgipfel nehmt ihr auf eurer Reise durch das kleine Wanderparadies am Rhein mit. Kein Zweifel, diese Tour ist tagesfüllend, nicht nur aufgrund von Länge und Höhenmetern, sondern auch wegen der zahlreichen Einkehrmöglichkeiten, die euren Weg durch das Siebengebirge säumen und zur ausgiebigen Rast einladen. Ob man die Tour nun von Gipfel zu Gipfel oder von Einkehr zu Einkehr betrachtet, das entscheidet ihr und euer Durst. Fest steht: Zwischen den beliebten Hotspots liegen zahlreiche schöne Pfade, fantastische Aussichten und einsame Passagen, die einen perfekten Wandertag am Rhein garantieren.

Los geht es am Bahnhof von Königswinter, folgt von hier aus dem gelb markierten Zuweg zum Rheinsteig, welcher euch zum Eingang des Nachtigallentals unterhalb der großen Brücke führt. Lauft hier jedoch nicht geradeaus ins besagte Tal, sondern links noch ein Stück weiter auf der asphaltierten Straße. An der nächsten Kreuzung geht es links ab, vorbei an den Tennisplätzen und dann über den Petersberger Bittweg hinauf zum ehemaligen Gästehaus der Bundesregierung. Bis das jedoch erobert ist, passiert ihr einige Kreuzwegstationen sowie Serpentinen und verbrennt die eine oder andere Kalorie beim schweißtreibenden Anstieg. Oben auf dem PETERSBERG 1 angekommen, dem ersten Gipfel des Tages, lauft ihr durch den kleinen Park, vorbei an der St.-Peter-Kapelle und erreicht schließlich den Biergarten hoch über dem Rhein. Bier oder Apfelschorle Nummer 1: Check. Genießt den ersten fantastischen Blick!

DER 335 METER HOHE PETERSBERG IST EIN GESCHICHTSTRÄCHTIGER ORT. WO HEUTE EIN GROSSES HOTEL STEHT, WURDE SCHON WELTPOLITISCHE GESCHICHTE GESCHRIEBEN, BEISPIELSWEISE BEIM PETERSBERGER ABKOMMEN, DEM PETERSBERGER KLIMADIALOG ODER DER AFGHANISTANKONFERENZ. BIS 1958 FUHR HIER SOGAR EINE ZAHNRADBAHN HINAUF, WORAN EIN KLEINES DENKMAL AUF DEM GIPFELPLATEAU ERINNERT.

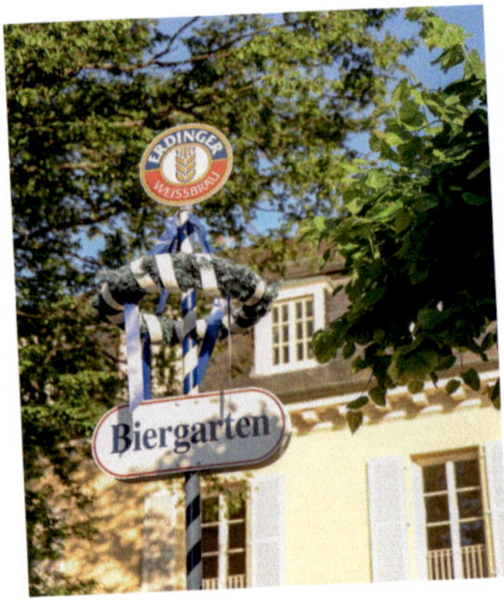

Biergarten auf dem Petersberg

Erholt folgt ihr nun dem großen Wegweiser nach Oberdollendorf unweit des Biergartens, der euch links auf einen schmalen, recht steinigen Pfad hinabführt, auf dem übrigens auch der Rheinsteig verläuft. Haltet euch an den Pfad, bis ihr weiter unten auf einen Forstweg trefft, mit diesem geht ihr nach rechts; lasst euch dazu einfach vom Rheinhöhenweg leiten (weißes A auf schwarzem Grund). Dieser bringt euch mäßig steil zum Scheitelpunkt zwischen Petersberg und Nonnenstromberg und im weiteren Verlauf auf Letzteren hinauf. Oben lauft ihr vorbei an einem großen Steinhaufen, der den zweiten Gipfel des Tages und einen eher unscheinbaren Berg im berühmten Gipfelensemble des Siebengebirges markiert. Ausnahmsweise gibt es hier keine Einkehr, jedoch ein kleines Stück weiter eine schöne Aussicht. Der Rheinhöhenweg bringt euch anschließend in einigen Kehren hinab zum Einkehrhaus Waidmannsruh, wo ihr mal wieder verschnaufen könnt. Bier oder Apfelschorle Nummer 2: Check.

Vor dem Einkehrhäuschen, das idyllisch mitten im Wald liegt, geht es links weiter in Richtung Stenzelberg (der Stein-Wegweiser zeigt euch die Richtung), welchen ihr kurze Zeit später auch schon erreicht. Folgt ab hier dem steinernen Wegweiser des Stenzelberg-Rundwegs. Der STENZELBERG 2 ist ein sehenswertes Plätzchen, das viele nicht kennen. Schroffe Wände vulkanischen Ursprungs und imposante Felstürme säumen den Stenzelberg-Rundweg durch ein Areal, das vom 11. Jahrhundert an bis 1931 als Steinbruch genutzt wurde und heute noch ein beliebtes Klettergebiet ist – obwohl Klettern seit 2005 verboten ist. Doch auch Wind und Wasser haben über all die Jahre am Fels genagt und dadurch teils bizarre Formationen

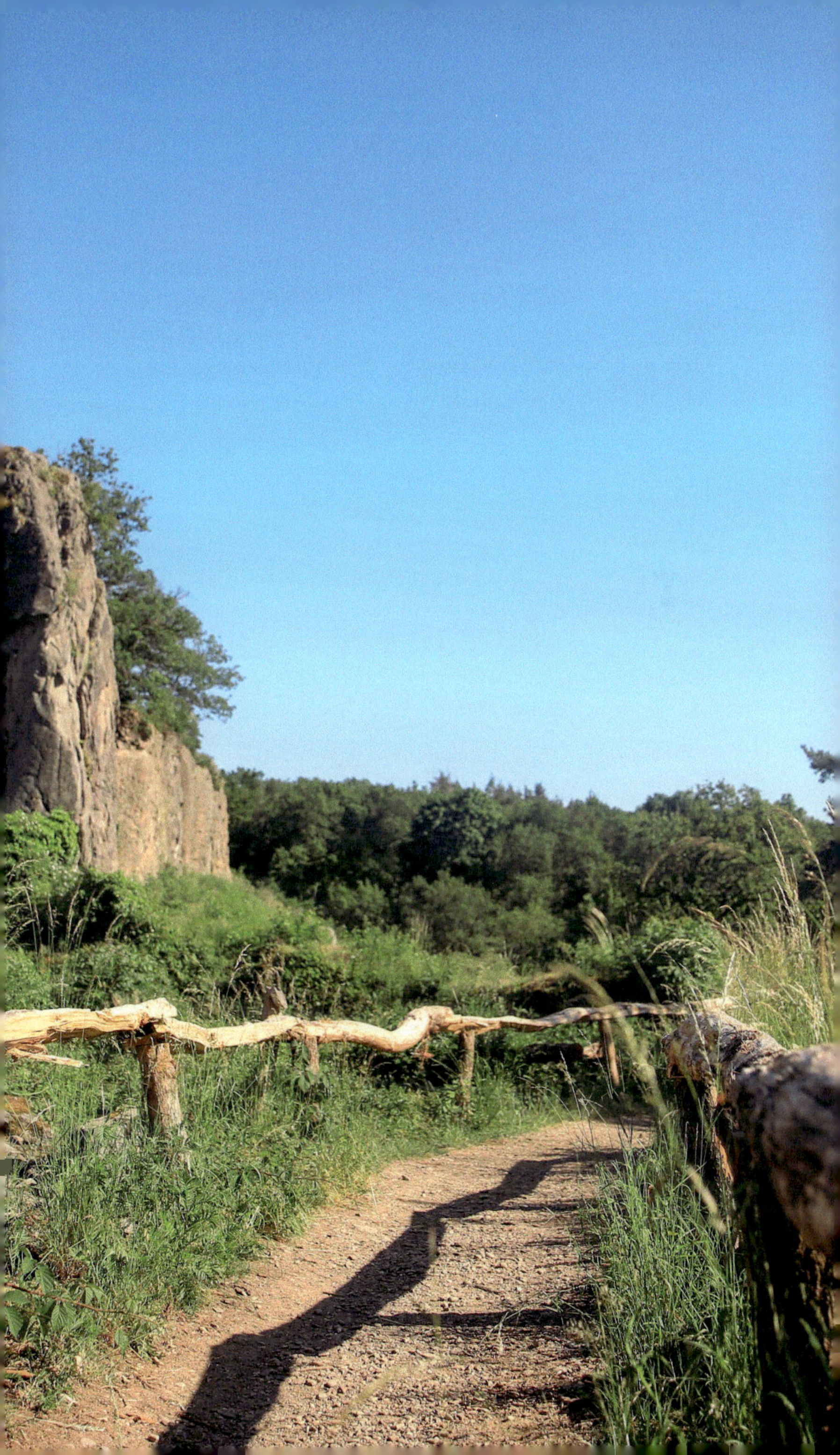

entstehen lassen. Mittlerweile sind die Zugänge zu den Felstürmen und -wänden abgesperrt und unzugänglich. Doch auch der Blick von unten auf die kleine Felslandschaft ist eindrucksvoll. Bleibt einfach auf dem Stenzelberg-Rundweg, bis dieser in einem Forstweg mündet und rechts hinaufführt. Haltet euch hier jedoch links und nehmt dann die erste Möglichkeit rechts in einer Spitzkehre kurz darauf. Auf einem unscheinbaren Waldweg wandert ihr nun leicht hinauf, ehe ein links unmarkierter Pfad abzweigt, es ist die erste Möglichkeit links. Dieser führt euch durch lichten Wald und letztlich zu einer großen Freifläche, die eine willkommene Abwechslung bietet. Jetzt wandert ihr geradeaus über die offenen Wiesen, die einen schönen Blick hinunter nach Heisterbacherrott freigeben, und durch einen schmalen Waldstreifen bis zum Waldrand auf der anderen Seite, wo ihr auf einen Querweg trefft. Hier geht ihr kurz rechts und

Blick vom Geisberg: den Rhein zu Füßen,
den Drachenfels im Blick

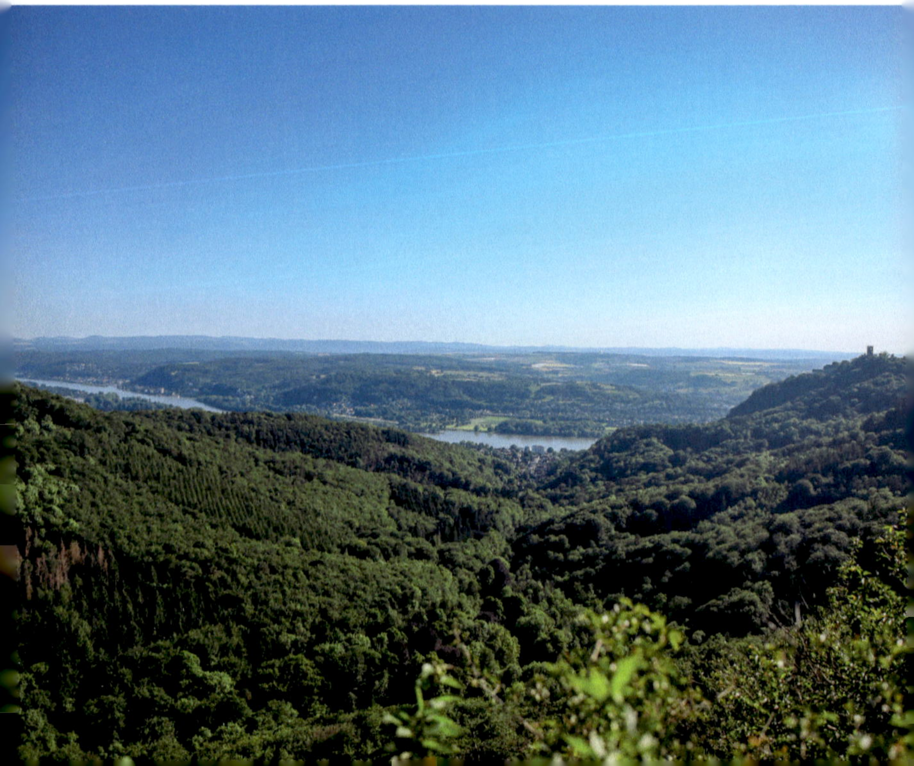

dann gleich wieder links in Richtung Ölberg, nur um wenige Meter darauf abermals rechts auf einen versteckten Pfad abzubiegen, welcher von wenigen Wanderern begangen wird. Oftmals habt ihr die kleine, dicht bewachsene Spur ganz für euch alleine. Kurz vor der kleinen Stuttgarter Hütte trefft ihr wieder auf den Forstweg, folgt diesem nach rechts und lauft an der erwähnten Schutzhütte geradeaus bzw. leicht links in Richtung ÖLBERG 3. Ab jetzt wandert ihr so lange bergauf, bis es nicht mehr höher geht. Der Aufstieg zum höchsten Berg des Siebengebirges erfordert jede Menge Kraft, doch oben auf dem dritten Gipfel des Tages begeistert eine grandiose Sicht über den weitläufigen Wald, der sich zu euren Füßen ausbreitet, sowie auf den Rhein dahinter und die hügelige Eifel am Horizont – zur anderen Seite hin reicht der Blick bis nach Köln. Wie gut, dass hier eine wohlverdiente Einkehr wartet. Bier oder Apfelschorle Nummer 3: Check.

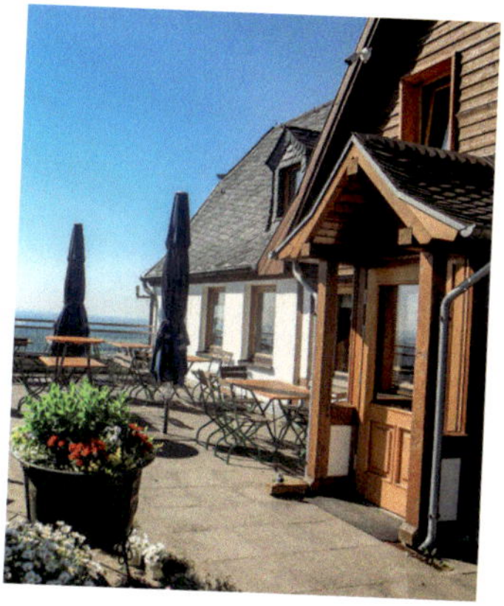

EINKEHR AUF DEM ÖLBERG

MIT 460 METERN ÜBER DEM MEER IST DER GROSSE ÖLBERG, SO SEIN OFFIZIELLER NAME, DIE HÖCHSTE ERHEBUNG DES SIEBENGEBIRGES. SEIT 1834 THRONT DAS GASTHAUS AUF DEM GIPFEL, DAS DEN AUFSTIEG MIT EINER EINKEHR VERSÜSST. SCHON FRIEDRICH WILHELM IV. VON PREUSSEN SOLL DEN AUSSICHTSBERG ÜBER DEM RHEIN BESUCHT HABEN. WEITHIN SICHTBAR IST ER AUFGRUND SEINES SENDEMASTES, DER DIE REGION MIT FERNSEHEMPFANG VERSORGT HAT. HEUTE WIRD HIER AUFGRUND VERALTETER TECHNIK NUR NOCH DER RADIOSENDER BONN/RHEIN-SIEG AUSGESTRAHLT.

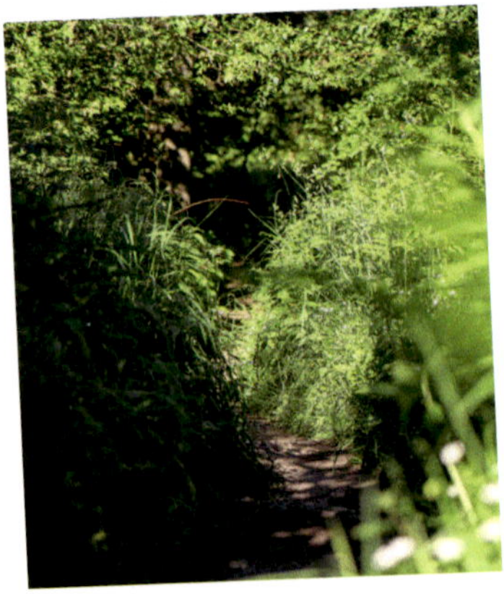

Dicht bewachsene Pfade

Der Abstieg vom Ölberg erfolgt zunächst auf der gleichen Route, doch dann folgt ihr dem breiten Weg hinab zur Margarethenhöhe. Wenn ihr wollt, könnt ihr auch den etwas steileren, aber direkteren Pfad nehmen, der den Forstweg immer wieder quert. Unten angekommen, lauft ihr vorbei am Restaurant Margarethenkreuz, wo ihr euren Getränkevorrat noch einmal auffüllen könnt. Quert die Straße mit Hilfe der Fußgängerampel und haltet euch dahinter geradeaus, auf Höhe des Waldhotels geht es rechts ab auf einen Waldweg in Richtung Drachenfels. Vorbei an der Lohrbergquelle wandert ihr zu einem alten Steinbruch, den ihr euch links über einen kurzen Stichweg anschauen könnt. Früher war hier mal eine schöne Rastanlage, diese ist womöglich wegen Steinschlaggefahr abgebaut worden – schade. Direkt am Eingang zum Steinbruch zweigt links ein Pfad ab, unter anderem markiert mit dem gelben Rheinsteig-Zuweg-Logo, folgt diesem leicht bergauf, doch geht gleich an der ersten Möglichkeit rechts über einen weiteren Pfad hinab. In lang gezogenen Schwüngen leitet dieser euch nun hinunter auf einen Forstweg, dem ihr nach rechts und vorbei an der Userother Hütte folgt. An der folgenden Kreuzung links in Richtung Drachenfels und gleich wieder halb links zum Jungfernhardt. Beide Abzweige sind jeweils mit den siebengebirgstypischen Wegweisern in Form von kleinen Felsbrocken markiert. Den Jungfernhardt umrundet ihr auf dem schmalen Pfad zur Hälfte, spart den eigentlichen Gipfel dabei jedoch aus; egal, da oben gibt's eh keine Aussicht.

Abermals kommt ihr zurück auf den Forstweg zum Drachenfels, dem ihr nach links folgt, bis ihr die Lietschenhütte erreicht. Hier geht es links ab zum Geisberg, Seite an Seite mit dem Rheinsteig, der euch zur grandios gelegenen Gipfelhütte mit fantastischer Aussicht bringt und damit zum vierten Gipfel des Tages. Es lohnt sich, hier ein paar Minuten zu verweilen und den Blick über das Land schweifen zu lassen. Danach wandert ihr weiter entlang des Pfades zum Milchhäuschen. Bier oder Apfelschorle Nummer 4: Check. Hinter dem Milchhäuschen gibt es zwei Möglichkeiten weiter zum Drachenfels. Den Rheinsteig geradeaus ignoriert ihr, lauft stattdessen links und folgt dem mit weißem K auf schwarzem Grund markierten Kölner Weg. An der folgenden T-Kreuzung rechts weiter. Nun führt euch der breite Forstweg bis zur asphaltierten Zufahrtsstraße zum Drachenfels. Diese tangiert ihr jedoch nur für ein paar Meter, denn noch in der ersten Spitzkehre biegt ihr links auf den kleinen Pfad in Richtung Rhöndorf ab. Dieser geleitet euch zunächst zu einer ex-

Aussicht vom Drachenfels: Wo der Obelisk des Landsturmdenkmals über dem Rhein thront

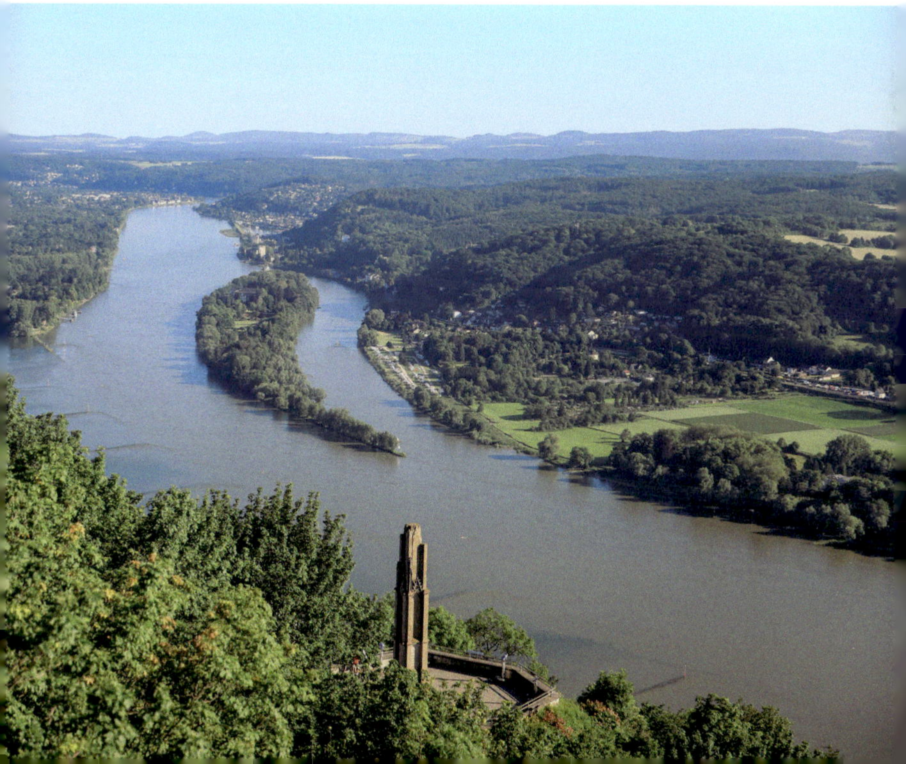

ponierten Aussichtskanzel und schließlich über einige Stufen hinauf zum DRACHENFELSPLATEAU (4), wo ihr nicht nur mit einer Einkehr, sondern auch mit einem fantastischen Blick auf das Rheintal belohnt werdet. Bier oder Apfelschorle Nummer 5: Check. Der Besuch der Burgruine eine Etage höher ist trotz der vielen Kilometer, die eure Beine heute schon absolviert haben, die lohnende Kür des Tages und Gipfel Nummer 5. Übrigens: Der Drachenfels gilt als meistbestiegener Berg Europas, auch oder gerade weil sich die meisten hier mit Hilfe der Zahnradbahn hinauffahren lassen. Apropos: Wer jetzt nicht mehr kann, der darf gerne die Zahnradbahn ins Tal nehmen. Für alle Wanderer, die es komplett haben möchten: Abschließend lauft ihr vor dem Landsturmdenkmal rechts über den schmalen, aber asphaltierten Weg hinab und vorbei an einigen Aussichtspunkten zum Schloss Drachenburg. Noch vor dem Schloss, das erst im 19. Jahrhundert vom wohlhabenden Stephan von Sarter im Stil der Neugotik erbaut wurde, unterquert ihr die Zahnradbahn. Folgt dazu dem unter der Brücke angebrachten Wegweiser in Richtung Nachtigallental und wandert anschließend rechtsseitig entlang der Bahnstrecke hinab. Ein Schotterweg führt euch vorbei an der Haltestelle Schloss Drachenburg und nach einigen Schwüngen zu einer Kreuzung. Hier geht es links und gleich nach wenigen Metern rechts hinab ins tief eingekerbte Nachtigallental, durch das ihr letztlich zurück zur Straßenbrücke und weiter zum Bahnhof Königswinter gelangt.

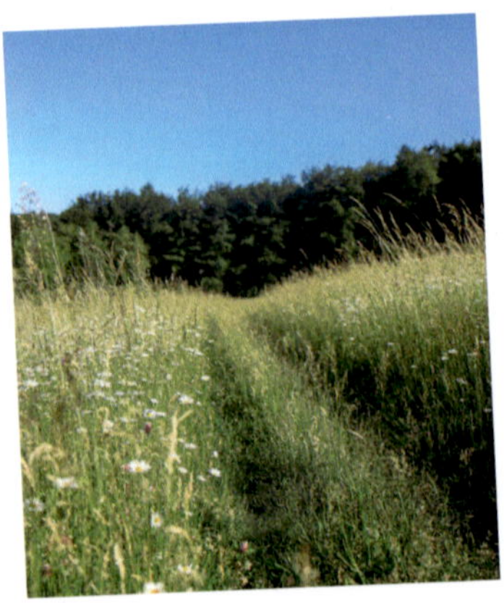

Wiesen über Heisterbacherrott

Alles, was ihr wissen müsst

Rundtour: lange Wanderung mit knackigem Profil // zahlreiche Einkehrmöglichkeiten // aufgrund der Länge für die wenigsten Kinder geeignet // **nicht kinderwagentauglich**

Markierung: nicht einheitlich, bitte Text und/oder GPS beachten

Entfernung von Köln: 38 Kilometer
ÖPNV: mit der Bahn direkt zum Bahnhof Königswinter
Auto: Parkplatz, Am Kissel 4, 53639 Königswinter

Einkehr: **Biergarten Petersberg,** Petersberg, 53639 Königswinter, steigenberger.com // **Einkehrhaus Waidmannsruh,** Rosenau 13, 53639 Königswinter, einkehrhaus-waidmannsruh.com // **Gasthaus auf dem Oelberg,** Oelbergringweg 100, 53639 Königswinter, gasthaus-oelberg.de // **Milchhäuschen,** Elsigerfeld 1, 53639 Königswinter, milchhaeuschen.de // **Restaurant Drachenfels,** Auf dem Drachenfels, 53639 Königswinter, der-drachenfels.de

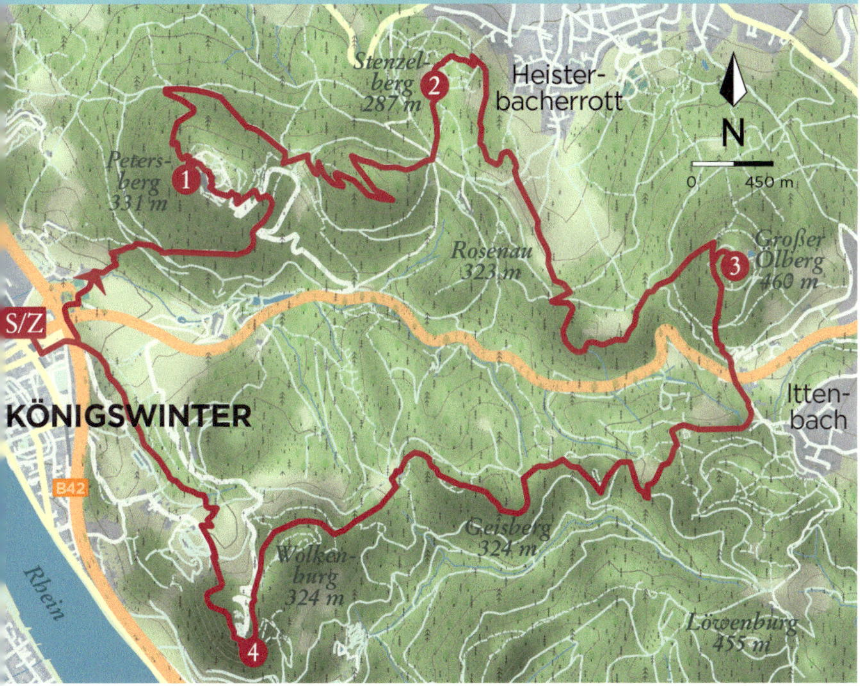

Die Stillen Berge am Rhein

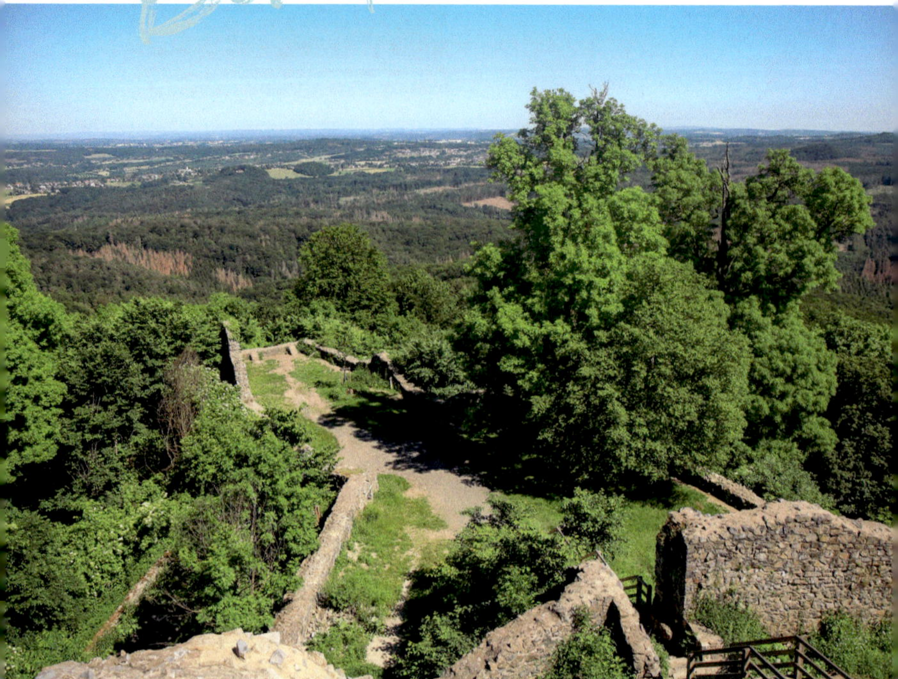

Schwierigkeit: mittel // 11,6 Kilometer // 527 Höhenmeter

Für Familien mit Kindern geeignet

AUF VERLASSENEN PFADEN
ZUR EINSAMEN SEITE DES SIEBENGEBIRGES

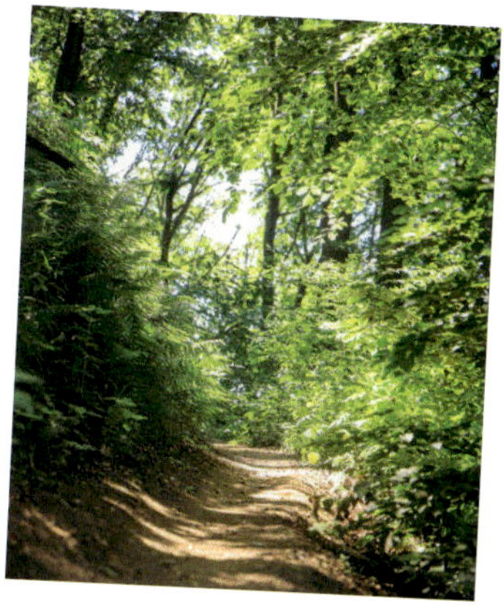

Auf unbekannten Pfaden

Entdeckt das Siebengebirge von seiner einsamen Seite, abseits der Touristen, die massenhaft auf die großen Berge wie Ölberg, Drachenfels und Petersberg strömen. Einsame und stille Pfade führen euch zu kaum bekannten Aussichtspunkten und durch malerische Täler hinauf zur Löwenburg, wo ihr den vielleicht schönsten Ausblick des Siebengebirges erleben könnt. Und kaum kehrt ihr der beliebten Burgruine auf einem der höchsten Gipfel den Rücken zu, seid ihr wieder allein, mitten im Wald, wo ihr selbst am Wochenende nur wenigen Menschen begegnet.

Los geht die Wanderung am Bahnhof von Rhöndorf, von wo aus ihr zunächst der Zuwegung des Bergischen Weges (blaues Logo) durch den Ort zu Füßen des mächtigen Drachenfelses folgt. Ihr quert den wunderschönen Ziepchesplatz – dessen Name von dem kleinen Brunnen stammt, dem sogenannten Ziepchen – mit seinen urigen Fachwerkhäusern und Cafés, ehe ihr kurz dahinter ohne Markierung rechts in die Straße Auf dem Rüdel abbiegt. Folgt der Gasse bergan, und bald schon befindet ihr euch auf einem schmalen Pfad mitten im Wald. Weiter geht es stets bergauf, dann trefft ihr auf Höhe einer Spitzkehre auf den Bergischen Weg sowie den Rheinsteig. Merkt euch die Stelle, hier kommt ihr gegen Ende noch einmal vorbei. Beide Wege leiten euch noch ein Stück hinauf, doch dann nehmt ihr nach 150 Metern den ersten unmarkierten Pfad zu eurer Rechten. Es folgt ein wunderschöner Abschnitt mit langgezogenen Schwüngen entlang der Hangkante, bis ihr auf ein Pflastersträßchen trefft. Lauft hier geradeaus. Vor dem letzten Anwesen – hier ließe es sich aushalten! – zweigt rechts ein Pfad ab. Hoch über den Dächern von

Rhöndorf gelangt ihr nun auf der dicht bewachsenen kleinen Spur, die sich ihren Weg durch das Dickicht bahnt, zu einigen Häusern im Brieberichweg. Folgt der Anliegerstraße kurz geradeaus und haltet euch dann gleich links bergauf.

EINEN HAUCH VON ITALIEN VERSPRÜHT DIE WEINLAGE VON RHÖNDORF, DIE SICH UNTER DEN STEILEN FELSWÄNDEN DES DRACHENFELSES AN DEN BERG SCHMIEGT UND EINE VON INSGESAMT NEUN EINZELLAGEN DER GROSSLAGE PETERSBERG IST. EIN MALERISCHER KONTRAST AUS LIEBLICHEM GRÜN UND KALTEM STEIN. VON EINST 500 HEKTAR WIRD IN DER GROSSLAGE, WELCHE ZUM WEINANBAUGEBIET MITTELRHEIN GEHÖRT, HEUTE NUR NOCH AUF 20 HEKTAR WEIN ANGEBAUT. HIER IN RHÖNDORF VON NUR EINEM EINZIGEN WINZERBETRIEB.

Vorbei an ein paar Gärten wird der Wald mit jedem Schritt lichter, bis ihr über eine wunderschön gelegene Streuobstwiese weit hinab ins Rheintal blicken könnt. Kurz darauf ragt links über euch die AUSSICHTSKANZEL KORFERBERG 1 auf, die jüngst restauriert wurde. Wieso zu dieser Kanzel keinerlei markierte Wege führen, das bleibt wohl ein Geheimnis des Naturparks Siebengebirge. Umso besser für euch, so könnt ihr ungestört den Blick über Bad Honnef und Rolandseck auf der anderen Rheinseite genießen. Nun dreht ihr der Kanzel den Rücken zu, lauft dahinter bergauf bis zum Waldrand und dort auf dem schmalen Naturweg geradeaus weiter. Es dauert nicht lange, da zweigt ein unmarkierter Pfad nach rechts ab auf eine dieser stillen und einsamen Waldpassagen. Wer hier auf andere Menschen trifft, hat wirklich Pech. Auf weichem Boden schlängelt sich der kleine Pfad zunächst recht eben durch den Wald, dann senkt er sich hinab und bringt euch in zahlreichen Serpentinen zur Annahütte am plätschernden Möschbach.

Hier quert ihr den Forstweg geradeaus in Richtung Tretschbachtal und Löwenburg und folgt dem gelben Rheinsteig-Zuweg. Doch kurz nach der Querung gabelt sich der Weg schon wieder, der Zuweg des Rheinsteigs geht links auf einem breiten Forstweg weiter. Rechts jedoch schließt sich eine fast schon urwaldartig wilde Passage durch das Tretschbachtal an, die euch abwechslungsreich auf und ab sowie in zahlreichen Kehren durch das Tal und entlang des Baches leitet. Immer wieder versperren euch umgestürzte Bäume den Weg, sodass ihr etwas kraxeln müsst. Wenn ihr darauf keine Lust habt, dann folgt an der Gabelung hinter der Annahütte einfach dem gelben Logo des Rheinsteigs, denn beide Wege führen wenig später wieder zusammen – nämlich auf Höhe des Markierungssteins und eines Tümpels. Ab hier könnt ihr euch an dem gelben Rheinsteig-Logo in Richtung Löwenburg orientieren. Weiter geht es hinauf durch das schöne ein-

Das Tretschbachtal mit seinen vielen Brücken, Stegen und Stufen aus Holz

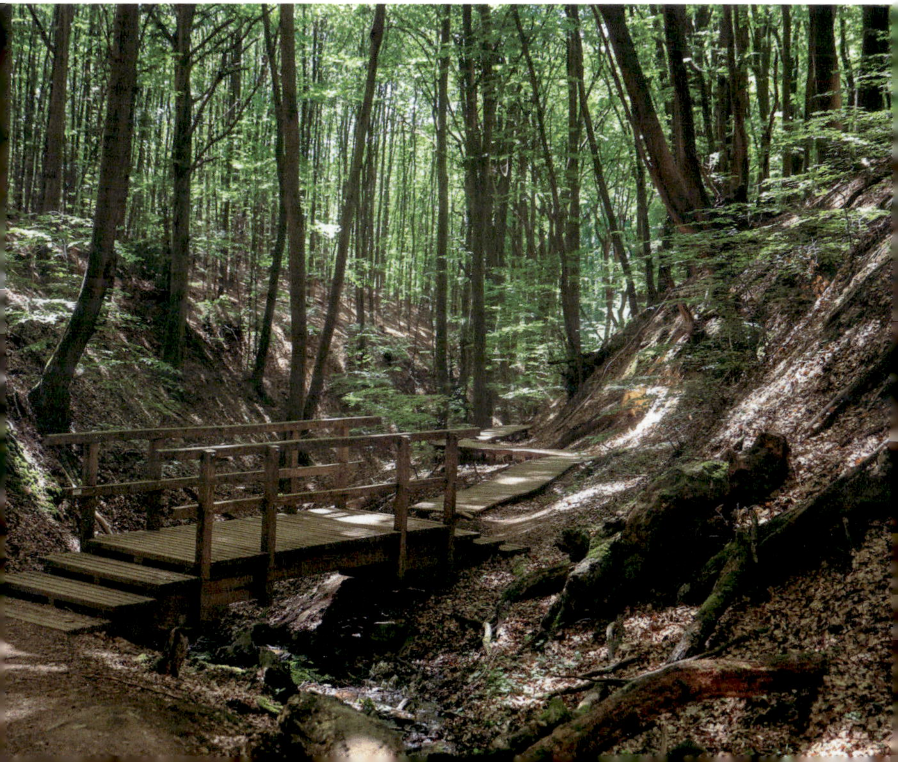

same TRETSCHBACHTAL 2, diesmal über zahlreiche Stege, Brücken und Stufen. Hinter jeder Kurve erwartet euch ein neuer Anblick, sodass der stetige und mit der Zeit fordernde Anstieg niemals langweilig wird. Es ist ein wahrlich wildromantisches kleines Tal, das zu den schönsten Passagen dieser Tour gehört und dennoch im Konzert der bekannten Wege des Siebengebirges kaum eine Rolle spielt. Oben angekommen, trefft ihr auf einen Querweg, hier geht es in einer kurzen Links-rechts-Kombination zunächst weiter bergan, bis ihr den nächsten Forstweg erreicht. Wendet euch nach rechts und schlendert nun auf ebenem Grund durch den dichten Wald. Eine Erholung für den Körper nach dem schweißtreibenden Anstieg durch das Tretschbachtal! Bald schon trefft ihr auf eine große Kreuzung, hier geht es links und ziemlich steil hinauf zur LÖWENBURG 3. Der breite, aber dauerhaft steile Schlussanstieg fordert noch einmal alles,

Die kleine Aussichtskanzel Korferberg über Bad Honnef und dem Rheintal

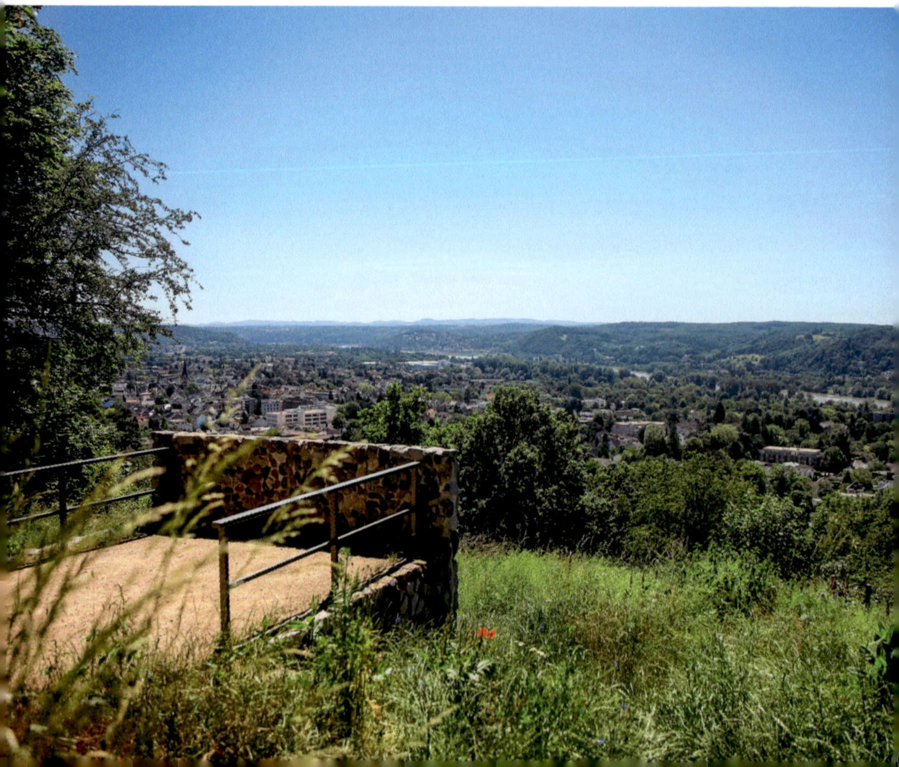

dann habt ihr es geschafft und steht plötzlich inmitten der alten Gemäuer. Über die Holztreppen gelangt ihr ganz nach oben, wo euch im Schatten des Bergfrieds ein phänomenaler Blick auf den Rhein zu euren Füßen erwartet. Für mich ist es eine, wenn nicht die imposanteste Aussicht des Siebengebirges.

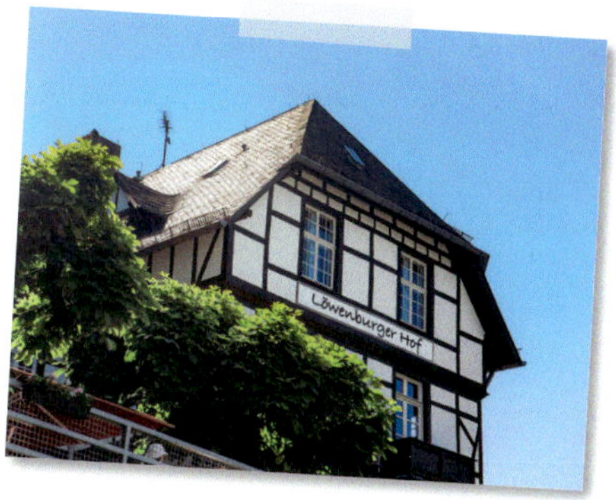

DER NAME LÖWENBURG BEZEICHNET NICHT NUR DIE ALTE BURGRUINE, SONDERN AUCH DEN BERG, DER MIT 455 METERN DER ZWEITHÖCHSTE IM SIEBENGEBIRGE IST. SEIT DEM 12. JAHRHUNDERT THRONT HIER OBEN DIE MITTELALTERLICHE HÖHENBURG ALS GRENZFESTE ZUR GEGENÜBERLIEGENDEN BURG DRACHENFELS. JA, DIE HEUTIGEN AUSFLUGSZIELE WAREN SICH EINST SPINNEFEIND.

Aufgrund von Zerstörungen im 16. Jahrhundert sowie während des Zweiten Weltkriegs sind heute nur noch die Grundmauern, Reste des Bergfrieds sowie der Zisterne zu sehen. Wie prachtvoll die Burg ausgesehen haben muss, könnt ihr auf Bronzetafeln nachvollziehen. Zurück geht es nun zunächst auf gleichem Wege, doch kurz bevor es wieder so richtig steil wird, zweigt scharf rechts ein Pfad ab. Wandert auf diesem nun über Stock und Stein hinab bis zum Forstweg, dann links zum Löwenburger Hof, von dem euch bei entsprechender Windrichtung schon aus einiger Entfernung der Duft von Pfannkuchen, Waffeln, Schnitzel oder Bratwurst entgegenströmt. Vor allem im Frühling ist die blühende Streuobstwiese zu Füßen des Biergartens eine wahre Augenweide. Satt und zufrieden passiert ihr auf dem Asphaltsträßchen den Löwenburger Hof und gelangt zu

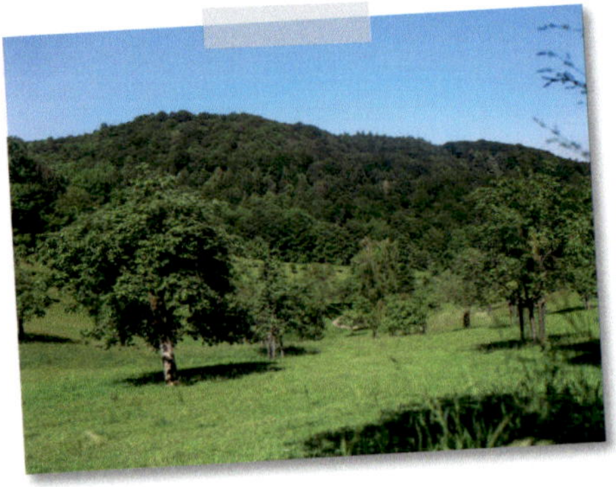

einer großen Kreuzung mit Übersichtskarte. Hier wendet ihr euch nach ganz links und wandert auf ebenem Wege in Richtung Breiberge. Mittlerweile begleitet euch wieder der Rheinsteig; in einer Linkskurve führt er rechts ab auf einen schmalen Pfad. Nach einigem Auf und Ab kommt ihr zur abgelegenen Breiberghütte, wo sich der Weg gabelt. Wenn ihr nicht über ein Mindestmaß an Trittsicherheit verfügt, lauft hier rechts mit dem Rheinsteig weiter, beide Varianten führen später wieder zusammen. Allen anderen empfehle ich jedoch unbedingt die Besteigung des GROSSEN BREIBERGES 4. Dazu biegt ihr links ab auf einen schmalen Pfad und folgt dem hölzernen Wegweiser zum Gipfel, wo eine Bank mit toller Sicht auf den Drachenfels zur Rast einlädt. Es sind diese nicht ganz so mächtigen, unscheinbaren Gipfel des Siebengebirges, auf denen man die Natur fast immer für sich alleine hat. Während drüben auf dem Drachenfels der große Trubel herrscht, umgibt euch hier nichts als Ruhe.

Nun macht ihr euch an den Abstieg, dazu lauft ihr an den Rastbänken vorbei und gelangt auf einen sehr steilen, schmalen und gerölligen Pfad. Hier ist ein wenig Trittsicherheit gefordert. Auf Höhe der Eulenhardthütte zu eurer Linken trefft ihr wieder auf den Rheinsteig und auf all die Wanderer, die den Breiberg zuvor ausgelassen haben. Ihr wandert dem blauen Logo des Fernwanderweges nach und gelangt bald darauf zur Spitzkehre. Dort lauft ihr aber nicht wieder geradeaus direkt nach Rhöndorf, sondern folgt der Kehre sowie dem Rheinsteig nach rechts; er führt euch nun ins Tal des Fonsbachs. Am Talboden angekommen, geht ihr nach links bis nach Rhöndorf. Zuvor jedoch empfehle ich unbedingt einen Besuch auf dem malerischen Waldfriedhof von Rhöndorf, wo unter anderem Persönlichkeiten wie Konrad Adenauer oder Peter Scholl-Latour begraben liegen.

Alles, was ihr wissen müsst

Rundtour: kurze Wanderung mit knackigem Profil // stellenweise etwas Trittsicherheit erforderlich, sonst keine besonderen Schwierigkeiten für Kinder // **nicht kinderwagentauglich**

Markierung: nicht einheitlich, bitte Text und/oder GPS beachten

Entfernung von Köln: 41 Kilometer
ÖPNV: mit der Bahn nach Rhöndorf
Auto: Zum Steinchen, 53604 Bad Honnef, kostenloser Parkplatz am Bahnhof

Einkehr: **Löwenburger Hof,** Löwenburger Straße 30, 53639 Königswinter, loewenburger-hof.de

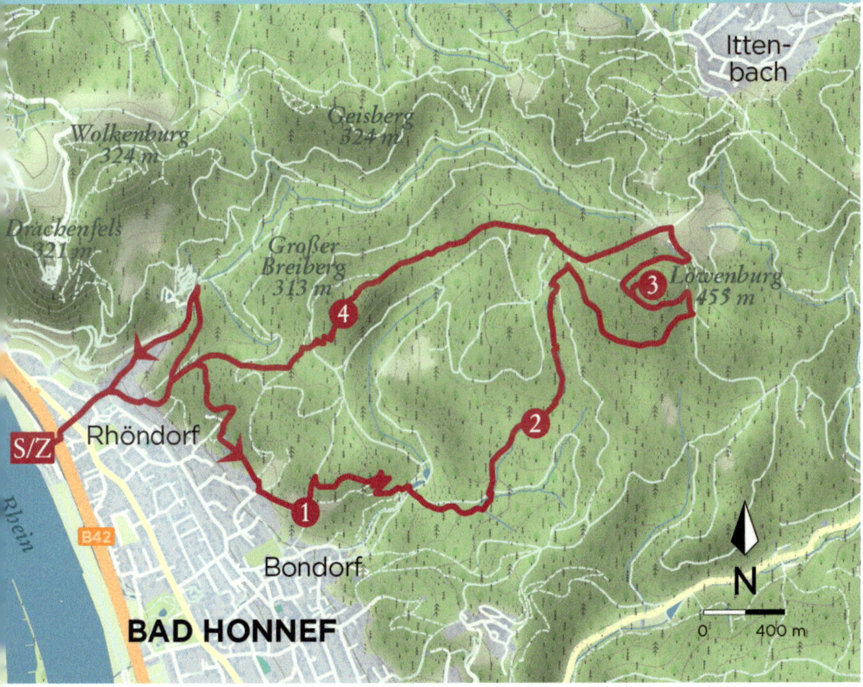

Alpine Kletteraction im Ahrtal

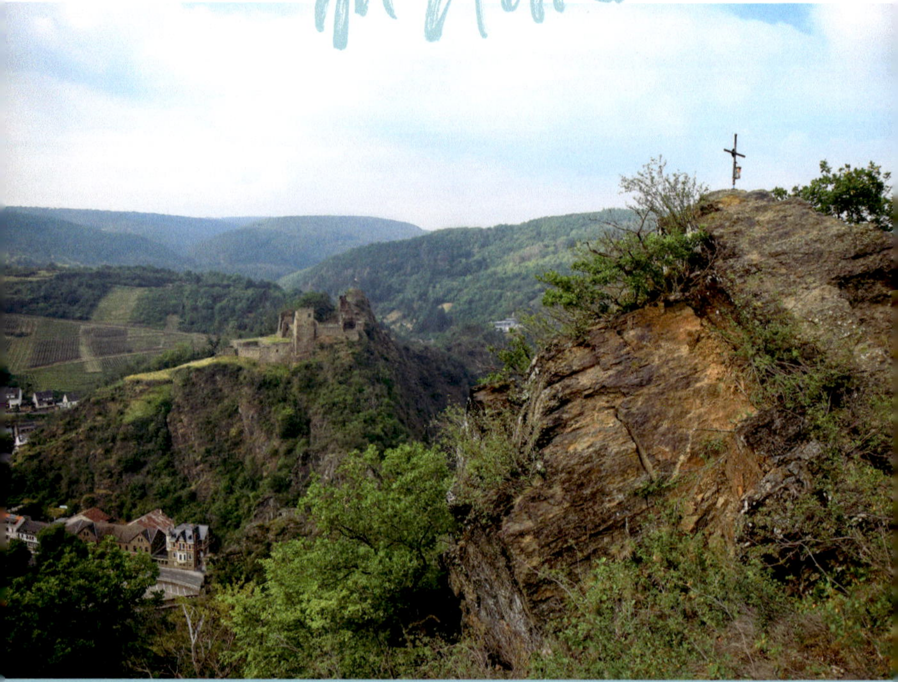

Schwierigkeit: schwer // 13,4 Kilometer // 685 Höhenmeter
Für Familien mit Kindern nicht geeignet

NUR FÜR GEÜBTE BERGWANDERER: SCHROFFE KLETTERFELSEN UND ALPINE PFADE

Aufgepasst! Wirklich nur für geübte Wanderer! Das ist eine Tour für alle, denen die schroffen Berge der Alpen fehlen. Denn nirgends rund um Köln lässt es sich so gut über felsige Grate und steile Pfade kraxeln wie hoch über Altenahr. Und nirgends in unseren Gefilden kommt man dem alpinen Bergwandern so nah wie hier – tolle Aussichten von exponierten Gipfeln inklusive. Aufgrund der ausgesetzten und luftigen Passagen ist diese Abenteuertour trittsicheren und schwindelfreien Wanderern vorbehalten, wenngleich man die schwierigsten Kletterpassagen auf einfachen Pfaden umgehen kann.
Aufgrund der starken Flutschäden musste diese Tour abgeändert werden, alle beschriebenen Wege sind aber soweit zugänglich. Los geht es am Bahnhof von Altenahr, lauft hinter das Bahnhofsgebäude und folgt der Bahnstrecke ahrabwärts. Die Ahr macht eine langgezogene Rechtskurve und ihr folgt dem Verlauf des Flusses. Am Ende der Kurve, ihr habt fast eine 180-Grad-Wendung hinter euch, seht ihr rechts einen Pfad abzweigen. Lauft diesen Pfad hinauf und folgt zunächst der alten Markierung des AhrSteigs. Nun beginnt der erste steinige Anstieg vorbei am schwarzen Kreuz, von dem aus ihr einen tollen Blick auf die Burg Are sowie Altenahr zu euren Füßen habt. Das schwarze Kreuz liegt vis-à-vis zum weißen Kreuz (hinter Burg Are zu sehen) und wurde 1859 von einem Einheimischen namens Caspary errichtet, nachdem dieser der Legende nach ein Kind aus dem Strudel der Ahr retten konnte. Den Bau des Kreuzes hatte er zuvor versprochen, sollte ihm das gelingen.

BURG ARE WURDE ANFANG DES 12. JAHRHUNDERTS ERBAUT UND THRONT EXPONIERT AUF EINEM FELSSPORN ÜBER DEM TAL DER AHR. DIE AUF 240 METERN GELEGENE HÖHENBURG WURDE ERSTMALS DURCH DIE BELAGERUNG DURCH FRANZÖSISCHE TRUPPEN UND SPÄTER DURCH DIE SPRENGUNG DER BURGMAUER DURCH KURFÜRST JOSEPH CLEMENS VON BAYERN STARK BESCHÄDIGT.

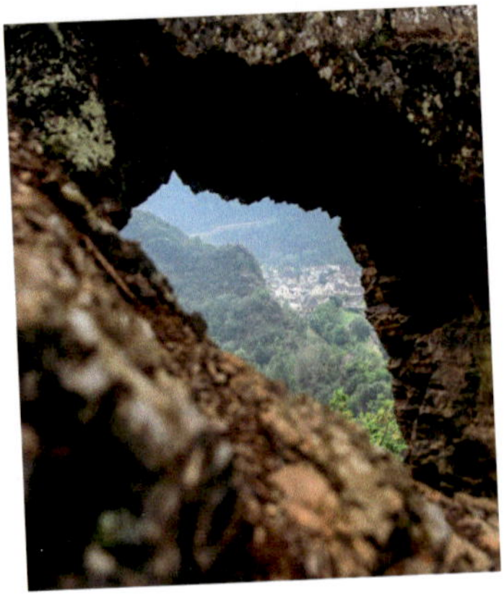

Das kleine Teufelsloch

Trotz der Zerstörungen und der anschließenden Abtragung noch verwertbarer Baustoffe ist die Burgruine über Altenahr heute ein echter Blickfang. Unter den Grafen von Are war übrigens auch ein gewisser Konrad von Hochstaden, von 1238 bis 1261 Kölner Erzbischof und Erbauer des Kölner Doms.

Der alpine Charakter dieser Tour ist schon jetzt unübersehbar, über felsige Stufen und Tritte geht es steil hinauf, was einiges an Kraft kostet. Ihr erreicht das TEUFELSLOCH (1) über einen kurzen, mit Drahtseilen gesicherten Stichweg, auf den mit Hilfe eines Wegweisers hingewiesen wird. Das Loch in der Felswand ist schon beim Aufstieg zu erkennen und bietet eine tolle Aussicht über das Ahrtal. Zurück auf der ehemaligen Trasse des AhrSteigs schlängelt sich der Pfad nun ganz nah am Hang, von wo sich immer mal wieder ein Blick hinunter auftut. Dann leiten euch enge Kehren hinab, ehe der Pfad nach einem buschig bewachsenen Waldstück in einen breiten Forstweg mündet. Hier findet ihr außerdem einen steinernen Wegweiser. Klettert direkt hinter diesem ein paar Meter hinauf, und ihr gelangt auf einen unmarkierten Pfad, der zunächst nach links und in etwa parallel zum Forstweg weiterführt, dann aber extrem steil ansteigt. Ihr mögt steile Pfade? Das ist eure Herausforderung, denn wer hier nicht außer Atem gerät, muss wirklich ein Profi sein. So kämpft ihr euch in vielen Schwüngen und Kehren hinauf zu einer Rastbank, auf der ihr erneut einen schönen Blick ins Tal genießen und durchschnaufen könnt. Der Hornberg, an dessen Steilhängen ihr gerade unterwegs seid, ist aber noch nicht erobert. Also gilt es noch einmal, für den weiteren Weg auf der Pfadspur bergauf die Kräfte zu sammeln. Bald trefft ihr auf einen anderen Pfad (Ville Eifel-Weg), dem ihr nach links bergauf folgt.

WIE DAS TEUFELSLOCH ZU SEINEM NAMEN KAM: DER LEGENDE NACH SCHLEUDERTE DER TEUFEL HÖCHSTPERSÖNLICH AN DIESER STELLE SEINE GROSSMUTTER DURCH DEN BERG. DIESE HATTE IHN ZUVOR IN GESTALT EINER SCHÖNEN JUNGFRAU GETÄUSCHT, IN DIE SICH DER TEUFEL GLEICH VERLIEBTE. DER SCHWINDEL FLOG AUF – SCHÄUMEND VOR WUT KONNTE DER BEELZEBUB NICHT MEHR AN SICH HALTEN

Der Anstieg wird ganz allmählich flacher, ehe ihr die schmale Waldlichtung auf dem Bergrücken erreicht; hier biegt ihr links auf einen steinigen, aber etwas breiteren Weg ab und folgt dann der Markierung des Ville-Eifel-Wegs nach links zur grandios gelegenen Hornhütte, von der aus man alle Gipfel der heutigen Tour sowie deren kompletten Ver-

Mit ein wenig Fantasie wird wieder eine Festung daraus: die Überreste der Burg Are

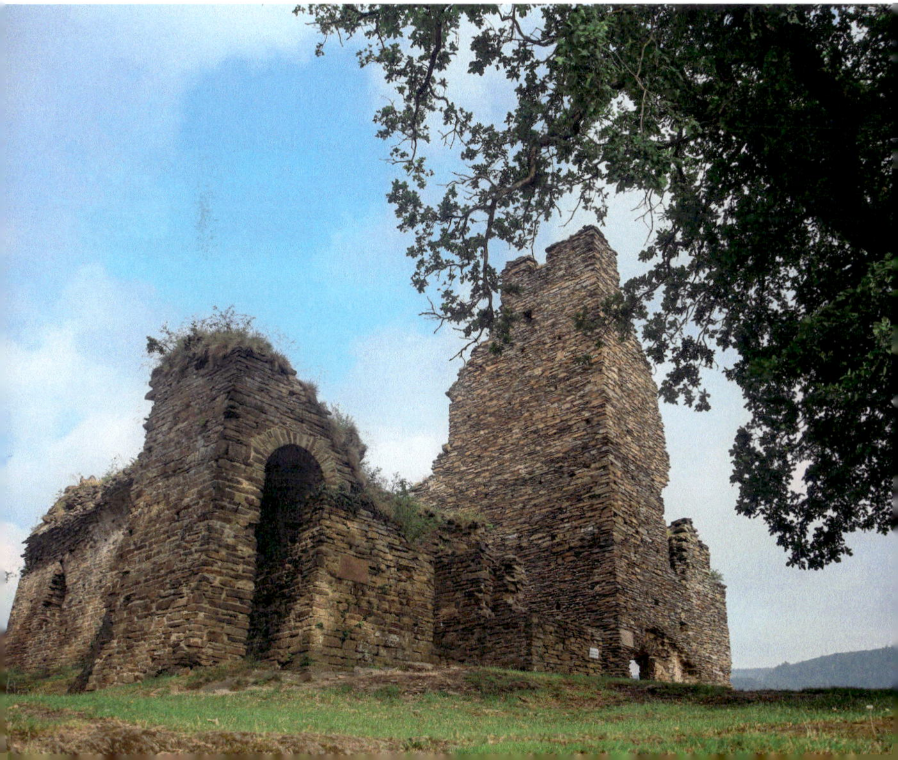

lauf sehen kann. Teufelsloch, Engelslay, Schröck und Teufelslay – allesamt aufgereiht in einem großen Aussichtspanorama. Am Horizont erkennt ihr außerdem die blassen Berge des Siebengebirges. Nachdem ihr euch satt gesehen habt, bleibt ihr noch kurz auf dem Ville-Eifel-Weg, bis dieser euch an der nächsten Kreuzung geradeaus verlässt; ihr geht links und erreicht nach ein paar Metern einen breiten Forstweg, der euch in vielen Schwüngen bergab bringt. Folgt diesem Weg bis zu einer roten Bank in einer spitzen Linkskehre; hier lauft ihr geradeaus und verlasst den breiten Forstweg, links vorbei an der Bank, nur um wenige Meter dahinter erneut mit einer rechten Spitzkehre abzubiegen. Es folgt ein extrem steiles, mitunter gerölliges und rutschiges Pfadstück, das nicht nur euren Körper, sondern auch eure Aufmerksamkeit fordert. Das Steilstück mündet in einen Pfad; hier links und später erneut links ab, jedoch stets bergauf bis zur SCHUTZHÜTTE AUF DEM SCHRÖCK 2.

Eine typische Kraxelstelle auf dem felsigen Grat der Engelslay – nur für Geübte!

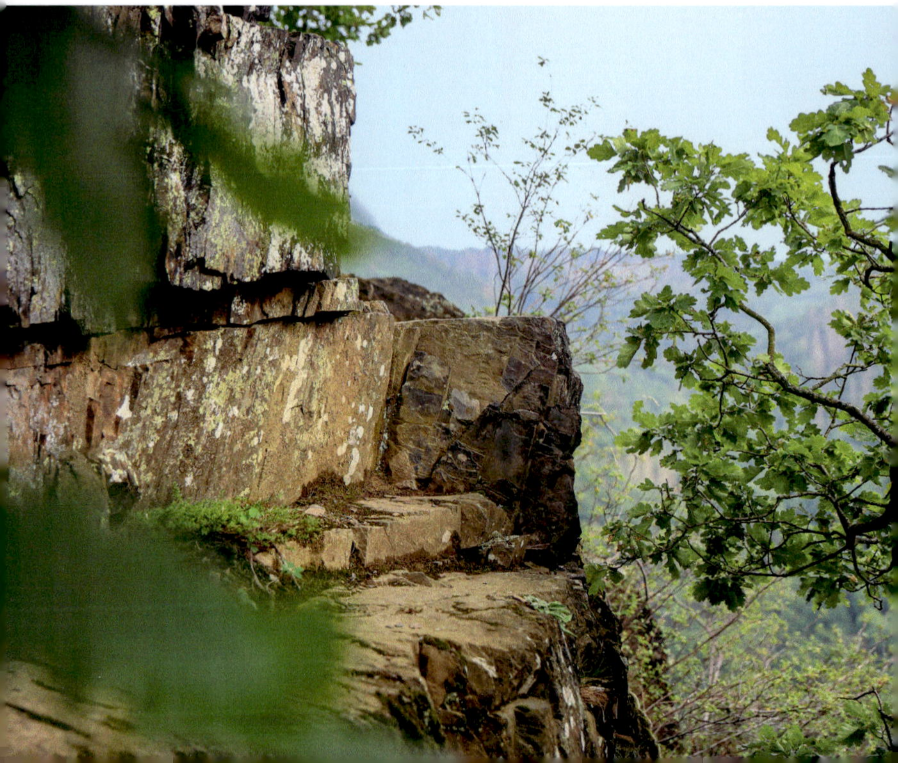

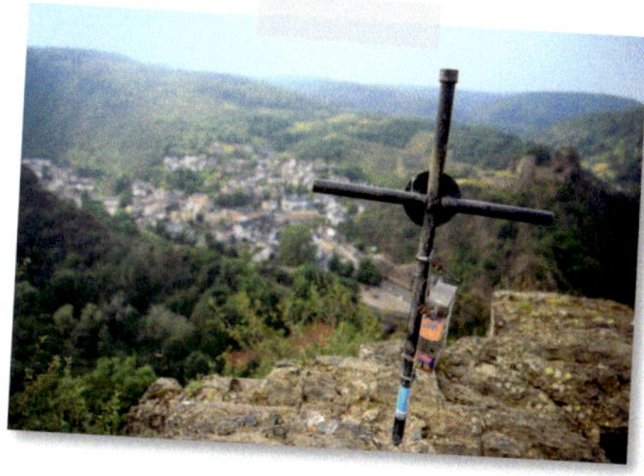

Hinter der Schutzhütte findet ihr zwischen den Büschen versteckt einen Pfad; auf diesem geht es nun sehr steil hinab, Trittsicherheit und Konzentration sind gefordert! Folgt ihm immer entlang des Grats, quert den alten AhrSteig, der vor der Flut hier verlief, und macht euch auf, die Teufelslay zu erklimmen, wo eine erste richtige Kraxeleinlage mit Handeinsatz wartet, die trittsichere und schwindelfreie Bergwanderer jedoch vor keine großen Herausforderungen stellen sollte. Wenn ihr euch das nicht zutraut, folgt dem leichten Pfad (früher AhrSteig) links an der Teufelslay vorbei, beide Wege finden hinter dem Gipfel wieder zusammen. Alle Kletterfüchse werden ihren Spaß bei der Eroberung des exponierten Felsgipfels haben, für den man an vielen Stellen nicht nur die Füße, sondern auch die Hände einsetzen muss. Oben auf der TEUFELSLAY 3 ragt ein stolzes Gipfelkreuz in die Höhe, und die Sicht in alle Richtungen ist genial. Gleich hinter dem Gipfelkreuz überquert ihr die Teufelslay und kraxelt an der anderen Seite über den Felsen hinab. An manchen Stellen geht es ganz ordentlich hinunter, passt also bitte unbedingt auf, wo ihr hintretet. Wenig später mündet der Kletterpfad in den ehemaligen AhrSteig, dem ihr nun nach rechts und zunächst noch durch den Wald, dann über eine wunderschöne, fast schon auenartige Wiesenfläche folgt. Hier findet ihr einen herrlichen Platz, um im weichen Gras zu rasten, sowie einen der vielen »Fotospots« des AhrSteigs.

Ausgeruht geht es zunächst ein kurzes Stück auf dem ehemaligen AhrSteig weiter, an der folgenden T-Kreuzung geht es dann jedoch rechts ab und ihr verlasst die einstige Strecke des AhrSteigs. In einigen Serpentinen geht es nun steil hinab ins Tal der Ahr. Zunächst durch den Wald, dann direkt durch die darunterliegenden Weinberge. Folgt dem Wegverlauf bis zum Ufer der Ahr, wo ihr den Fluss dank der neu errichteten Hilfsbrücke überqueren könnt. Der Bundesstraße folgt ihr kurz links und nehmt dann gleich den ersten Feld- und Weinbergweg nach rechts. Dieser führt euch hinter den Häusern von Laach hinauf, wo ihr auf die Saffenburgrunde stoßt. Folgt deren Markierung hinauf und erklimmt über zahlreiche Serpentinen den Ümmerich. An einer Panoramabank gibt es rechts einen kurzen Stichweg zum Aussichtsfelsen. Zurück an der Panoramabank dann geradeaus der Saffenburgrunde nach, bis eure Wanderung den Rotweinwanderweg kreuzt, folgt diesem nach links und wandert bis zur Burgruine Are. Auf der Burgruine beginnt die spannendste Passage, die aufgrund der Flutschäden nur noch als Stichweg möglich ist. Zahlreiche Kletterstellen im I. Schwierigkeitsgrad (nach UIAA-Kletterskala) erwarten euch; an vielen Stellen ist der Einsatz der Hände gefordert. Ausdrücklich nur für Geübte! Macht euch auf zum äußersten Südosten der Burganlage (Blick auf die zerstörte sowie die provisorische Kläranlage), hier klettert ihr über das Geländer und nutzt die Trittstufe in der Burgmauer auf der Außenseite. Dann folgt ihr dem sehr steilen Pfad hinab und folgt anschließend in spaßiger Kletterei dem luftigen Grat hinauf bis zur Engelslay. Die Richtung ist dabei durch die deutlich sichtbare Pfadspur vorgegeben, haltet euch einfach immer in Gratnähe. An fast allen Stellen ist Trittsicherheit und Schwindelfreiheit sowie höchste Konzentration erforderlich. Vorbei am Kleinen Teufelsloch steigt ihr über Wurzeln und Felsen hinauf, dann seid ihr am GIPFELKREUZ DER ENGELSLAY 4 angelangt. Ausgeruht geht es entweder auf gleichem Weg zurück zur Burg oder noch etwas weiter am Grat entlang bis zur Südlichen Engelslay. Spätestens auf der Südlichen Engelslay (kein Gipfelkreuz) solltet ihr umkehren. Man kann zwar den Grat auch noch weiter bis hinunter ins Langfigtal weiterklettern, kann dann aber nicht mehr wie früher über den durch die Flut völlig weggespülten, offiziell gesperrten Fußweg und auf rutschigen Steinplatten zurücklaufen, keine Empfehlung.

Zurück an der Burg Are steigt ihr über den Burgweg hinab, zunächst durchs historische Torhaus, dann links nach Altenahr. An der Straße angekommen lauft ihr links und an der folgenden Kreuzung rechts mitten durchs Dorfzentrum. Immer geradeaus, dann überquert ihr die Ahr, haltet euch links und erreicht den Bahnhof von Altenahr.

Alles, was ihr wissen müsst

Rundtour: anspruchsvolle Tour mit einigen Klettereinlagen und sehr steilen Pfaden // Trittsicherheit und Schwindelfreiheit unbedingt erforderlich // nur für Geübte! // Bei Nässe meiden! // Die reinen Kletterpassagen lassen sich einfach umgehen // Für Kinder nicht geeignet // **nicht kinderwagentauglich**

Markierung: nicht einheitlich, bitte Text und/oder GPS beachten

Entfernung von Köln: 56 Kilometer
ÖPNV: Anreise mit ÖPNV aufgrund der Flutschäden wechselnd problematisch, individuell prüfen, Zielhaltestelle: Altenahr Bahnhof
Auto: Altenburger Straße 1, 53505 Altenahr // Parkplatz am Bahnhof Altenahr

Einkehr: Einkehrmöglichkeiten in Altenahr am Ende der Tour (aufgrund der Flutschäden teilweise eingeschränkt)

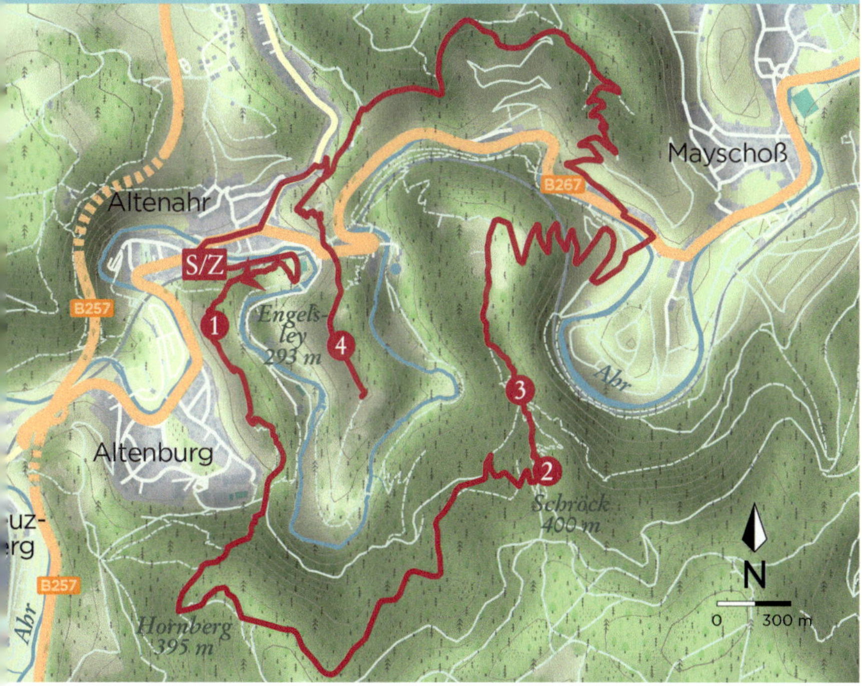

Durchs Tal der Ahr zum Steinerberghaus

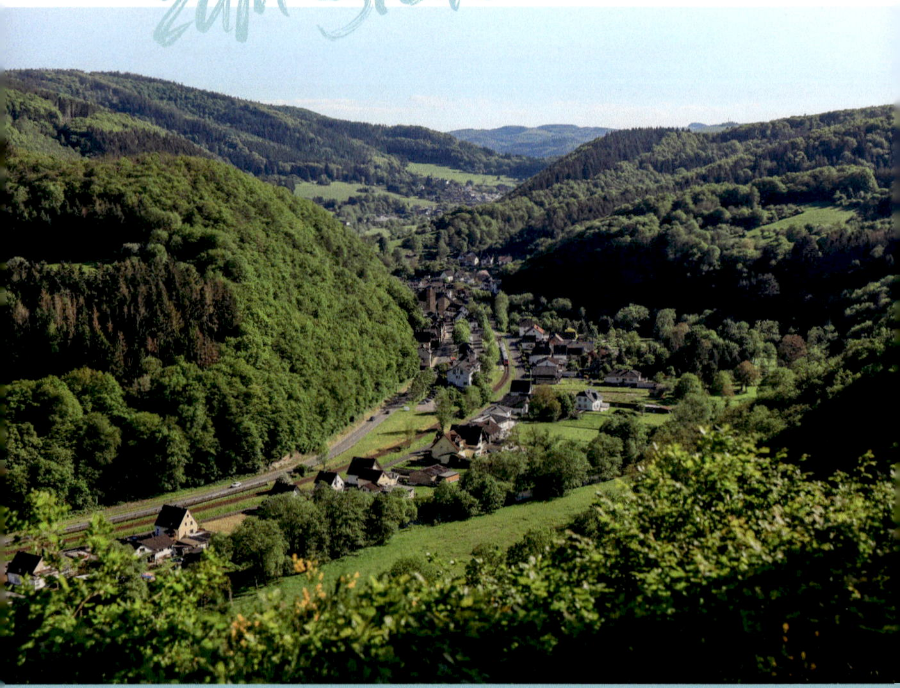

Schwierigkeit: schwer // 27,7 Kilometer // 1.215 Höhenmeter
Für Familien mit Kindern bedingt geeignet

ZWEI TAGE AHRTAL: WEINBERGE, STILLE PFADE, FANTASTISCHE AUSSICHTEN UND EINE NACHT IM BERGHAUS

Übernachten hoch oben auf dem Berg? Das ist in unseren Gefilden eigentlich nicht möglich. Das Steinerberghaus hoch über dem Ahrtal bietet euch jedoch die einmalige Chance, eine Nacht ganz oben zu verbringen. Und das Beste? Der fantastische Sonnenuntergang ist inklusive. Während ihr am ersten Tag noch über versteckte Pfade durch die einsamen und wenig bekannten Regionen des Ahrtals wandert, wartet nach einer erholsamen Nacht die einzigartige Weinlandschaft der Ahr auf euch – eine grandiose Zweitageswanderung, die es rund um Köln so kein zweites Mal gibt.

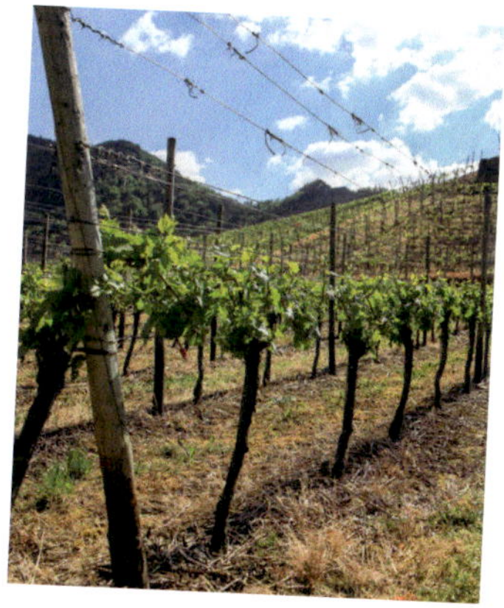

TIEFBLICK INS AHRTAL

BITTE RESERVIERT EUER ZIMMER IM STEINERBERGHAUS RECHTZEITIG UNTER 0176/87528891. SOLLTET IHR KEIN GLÜCK HABEN, KÖNNT IHR DIE ZWEITAGESTOUR AUCH IN EINZELNE TAGESETAPPEN TEILEN UND EUCH EINE UNTERKUNFT IM TAL (ALTENAHR ODER KREUZBERG) SUCHEN, WAS ALLERDINGS EINIGES AN MEHRKILOMETERN UND ZUSÄTZLICHEN HÖHENMETERN BEDEUTET.

TAG 1: *STILLE PFADE AUF DEN BERG // 11,1 KM*

Los geht die Tour am Bahnhof Kreuzberg (Ahr). Von hier aus folgt ihr der Beschilderung des AhrSteigs in Richtung Lind. Schon bald windet sich der schmale Pfad am Hang des Kotzberges (ja, der heißt wirklich so) empor. Enge Kurven und steile Holzstufen lassen euch schnell ins Schwitzen kommen, doch der dichte Wald fernab vom Verkehrslärm verströmt auch jede Menge Ruhe. Nach steilem Anstieg

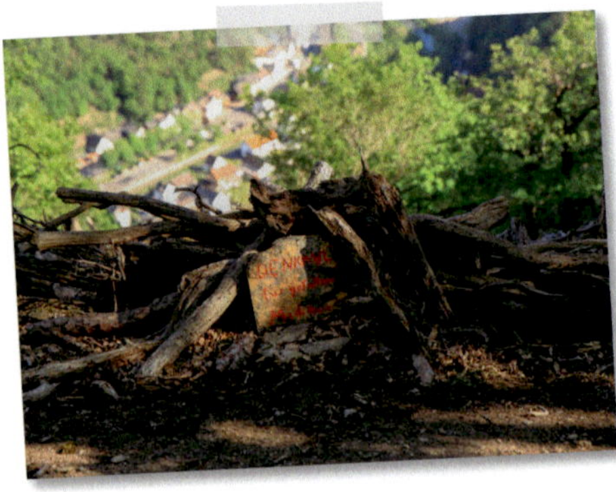

wird das Relief flacher, und bei Kilometer 1,9 trefft ihr auf einen Forstweg; an dieser Stelle wandert ihr nach links und verlasst den AhrSteig. Vorbei an einer Lichtung geht es nach rund 400 Metern links hinauf, ab jetzt folgt ihr der teilweise schwer zu erkennenden Markierung des Hengstberg-Höhenweges (rotes, abstraktes HHW auf schwarzem Grund). Ein schöner Waldweg bringt euch nach oben, zunächst auf eine Freifläche samt Jägerstand und wenig später zum DENKMAL FÜR GEFALLENE MÄDCHEN 1, einem meiner absoluten Lieblingsspots im Ahrtal – unscheinbar, notdürftig aus Totholz errichtet, versteckt und einsam, doch mit toller Sicht bis hin zur Hohen Acht. Hier lässt es sich hervorragend rasten und in aller Seelenruhe seinen Gedanken nachhängen. Unter euch liegt das Tal der Ahr und der kleine Ort Brück mit seiner gelben Katharinenkapelle, an welcher ihr heute noch vorbeiwandern werdet.

GEFALLENE MÄDCHEN WAREN FRAUEN, DIE IHRE JUNGFRÄULICHKEIT BEREITS VOR IHRER HEIRAT VERLOREN HATTEN. DIESE FRAUEN WURDEN AUFGRUND DER MORALVORSTELLUNGEN DER DAMALIGEN ZEIT GESELLSCHAFTLICH GEÄCHTET UND OFTMALS IN SPEZIELLE HEIME, SOGENANNTE BESSERUNGSANSTALTEN, VERBANNT – EINE PRAXIS BIS IN DAS 20. JAHRHUNDERT HINEIN. HEUTE UNVORSTELLBAR.

Doch zunächst geht es immer am Hang des Hengstbergs hinab, ihr trefft auf den Rundwanderweg Nr. 6, dem ihr bergab bis zu einem schönen Aussichtspunkt samt Rastbank folgt. Dort in einer Spitzkehre rechts ab auf den unmarkierten, leicht abfallenden Panoramaweg. Eine schmale Pfadspur auf einem ehemaligen Fahrweg weist euch nun die Richtung. Dann steigt ihr über einen imposanten Felssturz mit manngroßen Felsbrocken, von dem sich ein toller Blick auf das Ahrtal und Brück auftut. Weiter leicht absteigend entlang des Hangs, bis ihr oberhalb einer Wiese anlangt. Über diese wandert ihr steil hinab und landet mittels eines schmalen Pfads im schönen Brück, wo ihr die Ahr auf der Ahrstraße überquert. Auch die Hauptverkehrsstraße quert ihr geradeaus, um dann den schmalen Kapellenweg zur Katharinenkapelle hinaufzulaufen. Hinter der Kapelle leitet euch ein toller Bergpfad aufwärts, knorrige Kiefern beschatten euren Weg und ab und zu passiert ihr einen Aussichtspunkt; jeder bietet einen neuen Blickwinkel auf diesen unbekannten Teil des Ahrtals. Etwas mulmig könnte es euch im weiteren Verlauf werden, wenn ihr den mit einem nüchternen Schild versehenen Bombentrichter pas-

Moosbedeckter, weicher Höhenzug nahe dem Denkmal für Gefallene Mädchen

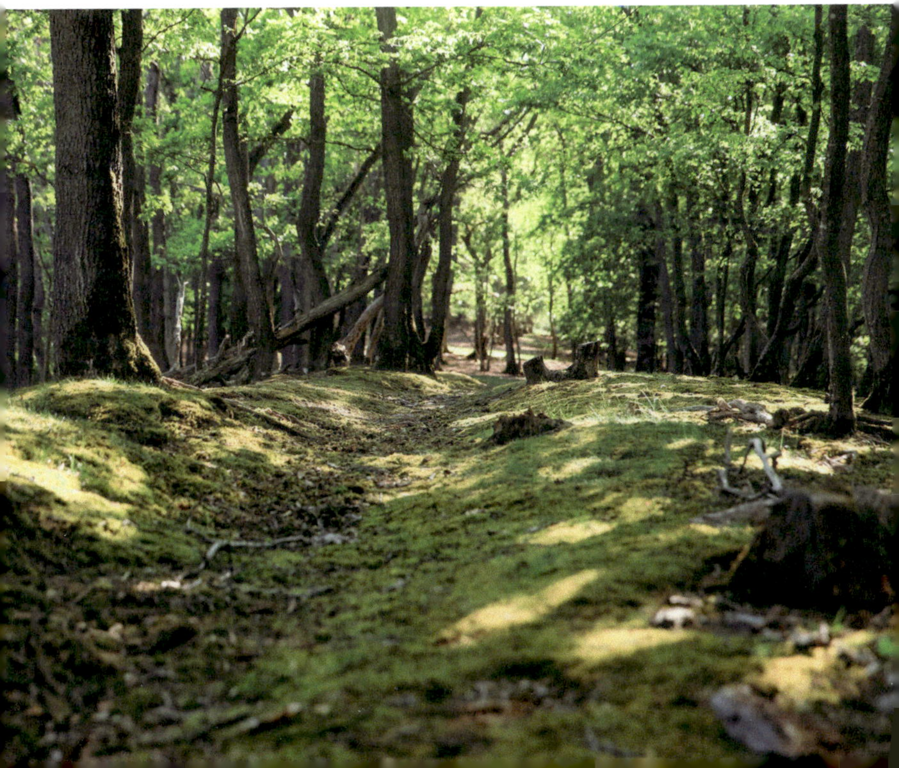

siert. Die Kuhle mitten im Wald erinnert daran, dass es hier nicht immer so freundschaftlich zuging und wie sehr wir diese Zeit des Friedens schätzen sollten. Aufgrund der Bahnstrecke durchs Ahrtal und der nahe gelegenen Wehrmachtsanlagen in Denn (heute Ahrbrück) war die Region während des Zweiten Weltkriegs mehrfach Ziel von alliierten Luftangriffen. Ihr wandert weiter bis zur Silvesterhütte, deren Vergangenheit nicht minder unheimlich ist. Denn hier, auf dem »Wolfsgraben«, befand sich einst eine mittelalterliche Hochgerichtsstätte, auf der ausschließlich Todesurteile vollstreckt wurden. Die Geschichte der Hexenverbrennung von Else Simons auf der Infotafel ist gleichermaßen lesenswert wie erschreckend. Direkt an der Silvesterhütte ist eine Markierung des Ville-Eifel-Weges angebracht; folgt dieser über einen schmalen Pfad hinab, in der ersten Spitzkehre jedoch verlasst ihr diesen Weg wieder und wandert

Das Steinerberghaus: Hoch und aussichtsreich über dem Ahrtal gelegenes Nachtquartier

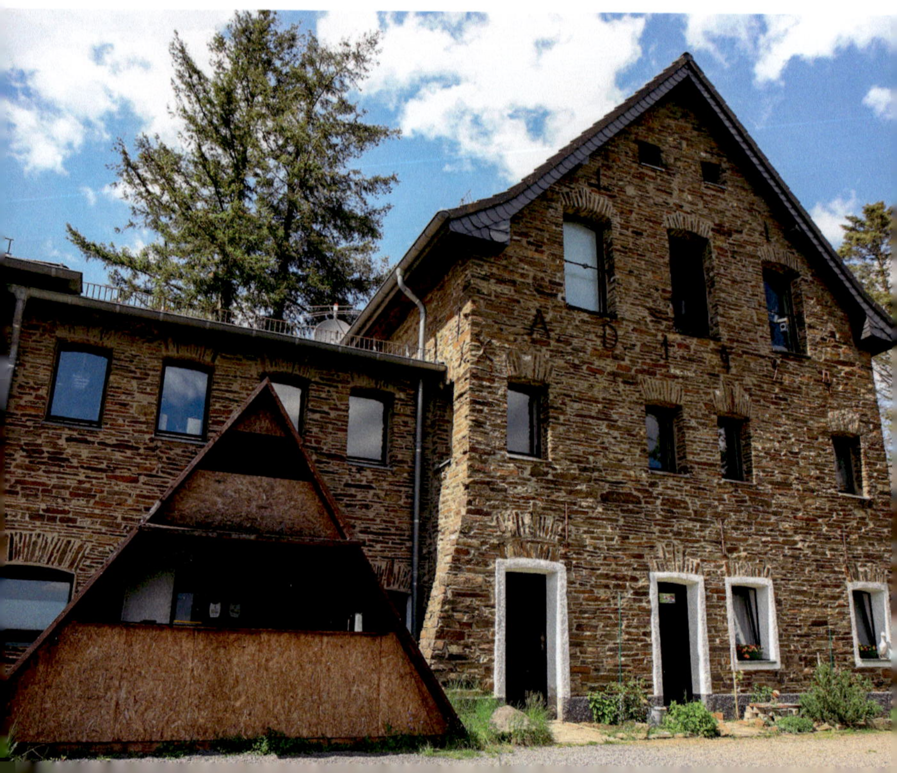

ohne Markierung geradeaus. Es schließt sich eine felsige Passage hoch über Ahrbrück an, mit einigen tollen Ausblicken ins Tal. Der Pfad knickt nach links, und ihr wandert nun in das wildromantische Auschbachtal. Bemoostes Totholz liegt kreuz und quer über dem plätschernden Bach, der über zahlreiche Stufen ins Tal fällt. Der Weg, zunächst noch breit, wird mit jeder Windung ein wenig schmaler, bis nur noch eine Pfadspur übrig ist. So geht es mit gleichmäßiger Steigung hinauf bis zum STEINERBERGHAUS 2, welches ihr letztlich von der großen Waldkreuzung aus über den mit der Nr. 2 markierten Wanderpfad erreicht. Jetzt gilt es, den Abend in aller Ruhe ausklingen zu lassen: Ein warmes Essen wartet auf euch, ehe die große Wiese oberhalb des Berghauses euch zum Finale dieses Tages ruft. Denn den Sonnenuntergang solltet ihr euch bei entsprechender Sicht nicht entgehen lassen. Und dann: gute Nacht!

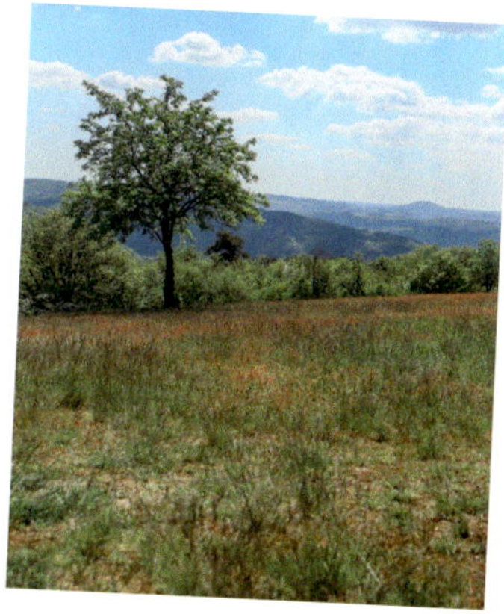

Blick vom Steinerberg

Tag 2: *DURCH DAS WEINPARADIES // 17,2 KM*

Der zweite Tag beginnt vor dem Steinerberghaus, hier führt euch die Markierung des Ahr-Urft-Wegs in den Wald hinein, und ein kleiner Pfad bringt euch zu einem Forstweg. Lauft hier links der Nr. 2 folgend weiter, dann erreicht ihr die große Waldkreuzung vom Vortag. Hier haltet ihr euch halbrechts und folgt dem roten Wegweiser nach Mayschoss sowie dem Ahr-Urft-Weg bis zur Kreuzung am Antoniuskreuz. Kurz davor hat sich durch die Rodung einer Waldfläche ein hervorragender Blick ins Ahrtal und bis hinüber nach Dernau aufgetan, den ihr unbedingt genießen solltet. An der Kreuzung geht

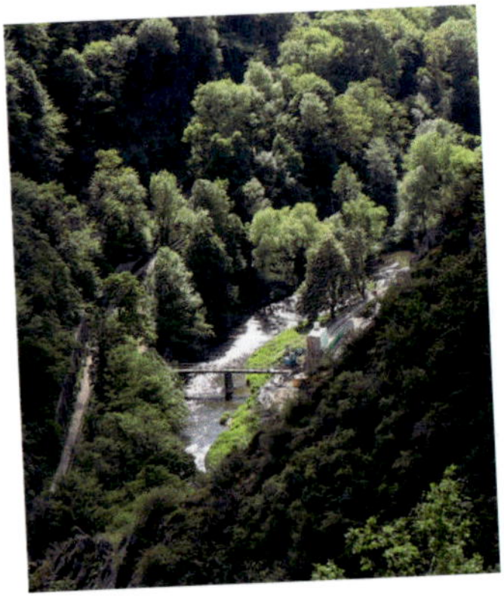

Tiefblick ins Ahrtal

es rechts und der Nr. 1 nach, vorbei am Antoniuskreuz und dann auf Höhe einer Spitzkehre zu einem weiteren Wegekreuz namens »Flucht aus Ägypten«. Dort wandert ihr ohne Markierung immer geradeaus; dann geleitet euch ein Pfad über einige Felsstufen auf den wenig erklommenen Koppen. Überschreitet den Gipfel und folgt auf der anderen Seite dem Pfad abwärts, bis ihr auf einen Waldweg stoßt, hier wandert ihr gleich zweimal rechts ab und folgt dem roten Wegweiser mit der Nr. 3 hinab nach Mayschoss. In der Nähe des Waldrandes, jedoch noch im Wald, trefft ihr auf einen Querweg, folgt diesem nach rechts. Dann lichtet sich der Wald und es tut sich einer dieser grandiosen Blicke auf die Weinberge der Ahr auf. Oberhalb der Weinreben mit fantastischer Sicht weiter, dann erklimmt ihr die BURGRUINE DER SAFFENBURG 3, die ihr bereits zuvor in der Ferne ausmachen konntet und wo mit der »Weinsicht des Jahres 2020« nicht nur ein toller Blick, sondern auch ein klimatisierter Weinautomat für eine einmalige Rast sorgt. Bei solch einer fantastischen Aussicht rinnt der kühle Tropfen aber auch besonders gut die Kehle herunter. Doch haltet euch im Zaum, die Wanderung geht weiter. Von der Saffenburg aus lauft ihr zunächst zurück zur ersten Kreuzung und folgt dem gelb markierten Zuweg mitten durch den Weinhang hinab in Richtung Mayschoss. Weiter unten, zwischen zahlreichen Weinreben und kurz vor der kleinen Brücke, findet ihr dann die Markierung der Saffenburgrunde. Folgt dieser nach rechts über die Brücke, die sich über die Bahnschienen spannt, und weiter bis zum Bahnhofsgebäude von Mayschoß. Vor dem Bahnhofsgebäude haltet ihr euch links, überquert die Ahr und erreicht dann die Bundesstraße. Diese könnt ihr überqueren und lauft auf der anderen

Seite dann links weiter. Gleich die erste rechts, hinein in die Ahr-Rotweinstraße. Die kleine Straße mündet schnell in einen reinen Fußweg, der euch über einige Treppenstufen steil hinaufbringt. Der Fußweg wiederum mündet in der Bungertstraße am Dorfrand, hier haltet ihr euch links und folgt wieder der Markierung der Saffenburgrunde. Diese führt euch nun über einen schwungvollen Weinbergweg zunächst hinauf, und verläuft dann in etwa hangparallel weiter. Auf Höhe des Ortsteils Laach, unter euch im Tal, gewinnt der Weg wieder an Steigung, immer der Saffenburgrunde nach. Dann geht es über einen serpentinenreichen Pfad bis zum Ümmerich, der über einen kurzen, aber felsigen Stichweg zu erreichen ist. Hier oben steht eine Rastbank auf einem aussichtsreichen Felssporn. Diese gewährt noch einmal eine völlig neue Perspektive auf das Ahrtal. Nachdem ihr euch sattgesehen habt, geht ihr zurück zur Saffenburgrunde, die euch kurz bergauf und

Die Weinberge oberhalb von Mayschoss,
rechts im Hintergrund die Überreste der Saffenburg

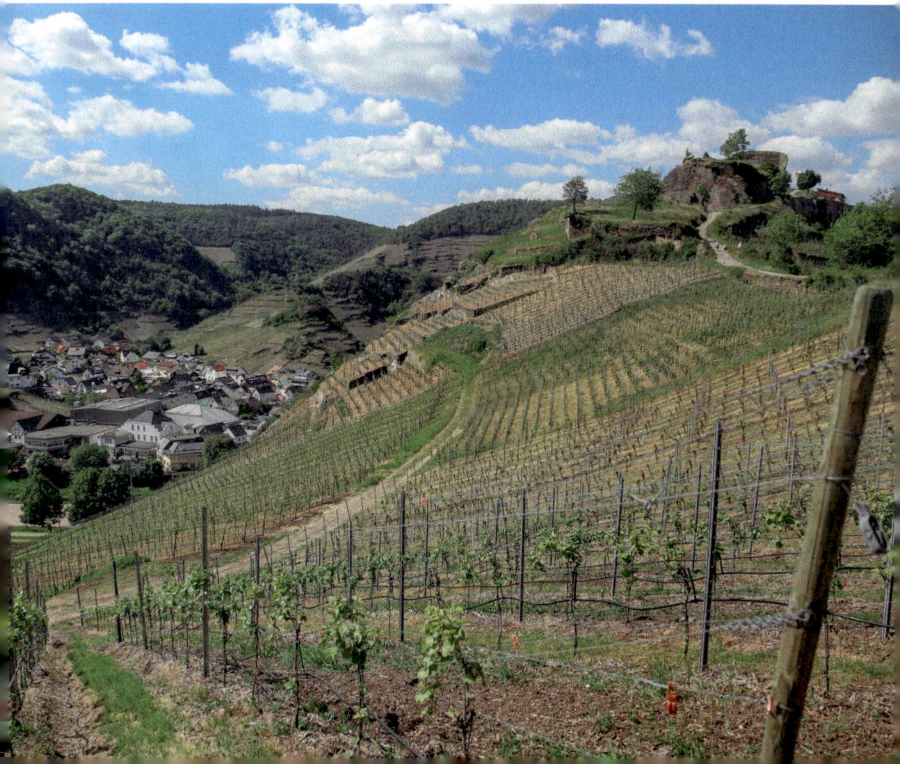

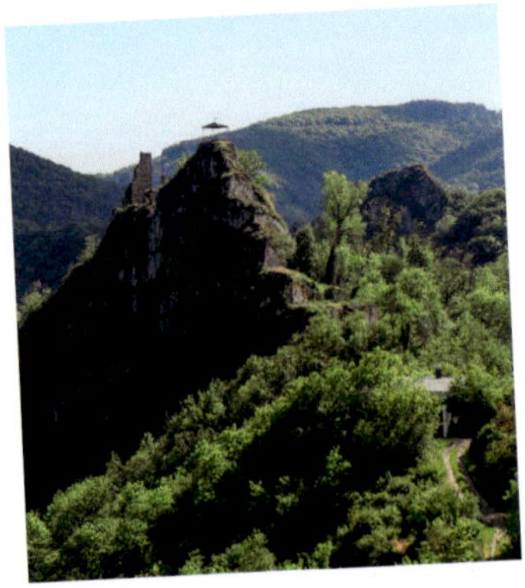

Felssporn mit Burg Are

letztlich bergab zum Wegweiser des Rotweinwanderwegs bringt. Folgt diesem nach links in Richtung Altenahr und genießt die aussichtsreiche Passage bis zum Weißen Kreuz, das hoch über der Ahr in den Himmel ragt. Ein Stück weiter erreicht ihr die Gymnicher Porz, ein altes Torhaus der BURG ARE 4. Wenn ihr geradeaus hindurchlauft, kommt ihr zur Burgruine, die imposant auf einem zu allen Seiten steil abfallenden Felssockel über Altenahr thront.

Habt ihr die Burg erkundet, macht ihr euch wieder zum Torhaus auf und biegt links ab nach Altenahr. Folgt der Straße nach links und wandert anschließend rechts zunächst die Weinbergstraße und dann erneut rechts die Pützgasse hinauf. Kurz vor dem Ende der Sackgasse führt euch rechts ein Schotterpfad zwischen zwei Anwesen hinauf, es folgt ein sehr steiler Anstieg auf den Ditschhardt. Dass ihr euch gerade auf einem Tunnel über einer hoch frequentierten Schnellstraße befindet, davon bekommt ihr nichts mit. Oben an der ehemaligen Bergstation der längst aufgegebenen Sesselbahn angekommen, nehmt ihr die erste Abzweigung links und folgt der Nr. 4 bergab ins Vischeltal. Im überaus grünen, idyllischen Talboden des Vischelbachs haltet ihr euch links weiter abwärts, bis euch der Ahr-Urft-Weg nach rechts über den Bach und dann noch einmal über einen steilen Pfad bergauf führt. Folgt oben an der Spitzkehre dem markierten Wanderweg nach links und lauft dann an der nächsten Spitzkehre geradeaus über einen tollen felsigen Grat hinab. Hier ist ein wenig Trittsicherheit gefordert, ehe ihr nach einigen schönen Blicken ins Sahrbachtal zu eurer Rechten nach Kreuzberg gelangt. Dort folgt ihr der Straße In Dangeln bis zum Ufer der Ahr; zusammen mit dem kühlen Nass erreicht ihr wenig später den Bahnhof.

ALLES, WAS IHR WISSEN MÜSST

Rundtour: Zweitageswanderung mit knackigem Profil // Die Ahrtaldörfer sind noch immer schwer gezeichnet von der Flut, alle hier beschriebenen Wege sind jedoch zugänglich // **nicht kinderwagentauglich**

Markierung: nicht einheitlich, bitte Text und/oder GPS beachten

Entfernung von Köln: 57 Kilometer
ÖPNV: Anreise aufgrund der Flutschäden wechselnd problematisch, individuell prüfen, Zielhaltestelle: Altenahrer Bahnhofstraße
Auto: Bahnhofstraße 5, 53505 Altenahr // verschiedene Parkmöglichkeiten in der Bahnhofstraße

Einkehr: **Übernachtung: Steinerberghaus,** Auf dem Steinerberg 1, 53506 Kesseling, steinerberghaus.de // Einkehrmöglichkeiten sind aufgrund der Flutschäden stark eingeschränkt, die Situation ändert sich fortlaufend

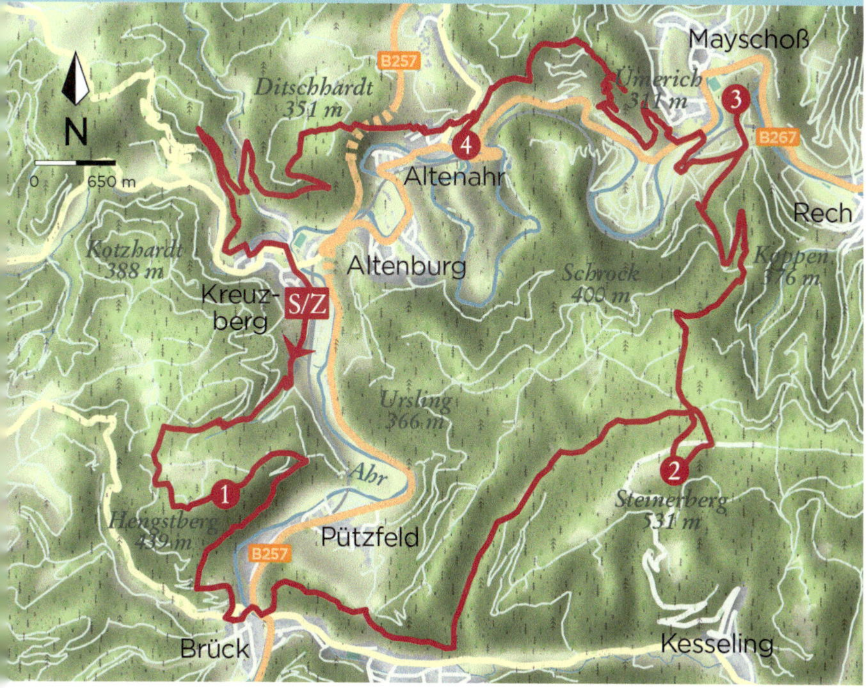

Rund ums Radioteleskop Effelsberg

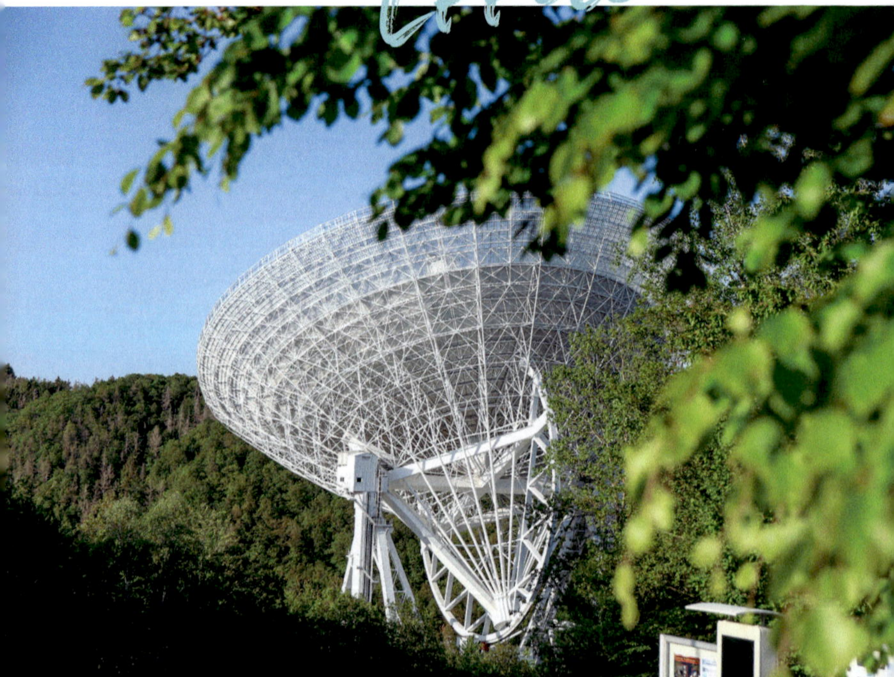

Schwierigkeit: mittel // 10,7 Kilometer // 357 Höhenmeter

Für Familien mit Kindern besonders geeignet

GANZ IM ZEICHEN DES UNIVERSUMS: SPANNENDE WANDERUNG IM WUNDERSCHÖNEN EFFELSBERGER BACHTAL

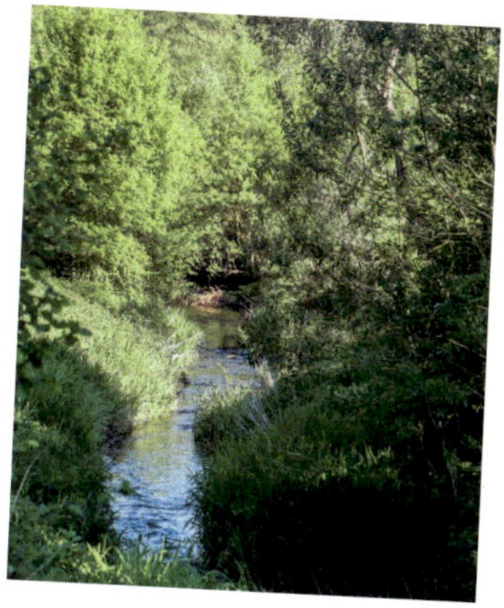

DER MALERISCHE SAHRBACH

Eine Reise durch die Galaxie erwartet euch im wunderschönen Sahrbachtal bei Altenahr. Leider musste auch diese Tour aufgrund der Flutkatastrophe im Jahr 2021 leicht abgeändert werden. Lohnenswert bleibt sie aber absolut: Neben den vielen Infotafeln entlang des Galaxien- und Milchstraßenweges ist das beeindruckende Radioteleskop Effelsberg der Star dieser Tour; es wird euren Kindern ganz schön große Augen machen. Was für eine Schüssel! Wahrscheinlich fühlt ihr euch wie in einem Science-Fiction-Film, wenn ihr das weiße Ungetüm – das zweitgrößte bewegliche Radioteleskop auf der Welt – das erste Mal aus dem unscheinbaren Tal des Effelsberger Baches gen Himmel ragen seht. Doch schon der Weg hierhin ist voll von malerischen Passagen und kleinen Aussichten.

Los geht es am Wanderparkplatz am Rande von Binzenbach, mitten im idyllischen Sahrbachtal. Von hier lauft ihr ein paar Meter zurück nach Binzenbach, dann haltet ihr euch an der ersten Kreuzung rechts, hier folgt ihr jetzt dem Martinssteig (Reiter auf weißem Grund), der die Kirchsahrer St.-Martin-Kirche mit der Martinshütte verbindet. Es ist ein toller, steiniger Pfad, der euch mitunter steil bergauf führt. Auf dem Höhenzug Seeligen lichtet sich der Wald, und ihr erreicht wunderschöne Wiesen, die an einem warmen Sommertag zur gemütlichen Rast im weichen Gras einladen. Das Gras? Das duftet vor allem an sonnigen Sommertagen herrlich, wenn der weiche Wanderweg zuvor gemäht wurde. Tief durchatmen und genießen!

Ein Stück weiter zweigt der Martinssteig nach rechts ab, ihr folgt jedoch der Markierung nach links zur MARTINSHÜTTE 1, von der man einen tollen Panoramablick auf die Hügellandschaft der Eifel

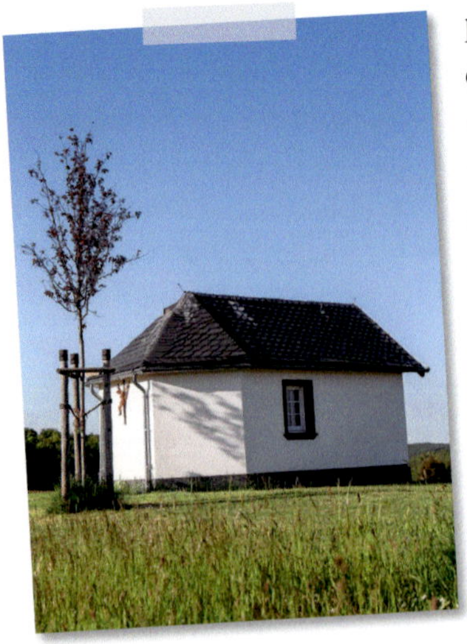

hat. Ab der Martinshütte ist der Galaxienweg (lila Teleskop auf weißem Grund) euer Begleiter; er vermittelt euch zahlreiche Informationen zum Weltall, auch wenn die Infotafeln und Schilder teilweise etwas veraltet und ziemlich »oldschool« wirken. Jetzt wandert ihr entspannt über den Höhenzug, auf dem sich waldige Passagen immer wieder mit aussichtsreichen Wiesenlandschaften abwechseln. Nach einiger Zeit geht es links hinab und durch ein schattiges Seitental zum malerischen Effelsberger Bach. Noch wirkt die Umgebung einsam und abgeschieden. Auf dem Weg in Richtung Radioteleskop plätschert der kleine Bach vor sich hin und gibt zusammen mit der idyllischen Natur den Alleinunterhalter, doch bald schon ragt die weiße Schüssel über den Baumkronen auf und stiehlt ihm die Show. Schritt für Schritt bewegt ihr euch nun auf das mächtige Bauwerk zu, während der weiße Riese zunehmend größer wird, bis ihr in unmittelbarer Nähe die beeindruckenden Ausmaße des Teleskops bestaunen könnt.

DAS RADIOTELESKOP EFFELSBERG WAR MIT EINER ÖFFNUNGSWEITE VON 100 METERN BIS ZUM JAHR 2000 DAS GRÖSSTE BEWEGLICHE RADIOTELESKOP DER WELT, DANN WURDE ES VOM ROBERT C. BYRD-TELESKOP IN DEN USA MIT 110 METERN ABGELÖST. SEIT 1972 EMPFÄNGT DIE EIFELER SCHÜSSEL HIER BEREITS DIE SIGNALE AUS DEM ALL, UND DOCH GEHÖRT ES AUFGRUND KONTINUIERLICHER NACHRÜSTUNGEN ZU DEN MODERNSTEN SEINER ART.

Die Forschungsstation ermöglicht einen tiefen Blick ins Universum, hin zu fernen Galaxien und schwarzen Löchern und hinein in kosmische Gas- und Staubwolken. Nun lauft ihr zunächst am Teleskop vorbei. Ein Stück weiter zweigt rechts der Milchstraßenweg ab (rotes Teleskop auf weißem Grund), welcher in einer Schleife zurück zum Radioteleskop führt, von wo ihr noch einmal einen fantastischen Blick auf die riesige Schüssel habt. Zuvor jedoch überquert ihr den Effelsberger Bach und bekommt einen Eindruck von der Naturgewalten der Flutkatastrophe aus 2021. Ganz schön wild und durcheinander wirkt das einst so idyllische Tal auf Höhe dieser Querung. Mit etwas Glück werdet ihr dann am Radioteleskop Zeugen einer Neuausrichtung, dann surrt und brummt die gesamte Anlage und dreht sich auf ihre Zielposition. Der Besucherpavillon liegt ein Stück höher, ist aber gut sichtbar und über einen kurzen Weg erreichbar.

Die Wiesen auf dem Höhenzug Seeligen sind üppig und bunt

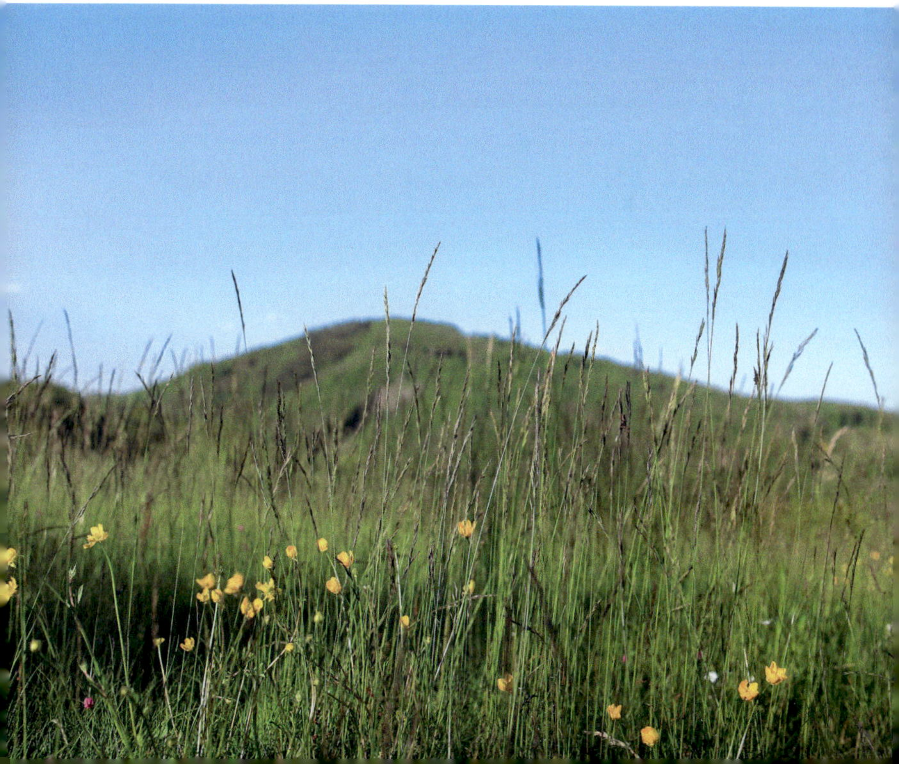

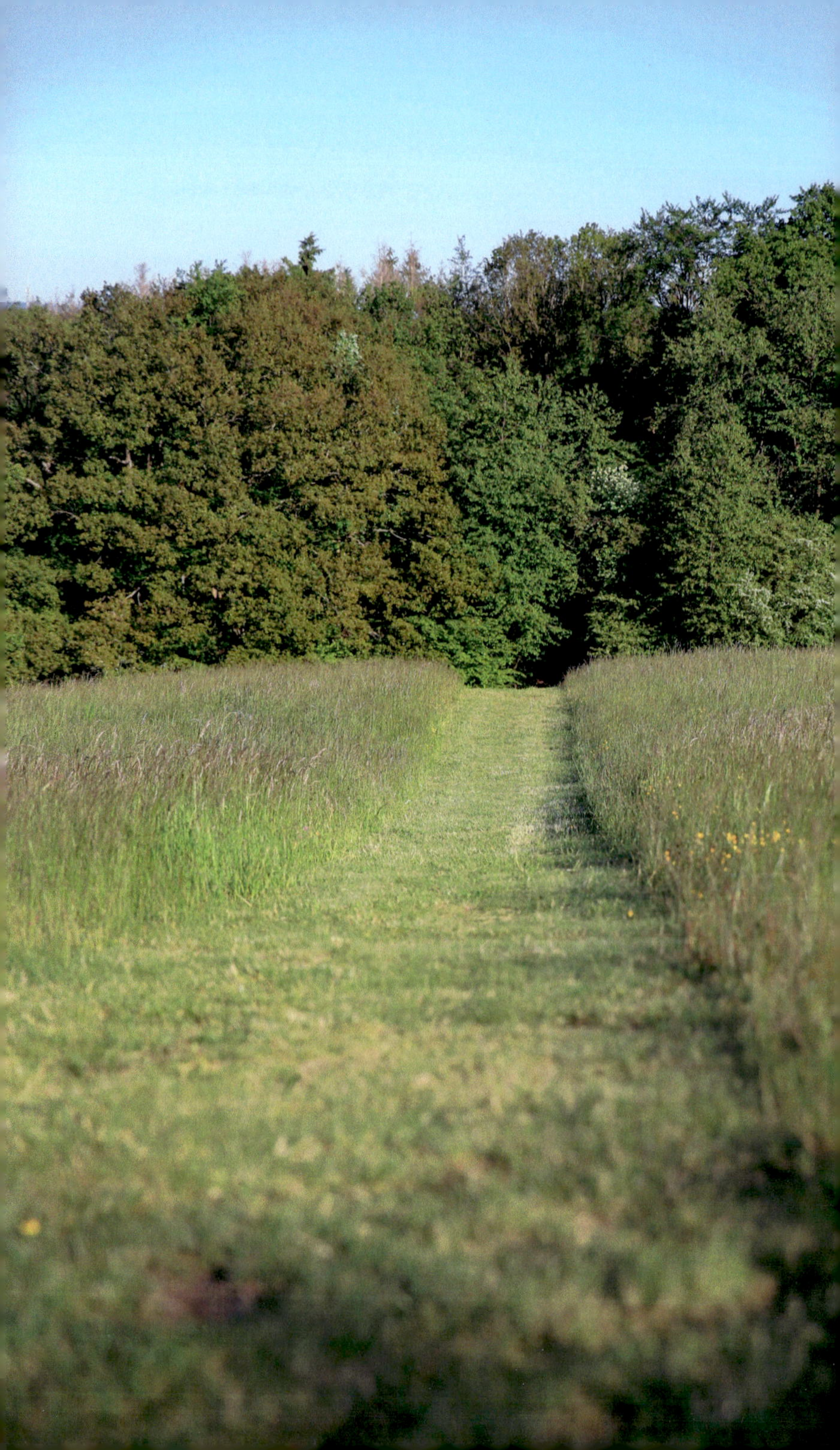

Hier werden Vorträge für acht bis 30 Personen nach Voranmeldung gehalten, über die Forschung und die Hintergründe der gewaltigen Anlage. Wer also in einer großen Wandergruppe unterwegs ist und Interesse an weiterführenden Informationen hat, kann sich per Mail an public@mpifr-bonn.mpg.de oder telefonisch unter 02257/301-101 rechtzeitig anmelden. Kleinere Gruppen oder Einzelpersonen können sich größeren Gruppen – nur nach Anfrage – ebenfalls anschließen. Folgt also dem Milchstraßenweg zunächst bis zum Aussichtspunkt mit freiem Blick auf das RADIOTELESKOP 2 und dann weiter hinauf zum Besucherpavillon, der aus der Ferne betrachtet, irgendwie an eine Raumkapsel erinnert.
Oben an dem Besucherpavillon entdeckt ihr am Rande der asphaltierten Zufahrt zum Radioteleskop die Markierung der EifelSchleife »Effelsberg«, diese ist jetzt für längere Zeit eure Vorgabe. Ihr dreht dem Radioteleskop den Rücken zu und folgt dem Weg zunächst bergauf über die Zugangsstraße des Teleskopgeländes. Auf Höhe des Wander- und Besucherparkplatzes auf der rechten Seite, nach ca. 700 m, könnt ihr euch bei DIETER'S IMBISS 3 stärken. Die Öffnungszeiten jedoch scheinen stark zu variieren, vor allem in der Winterzeit. Plant die Einkehr lieber nicht felsenfest ein. Zwar zeigt die EifelSchleife Effelsberg an dieser Stelle nach rechts zum Parkplatz ab, das liegt aber nur daran, dass der Parkplatz der Start ebendieser Tour ist. Bleibt also weiter auf der asphaltierten Straße und folgt dann ein paar Meter weiter der Markierung nach links auf einen schmalen Feldweg. Von nun an folgt ihr der EifelSchleife »Effelsberg« bis ihr den Talboden des Effelsberger Bachtals wieder erreicht habt.
Der Weg ist durchaus abwechslungsreich, zu Beginn lugt die große weiße Schüssel des Radioteleskops immer mal wieder über dem Wald heraus, ehe sie gänzlich vom Horizont verschluckt wird. Einige Rodungsflächen am Hang geben später einen tollen Blick ins Tal frei, während sich der Weg in munterem Auf und Ab ans steile Relief schmiegt. Es geht kurz hinab, dann wieder hinauf, dann wieder hinab. Mal durch schattigen Wald, mal entlang einer offenen Wiese, wo

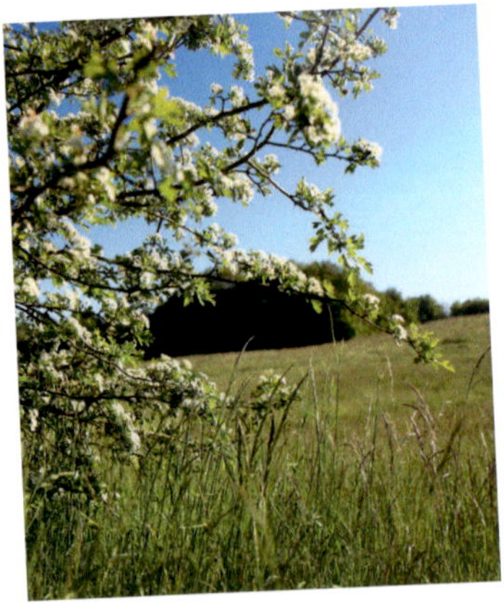

Wiesen auf dem Höhenzug

das Licht ungehindert zum Boden gelangt. Nach einiger Zeit stößt auch der Sahrbacher Höhenweg auf eure Route, dessen Markierung ihr alternativ ebenso folgen könnt. Denn sowohl die EifelSchleife als auch der Höhenweg senken sich allmählich hinab und steuern den Talboden des Effelsberger Tals an. Wenig später habt ihr den friedlichen Talgrund auch schon erreicht. Ohren auf, hier tanzt das Leben: Es summt, zwitschert und flattert lautstark, vor allem in den Morgenstunden. Lauft hier scharf links auf dem Talweg weiter, doch gleich an der nächsten Weggabelung haltet ihr euch rechts, dazu folgt ihr der MTB-Markierung mit der Nr. 9. An dieser Stelle verlasst ihr sowohl den Sahrbacher Höhenweg als auch die EifelSchleife »Effelsberg«. Eure Wanderung führt euch über eine Furt des EFFELSBERGER BACHES (4), mit Hilfe von Trittsteinen lässt sich diese bei normaler Wassermenge auch problemlos überqueren. Achtung: Sollte der Bach mal zu viel Wasser führen und die Überquerung der Furt unmöglich machen, dann kehrt um und lauft den Talweg einfach geradeaus zurück nach Binzenbach. Die Flachstelle des Baches ist übrigens auch eine schöne Spielwiese für Kinder, die sich hier im kühlen Nass nach Herzenslust austoben können, vor allem an heißen Sommertagen. Habt ihr die Furt erfolgreich gequert, folgt ihr dem breiten Waldweg kurz bergauf, bis in einer spitzen Linkskehre der Milchstraßenweg (rotes Teleskop auf weißem Grund) geradeaus abzweigt. Diesem schönen Waldpfad folgt ihr nun zurück nach Binzenbach, welches ihr an der Stelle erreicht, an der ihr zuvor gestartet seid.

Alles, was ihr wissen müsst

Rundtour: kurze Wanderung mit mittelschwerem Profil // keine besonderen keine besonderen Schwierigkeiten, dafür einige Highlights für für Kinder // **nicht kinderwagentauglich**

Markierung: nicht einheitlich, bitte Text und/oder GPS beachten

Entfernung von Köln: 63 Kilometer
ÖPNV: Anreise mit dem ÖPNV aufgrund der Flutschäden aus 2021 wechselnd problematisch, individuell prüfen, Zielhaltestelle: Binzenbach Heldenthal
Auto: Sahrstraße, 53505 Kirchsahr // kostenloser Wanderparkplatz am Nordrand von Binzenbach

Einkehr: kleine Imbissstube am Parkplatz des Radioteleskops Einkehrmöglichkeiten in Kreuzberg und Altenahr unweit vom Start- und Zielpunkt (Öffnungen ggf. eingeschränkt)

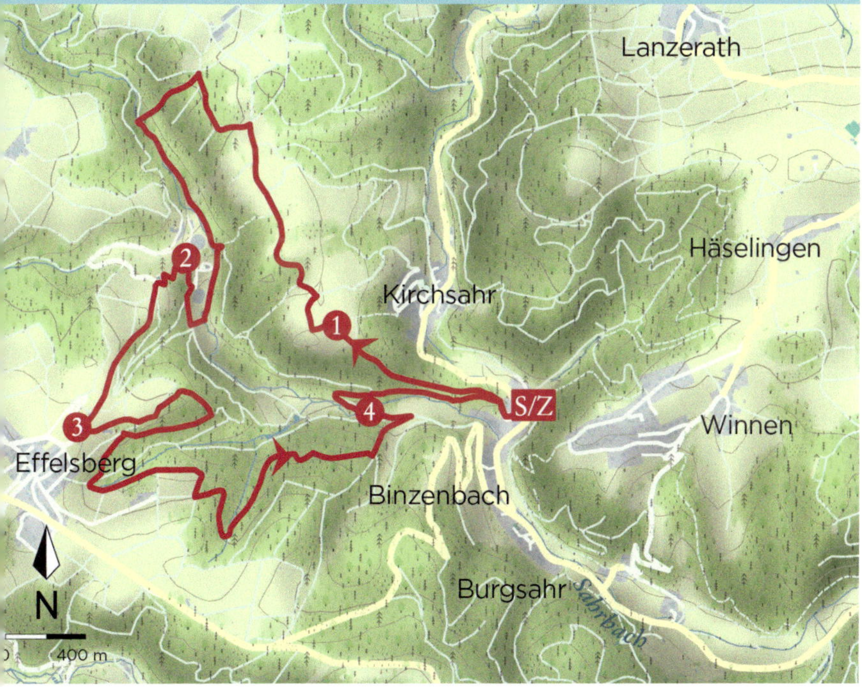

Hoch über Andernach

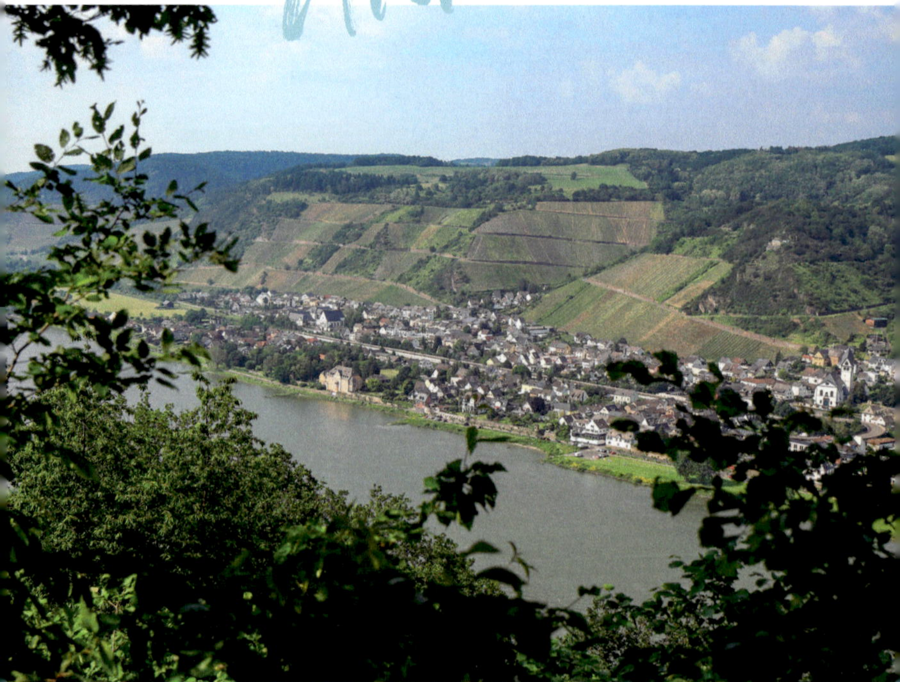

Schwierigkeit: leicht // 6,7 Kilometer // 160 Höhenmeter
Für Familien mit Kindern besonders geeignet

ÜBER DIE AUSSICHTSREICHE HOCHEBENE AM RHEIN: EIN SPAZIERGANG MIT WEITBLICK

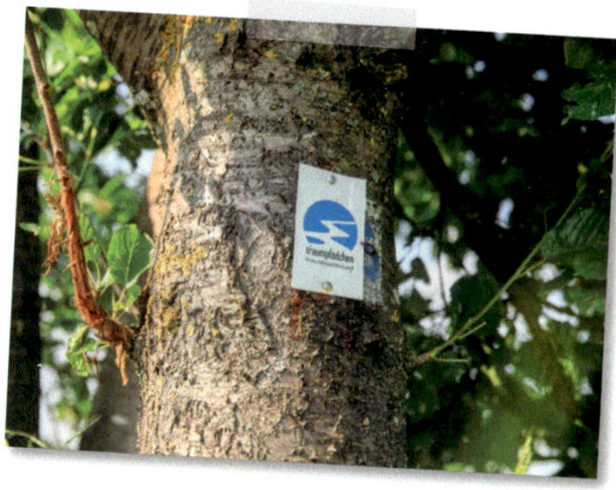

Der Kleine Stern hoch über Andernach am Rhein ist eine leichte, kinderwagentaugliche Spazierwanderung mit tollen Aussichten auf das Rheintal, allen voran die »Schönste Weinsicht 2016«. Doch auch die Blicke auf das weitläufige Hinterland und die schattigen Waldpassagen sind wunderschön. Besonders attraktiv für Familien: Nach dem Wandern ist es nicht mehr weit zum Geysir von Andernach, dem höchsten Kaltwassergeysir der Welt. Keine Frage, die Kombination aus entspannter Wanderung und Geysirbesuch verspricht einen ereignisreichen Tag am Rhein.

Los geht es am Wanderparkplatz Krahnenberg. Folgt von hier aus einfach dem blau-weißen Logo der Traumpfädchen. Nachdem ihr die kurze Treppe als einziges Hindernis für Kinderwagen auf der gesamten Strecke gemeistert habt, seid ihr auf direktem Weg zur beeindruckenden AUSSICHTSKANZEL 1. Was für ein toller Blick sich vor euch auftut! Ihr seht hinab auf den Rhein und Andernach, das sich ganz dicht an den Strom schmiegt. Seit 2007 ist Andernach die »essbare« Stadt, in der öffentliche Grünflächen zum Anbau von Obst und Gemüse genutzt werden. Das Beste? Ernten dürfen alle Bürger. Darüber hinaus hat Andernach am Stadtrand ein rund 14 Hektar großes Areal zur Permakulturanlage umgestaltet, wo Langzeitarbeitslose eine sinnvolle Beschäftigung in der Pflege von Streuobstwiesen, Hecken, Insektenhotels und Gemüsebeeten sowie der Betreuung von Sattelschweinen und Schafen finden.

Ihr beobachtet noch eine Weile die friedlich über das Wasser gleitenden Schiffe und die lautlos im Tal dahinsausenden Autos, während ihr hier oben über all dem Trubel steht. Das Traumpfädchen, von denen es übrigens insgesamt 14 in der Region Rhein-Mosel-Eifel gibt, führt euch weiter am Hang des Krahnenbergs entlang, dem

Hausberg von Andernach. Ab und zu blitzt das Wasser des Rheins durch die Baumkronen, manchmal öffnet sich der Wald ein wenig mehr. Doch der beste Blick des Tages folgt an der »WEINSICHT DES JAHRES 2016« 2. Hier schaut man auf das breite Tal des Rheins mit den Halbinseln Namedyer und Hammersteiner Werth. Vor allem die Weinberge auf der gegenüberliegenden Rheinseite sind toll anzusehen, wie sie sich fast bis an das Ufer wagen.
Bereits drei Mal hat das Deutsche Weininstitut nach den schönsten Weinsichten des Landes gesucht – 2012, 2016 und jüngst im Jahr 2020. Eingereicht werden die Vorschläge von den 13 Weinanbaugebieten in Deutschland, ehe sie anschließend für alle zur Abstimmung stehen. Dabei gewinnen jedoch nur die jeweils 13 schönsten Weinsichten den heiß begehrten Titel.

AN ALLEN GEKÜRTEN ORTEN WIRD EINE STELE DES KÜNSTLERS ULRICH SCHREIBER ZUR EHRUNG AUFGESTELLT, SO AUCH HIER AM KRAHNENBERG. ÜBRIGENS: AUF TOUR 9 BEGEGNET IHR EINER DER SCHÖNSTEN WEINSICHTEN DES JAHRES 2020. ALLE ANDEREN WEINSICHTEN FINDET IHR AUF DER WEBSITE DES DEUTSCHEN WEININSTITUTS.

Von hier folgt ihr nun der Hangkante auf dem breiten und einfach zu gehenden Weg, der im stetigen leichten Auf und Ab nicht langweilig wird. Der schattige Waldweg verläuft immer entlang des Krahnenbergs, der zu eurer Rechten steil zum Rhein abfällt. Noch dringt die Geräuschkulisse des betriebsamen Rheintals nach oben, doch Schritt für Schritt schlucken die Bäume

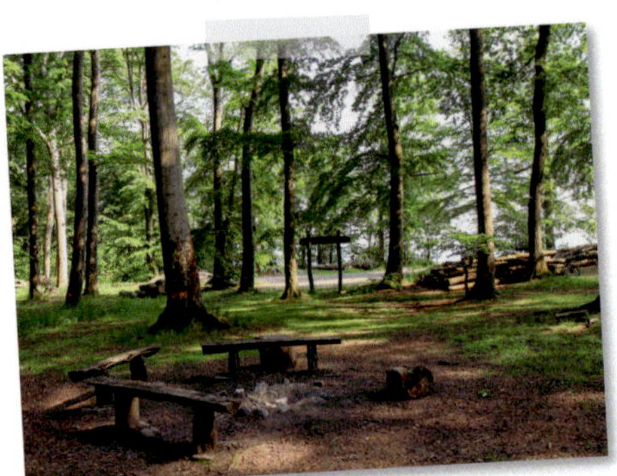

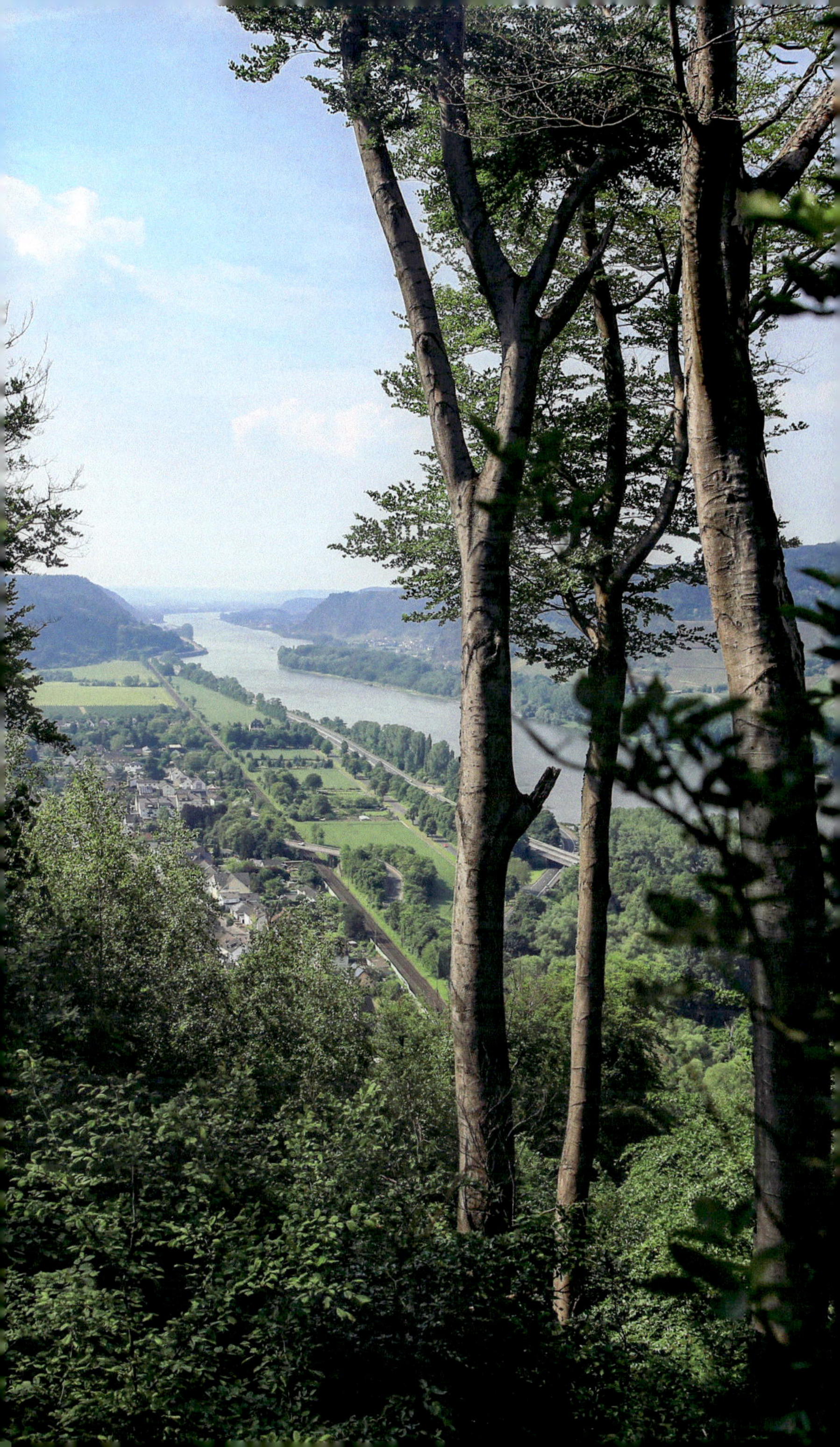

den Zivilisationslärm und geben die Bühne frei für das Konzert des Waldes. Nach einiger Zeit erreicht ihr eine Schutzhütte, die der Namensgeber dieser Tour ist: den Kleinen Stern. Ihre Bezeichnung verdankt sie wahrscheinlich der sternförmigen Kreuzung an dieser Stelle. Allerlei Wege gehen hier in diverse Himmelsrichtungen ab. Im spitzen Winkel geht es nun hinauf, kurzzeitig etwas steiler, aber insgesamt moderat und mit einem Kinderwagen gut machbar. Allzu lange dauert diese Passage auch nicht, und schon bald habt ihr das HOCHKREUZ 3 erreicht, den höchsten Punkt der Tour.

Ein kleines steinernes Wegekreuz steht mit bester Aussicht am Waldrand, hier lässt es sich hervorragend auf einer der Bänke rasten. Der Weitblick auf die grünen Wiesen und Felder, die vor euren Füßen leicht abfallen und irgendwo im Horizont versinken, ist einfach schön. Vom Hochkreuz wandert ihr nun abwärts, zunächst noch

Am Waldrand gelegen gibt das Hochkreuz einen tollen Blick auf das Umland frei

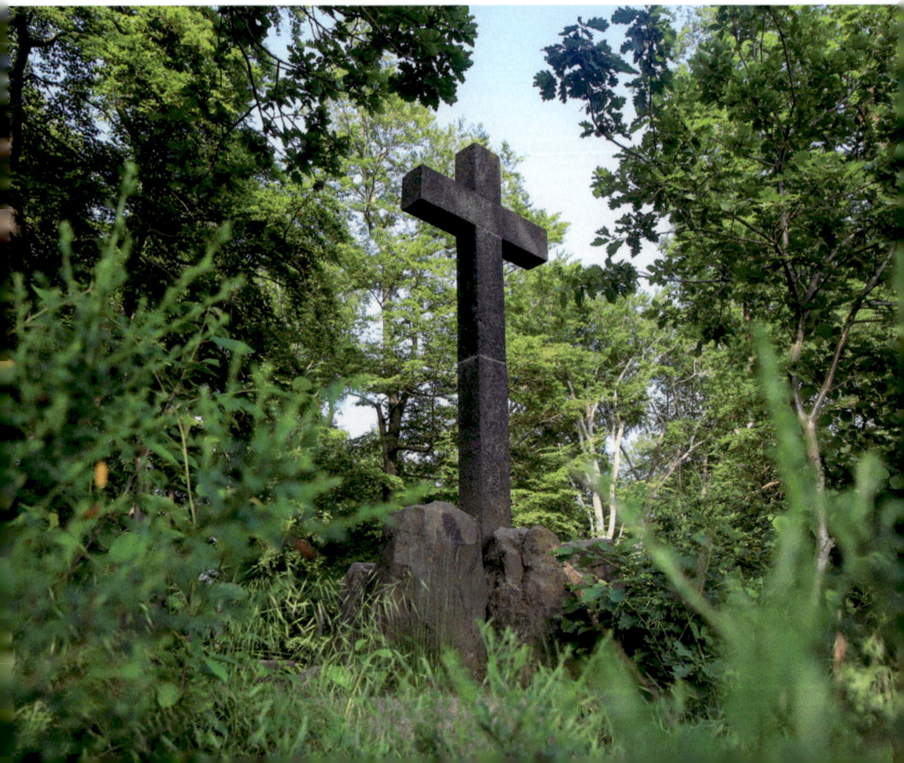

am Waldrand entlang oder in dessen unmittelbarer Nähe, dann direkt über die offene Fläche, was immer wieder beeindruckende Blicke verspricht. Mal über weiche Wiesen- und mal über feinkörnige Schotter- und Feldwege geht es mit einigen Kurven weiter. Im Frühling blüht hier der Raps in knalligem Gelb und bildet im Zusammenspiel mit dem satten Grün der Wiesen eine tolle Kulisse. Schließlich gelangt ihr wieder zur »Weinsicht des Jahres«. Nun folgt ihr erneut dem Hinweg und könnt noch einmal die Aussicht von der Kanzel genießen, ehe ihr mit dem Parkplatz den Endpunkt dieser Tour erreicht.

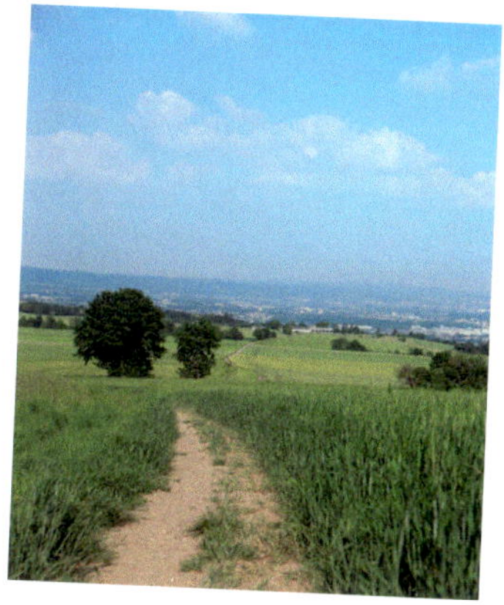

FERNBLICK ZUR RHEINEBENE

Doch auch wenn die Wandertour endet, muss der Tag in Andernach noch lange nicht vorbei sein. Obwohl der ANDERNACHER GEYSIR 4 nicht direkt an der Wanderroute liegt, empfehle ich unbedingt einen Abstecher zum weltweit höchsten Kaltwassergeysir. Alle zwei Stunden schießt das Wasser circa 50 bis 60 Meter hoch in einer großen Fontäne aus der Erde. Vor allem eure Kinder werden an heißen Sommertagen ihren Spaß haben. Denn wer sich ganz nah an den Geysir herantraut, steht bei dessen Ausbruch unter einer erfrischenden Dusche. Doch keine Sorge: Wollt ihr trocken bleiben, könnt ihr das Spektakel auch aus einiger Entfernung beobachten. Der Geysir ist ausschließlich mit Hilfe eines Schiffs zu erreichen, welches vier Mal am Tag in Andernach ablegt. Bitte informiert euch vorab über die aktuellen Abfahrtszeiten.

Die MS Namedy macht sich von Andernach aus auf zum Namedyer Werth, einer kleinen Halbinsel im Rhein, wo ihr etwa 45 Minuten Zeit habt, den Geysir zu bestaunen. Empfehlenswert ist auch ein

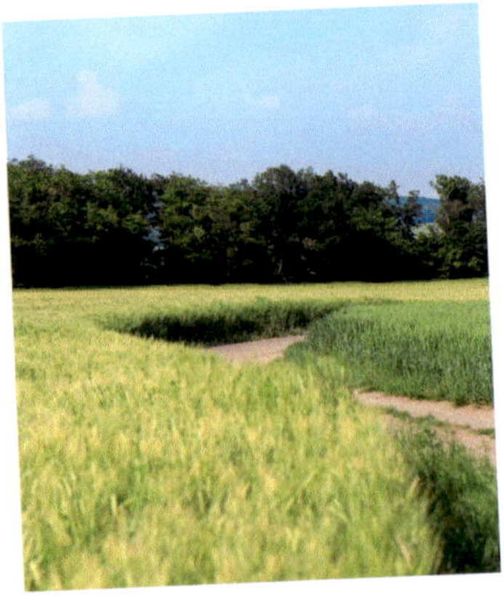

Mäandernder Feldweg

Besuch im Geysir-Zentrum, am besten ungefähr eine Stunde vor der Abfahrt des Schiffes. Anschließend bringt euch die MS Namedy wieder zurück nach Andernach. Der Ausflug zum Geysir ist barrierefrei, ihr könnt euren Kinderwagen also problemlos mitnehmen. Der Preis für Erwachsene liegt bei circa 12 Euro, Jugendliche und Kinder über einen Meter zahlen 9 Euro, unter einem Meter ist der Zutritt frei. Seid ihr mit dem Auto unterwegs, dann fahrt zum Parkplatz Am Bollwerk in unmittelbarer Nähe des Geysir-Zentrums in der Konrad-Adenauer-Allee. Wenn ihr mit dem ÖPNV gekommen seid, fahrt mit dem Rufbus zurück zum Bahnhof, von dort sind es circa 15 Minuten zu Fuß.

GEYSIRE SIND HEISSE QUELLEN, DIE FONTÄNENARTIG WASSER AUSSTOSSEN. SIE SIND IN ODER IN DER NÄHE VON REGIONEN MIT GROSSER VULKANISCHER AKTIVITÄT ZU FINDEN, WO SICH DAS WASSER TIEF IM INNEREN DER ERDE ERHITZT, SICH AUSDEHNT UND AUFGRUND DES ENTSTEHENDEN WASSERDAMPFS DURCH DEN SOGENANNTEN ERUPTIONSKANAL NACH OBEN SCHIESST.

Solche Eruptionen können unregelmäßig oder regelmäßig in unterschiedlichen Intervallen auftreten. Kaltwassergeysire wie der in Andernach sind eine Besonderheit, denn hier wird das Wasser nicht erhitzt und durch den Wasserdampf nach oben getrieben, sondern durch Kohlendioxid, welches im Wasser gelöst wird oder aus Höhlen tritt. Somit bleibt das Wasser kalt.

Alles, was ihr wissen müsst

Rundtour: sehr kurze Wanderung ohne besondere Schwierigkeiten // keine Schwierigkeiten für Kinder // **kinderwagentauglich** (eine kurze Treppe zu Beginn), geländetauglicher Kinderwagen empfehlenswert

Markierung: blau-weißes Logo der Traumpfädchen

Entfernung von Köln: 74 Kilometer
ÖPNV: mit der Bahn nach Andernach von dort mit Buslinie 363 zur Zielhaltestelle Krahnenberg // Achtung: Rufbus, Anmeldung mindestens 30 Minuten vor Abfahrt unter 02632/29 83 21
Auto: Krahnenberg, 56626 Andernach // kostenloser Wanderparkplatz Krahnenberg

Einkehr: keine direkt an der Strecke, in Andernach zahlreiche Einkehrmöglichkeiten

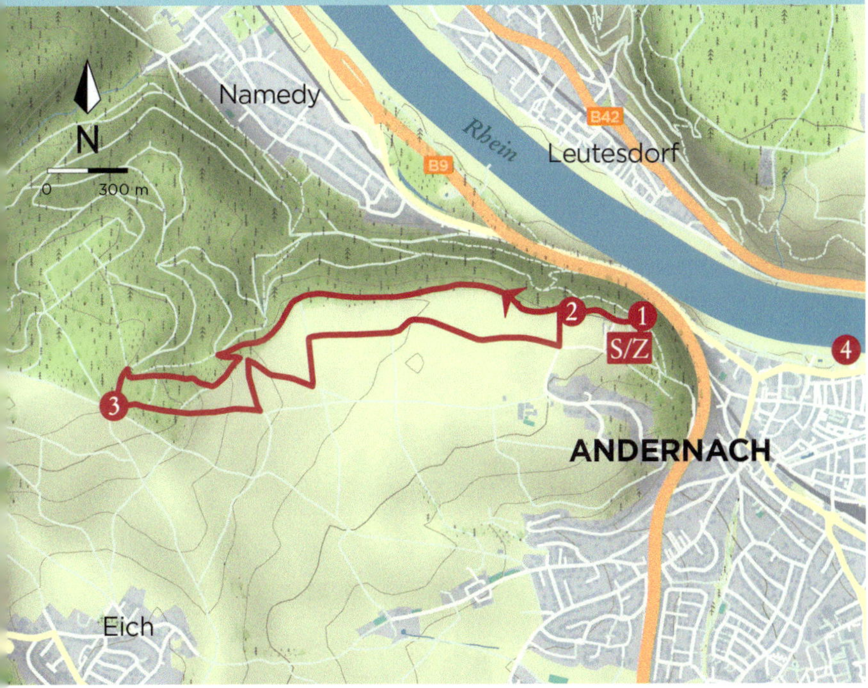

Durch das felsige Tal der Nette

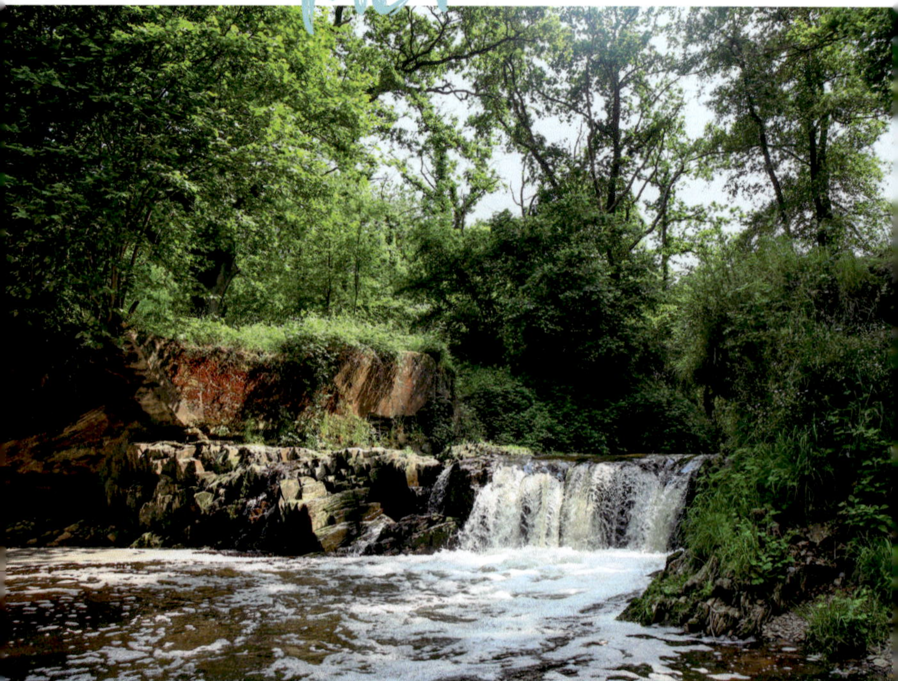

Schwierigkeit: leicht // 9,2 Kilometer // 186 Höhenmeter

Für Familien mit Kindern geeignet

ABWECHSLUNGSREICHE WANDERUNG IM REICH VON WASSER, SCHIEFER UND SCHIENEN

Auf der pfadreichen Wanderung rund ums Tal der Nette begegnen euch tolle Ausblicke über die wellige Hügellandschaft westlich des Rheins bis hin zu den stolzen Kegeln der längst erloschenen Eifelvulkane. Außerdem wandert ihr durch felsige Schieferpassagen, erblickt ein imposantes Eisenbahnviadukt, schlendert durch das idyllische Tal der plätschernden Nette und durchquert einen stillgelegten Eisenbahntunnel. Dass so viel Abwechslung und so viele Höhepunkte in einer Wanderung von unter 10 Kilometern stecken können, das beweist der Nette-Schieferpfad eindrücklich. Als einer von insgesamt 26 Traumpfaden im Rhein-Mosel-Eifel-Gebiet versteht er es, die Wanderer mit einem ständigen Wechsel von Kulissen und Landschaftsformen bei Laune zu halten und mit An-, Ein- und Ausblicken zu beeindrucken. Damit gilt er zu Recht als einer der schönsten Traumpfade.

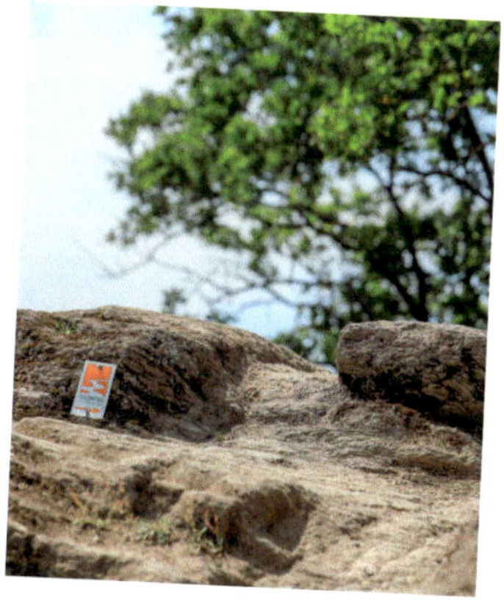

Markierung am Fels

Los geht es unter der großen Nettebrücke mitten in Trimbs, das im 11. Jahrhundert den Kaufunger Nonnen geschenkt wurde – so erzählt es die Urkunde in Originalschrift auf einem der Schieferblöcke auf dem Dorfplatz. Folgt für die gesamte Tour einfach dem orange-weißen Logo der Traumpfade. Zunächst begleitet ihr den stattlichen Fluss abwärts auf seinem Weg zum Rhein. Das kleine Trimbs habt ihr schnell hinter euch gelassen, schon umgibt euch die kunterbunt blühende Talaue zu Füßen der schroffen Schieferfelsen. Schmetterlinge flattern munter umher, die Vögel zwitschern und die Nette rauscht. Ziemlich kurvig verläuft der kleine Zufluss des Rheins, ihr folgt den Windungen auf einem schmalen Gehweg. Bald zweigt links eine Variante des Nette-Schieferpfads ab, und wer Lust auf einen

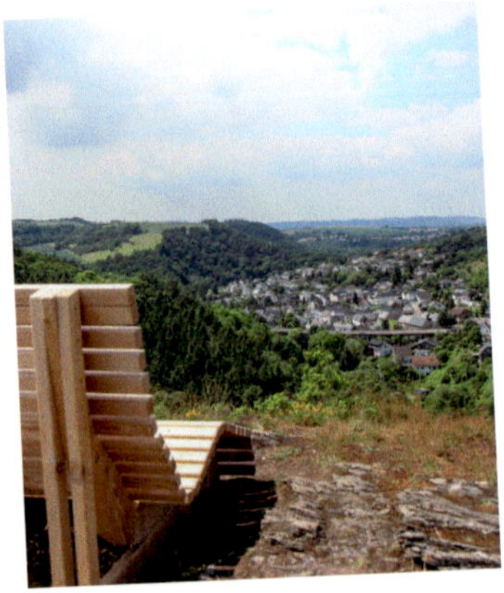

Blick auf die Trimbser Schweiz

steilen, steinigen Anstieg hat, der wählt diese Route. Alle anderen gehen weiter geradeaus im Beisein der Nette durch das flache Tal. Irgendwann allerdings steigt auch die Hauptroute des Traumpfads immer steiler an und vereint sich mit der zuvor abzweigenden Variante auf halber Höhe. Noch ein paar Höhenmeter auf dem spannenden Weg, dann habt ihr den steinigen Schieferhang erobert. Oben erwartet euch ein toller Blick über das Tal der Nette, über Trimbs sowie die TRIMBSER SCHWEIZ 1.

DIE SCHWEIZ ALS LANDSCHAFTSBEZEICHNUNG GIBT ES ÜBER 100-MAL IN DEUTSCHLAND – EIN ECHTER EXPORTSCHLAGER. URSPRÜNGLICH ENTSTANDEN IST DER BEGRIFF ALS LITERARISCHE ÜBERHÖHUNG VON ATTRAKTIVEN LANDSTRICHEN UND ALS ROMANTISCHE VERKLÄRUNG DER ALPENLANDSCHAFT, DIE VOR ALLEM IM 19. JAHRHUNDERT ALS SEHNSUCHTSZIEL VIELER REISENDER GALT. UND DAS, OBWOHL ES FÜR EINE SCHWEIZ NICHT UNBEDINGT BERGE BRAUCHT. ES REICHT DIE SCHÖNHEIT, DIE SEHNSUCHT NACH DER ECHTEN SCHWEIZ WECKT. SOGAR IN HAITI, NAMIBIA, NEUSEELAND ODER DER MONGOLEI GIBT ES EINE SCHWEIZ. UND EBEN IN TRIMBS.

Ihr wandert nun über eine offene Wiesenfläche mit bestem Blick hinab nach Welling und noch einmal über einen kurzen, aber ziemlich alpin wirkenden Schieferabschnitt. Genießt den erfrischenden

Wind an heißen Sommertagen, ehe euch ein kleiner Pfad wieder bergab führt. Am Ortsrand von Trimbs quert ihr die Hauptstraße und wandert auf der anderen Seite aussichtsreich zwischen Feldern und Wiesen weiter. Vom Burberg aus schweift der Blick in die Ferne, am Horizont könnt ihr die markanten Kegel mehrerer Eifelvulkane ausmachen, wie beispielsweise Hochsimmer und Hochstein, beide deutlich über 500 Meter hoch.

WAS VIELEN NICHT BEKANNT IST: DIE 21 VULKANE DER VULKANEIFEL GELTEN NOCH IMMER ALS AKTIV. DER LETZTE AUSBRUCH LIEGT ZWAR MEHR ALS 11.000 JAHRE ZURÜCK, DOCH GEOLOGISCH BETRACHTET IST DIESER ZEITRAUM NUR EIN WIMPERNSCHLAG. NOCH IMMER HEBT SICH DIE ERDE AN MANCHEN

Offene und weite Landschaften wie diese prägen den Nette-Schieferpfad, im Hintergrund der Kirchturm von Welling

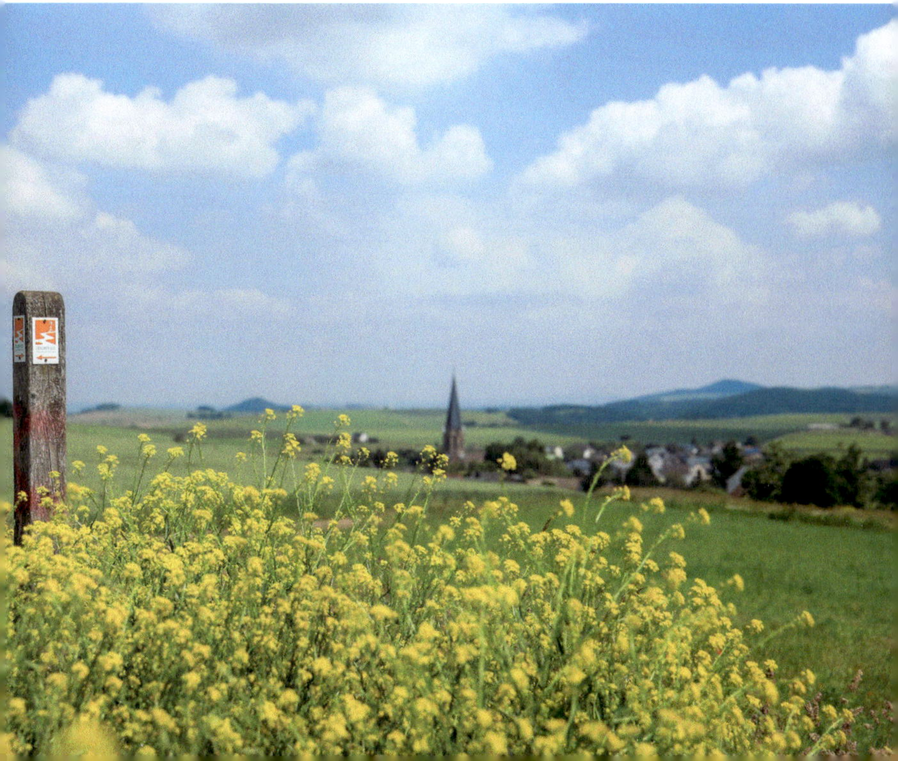

STELLEN UM EINEN MILLIMETER PRO JAHR. SO MUSS AUCH IN ZUKUNFT MIT AUSBRÜCHEN IN DER REGION GERECHNET WERDEN, WENNGLEICH DIE WAHRSCHEINLICHKEIT, DASS EUCH EINE SOLCHE NATURKATASTROPHE DEN WANDERTAG RUND UM TRIMBS RUINIERT, LAUT FORSCHERN VERSCHWINDEND GERING IST. IHR KÖNNT AUCH DIE NÄCHSTEN 1.000 JAHRE BERUHIGT DURCH DIE EIFEL WANDERN.

Jetzt geht es wieder hinab ins Nettetal, zunächst noch entlang der Hangkante, dann immer leicht absteigend vorbei an den für diese Gegend so typischen Schieferhalden. Ziemlich felsig gibt sich der kleine Pfad, der sich hier ganz dicht an das Schiefergestein schmiegt und an der einen oder anderen Stelle etwas Trittsicherheit erfordert.

Das Netteviadukt liegt nicht an der Route, ist jedoch nur einen Abstecher über den Bahntrassenweg entfernt

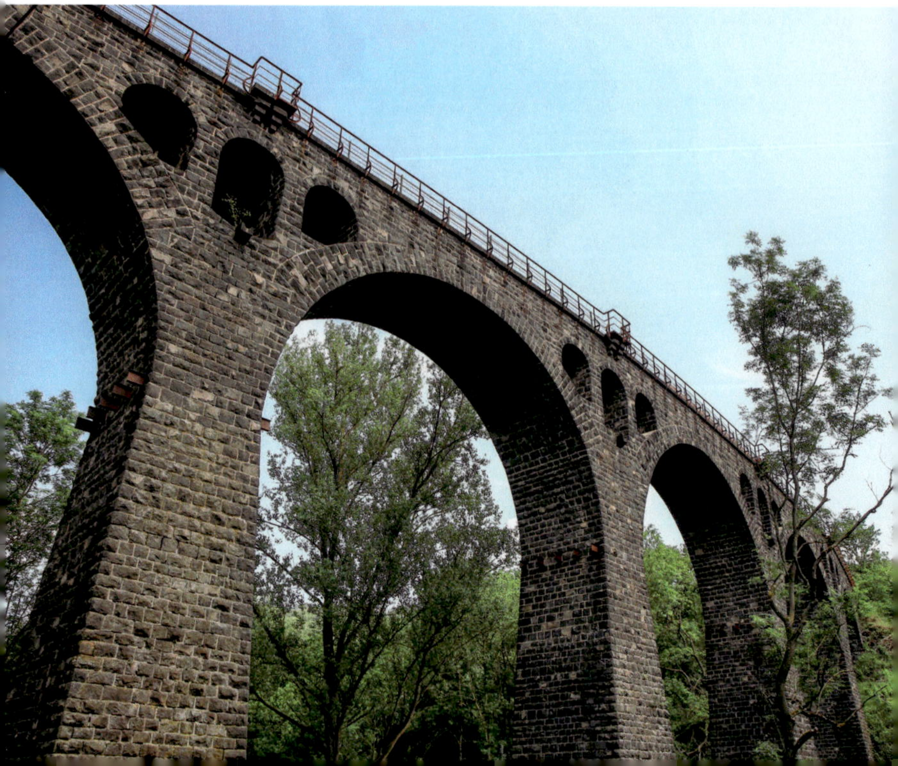

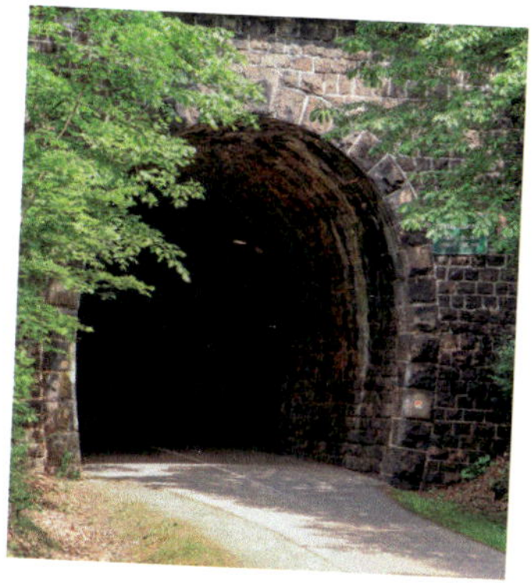

Hinter dem Forellenteich erreicht ihr das beschattete, malerische Tal der Nette. Ihr überquert den gurgelnden Fluss mit Hilfe einer Holzbrücke, lauft dann am kleinen Wasserfall vorbei und später am Bachlauf entlang durch das abgeschiedene Tal. Nichts anderes als das wunderschöne Konzert der Natur dringt hier an eure Ohren, und das erfrischende Nass sorgt an heißen Tagen für Abkühlung. Der Weg indes entwickelt sich vom Pfad zu einem mittelbreiten Weg, der ganz allmählich ansteigt. Schaut doch ab und zu nach oben, dort blitzt das Lehnen-Viadukt durch die Baumkronen, über welches ihr später noch laufen werdet. Zunächst jedoch erreicht ihr einen schönen Aussichtspunkt mit Blick auf das eigentliche Bahnhighlight dieser Strecke: das 40 Meter hohe und 115 Meter lange NETTE-VIADUKT 2.

DIE EINGLEISIGE BAHNTRASSE FÜHRTE EINST VON KOBLENZ-LÜTZEL BIS NACH MAYEN UND WURDE ERSTMALS 1904 BEFAHREN. NACH MEHREREN SCHÄDEN IM BEREICH DER HAUSENER VIADUKTE UND SCHRITTWEISEN TEILSTILLLEGUNGEN ERFOLGTE DIE SCHLIESSUNG DER GESAMTEN STRECKE IM JAHRE 2003. IRGENDWIE SCHADE, DENN BEIM GEDANKEN AN DIE SCHNAUFENDEN LOKOMOTIVEN, DIE ÜBER IMPOSANTE VIADUKTE UND DURCH SCHMALE TUNNEL DAMPFEN, KOMMT NICHT NUR BEI EISENBAHNROMANTIKERN EIN BISSCHEN NOSTALGIE AUF.

Noch ein wenig weiter oben erreicht ihr die zum Fuß- und Fahrradweg umfunktionierte, ehemalige Bahntrasse. Dieser folgt ihr

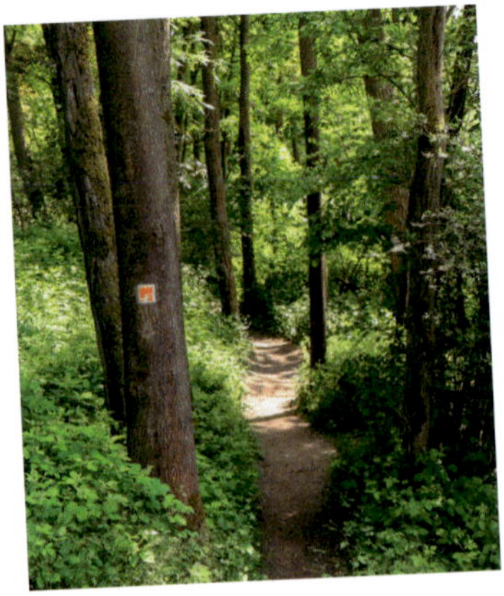

Schattiger Pfad im Nettetal

durch den 250 Meter langen, beleuchteten TUNNEL »HAUSEN 2« 3. Faszinierend, wie kühl es im Schutze des meterhohen Gesteins selbst an den heißesten Sommertagen ist. Schwitzt ihr nach dem Anstieg noch immer? Dann verweilt doch einen Moment länger in diesem natürlichen Kühlschrank. Kurz hinter dem Tunnel habt ihr noch einmal einen tollen Blick zurück auf das Nette-Viadukt, bevor ihr die alte Bahntrasse vor dem zweiten Eisenbahntunnel verlasst. Jetzt spürt ihr wieder weichen Boden unter euren Füßen, denn so spannend die kurze Passage durch den Tunnel war, dem Asphalt der Stadt wollen wir doch eigentlich entfliehen. Zunächst leicht bergan, dann immer steiler zieht sich der schmale Waldweg hinauf zum BURGBERG 4, den ihr über einen kurzen Stichweg erreicht. Hier eröffnet sich ein fantastischer Blick über das Nettetal und die stolzen Eifelgipfel am Horizont. Vor allem in den Abendstunden zaubert die untergehende Sonne aus der Eifeler Naturlandschaft eine tolle Kulisse – der Ausrichtung dieses Aussichtspunkts nach Westen sei Dank.

Vom Burgberg geht es nun an den Rand einer schönen Hochfläche, die mangels Bäumen einen netten Blick ermöglicht und dazu einlädt, es sich im weichen Gras gemütlich zu machen. Dann erreicht ihr die Hangkante hoch über Trimbs, dessen Dächer bereits am Waldrand hervorlugen. Hier führt euch ein steiler Pfad hinunter und ein weiteres Mal direkt zum Ufer der Nette. Noch ein kurzes Stück parallel zur Straße, dann ist der Start- und Zielpunkt schon erreicht. Ihr könnt ja mal nachsehen, ob das Gasthaus Zur Nette geöffnet hat, bisher jedoch standen die meisten Wanderer vor verschlossenen Türen.

Alles, was ihr wissen müsst

Rundtour: kurze Wanderung mit leichtem bis mittlerem Profil // stellenweise etwas Trittsicherheit erforderlich // keine besonderen Schwierigkeiten für Kinder // **nicht kinderwagentauglich**

Markierung: orange-weißes Logo der Traumpfade

Entfernung von Köln: 88 Kilometer
ÖPNV: mit der Bahn nach Andernach, von dort weiter nach Mayen-Ost, drei Minuten Fußweg nach Mayen Ostbahnhof und von dort mit Bus 337 zur Zielhaltestelle Nettebrücke Trimbs
Auto: Auf dem Reusch, 56753 Trimbs // kostenloser Parkplatz an der Nette bzw. unter der Brücke

Einkehr: Das am Start- und Zielpunkt gelegene Gasthaus **Zur Nette** scheint meist geschlossen, daher leider keine Einkehrmöglichkeit direkt am Weg. **Alternative: Straßburger Hof,** ca. 1,6 Autokilometer vom Startpunkt, Straßburgerhof, 56753 Trimbs

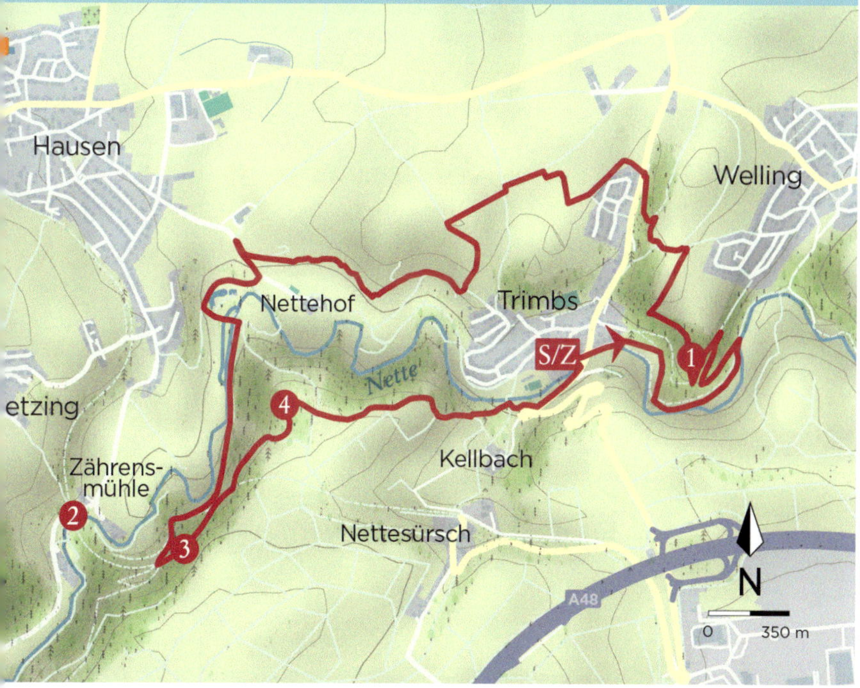

Auf dem Mittelrhein-Klettersteig

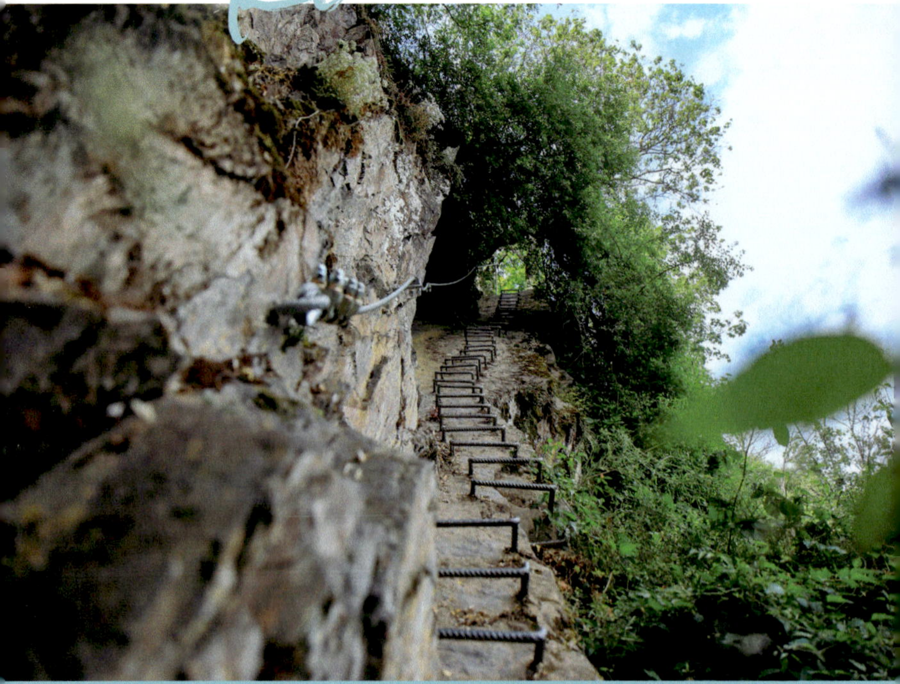

Schwierigkeit: schwer // 14,3 Kilometer // 680 Höhenmeter

Für Familien mit Kindern nicht geeignet

EINMALIG RUND UM KÖLN: SPANNENDER DRAHTSEILAKT ÜBER DEM RHEIN

Abenteurer aufgepasst, so etwas gibt es in unseren Gefilden kein zweites Mal: Der Mittelrhein-Klettersteig hoch über der Rheinschleife bei Boppard mit seinen Leitern, Eisenstiften, Klammern und Drahtseilen versprüht alpines Flair. Doch keine Sorge, für alle nicht schwindelfreien Wanderer hält er eine ausgeschilderte, kletterfreie Variante durch den Steilhang bereit. Nach der Action am Fels geht es dann vorbei an fantastischen Aussichten auf den Rhein, durch malerische Bachtäler und auf schmalen Pfaden zum beeindruckenden Viadukt über die Hubertusschlucht. Eine geniale Wanderung, die gleich zwei der schönsten Traumschleifen miteinander kombiniert und dabei den Drahtseilakt zwischen felsiger Action und entspanntem Wandern durch malerische Natur meistert. Übrigens: Dank der Seilbahn kann man die Tour auch frühzeitig abkürzen.

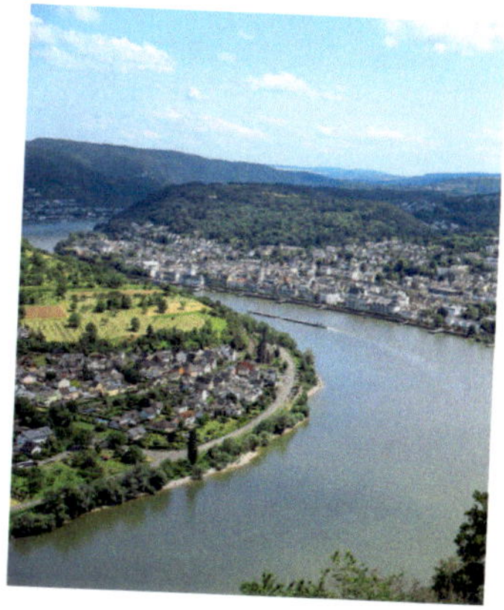

BLICK AUF BOPPARD AM RHEIN

Bevor es losgeht: Bitte beachtet, dass besonders Anfänger auf dem Mittelrhein-Klettersteig ein Klettersteigset tragen sollten, dieses könnt ihr an der ARAL-Tankstelle ganz nahe dem Startpunkt gegen eine kleine Gebühr von 8 Euro zzgl. Pfand ausleihen (Koblenzer Str. 237, 56154 Boppard). Wer nicht schwindelfrei und trittsicher ist, sollte die Wandervariante wählen!

Folgt von der Talstation der Sesselbahn aus einfach bis auf Weiteres dem lila-weißen Logo der Traumschleife Mittelrhein-Klettersteig. Lange wird nicht gefackelt, direkt am Start geht es über felsige Stufen und sandige Pfade steil bergauf. Ihr gewinnt zügig an Höhe, während der Blick auf den Rhein in eurem Rücken Meter für Meter imposanter wird. Der Körper muss schuften, während die Sessel der

Seilbahn entspannt über euch hinweg nach oben gleiten – angesichts des schweißtreibenden Aufstiegs irgendwie gemein. Haltet euch beim ersten Abzweig an die Wegweiser der Klettervariante; wenn ihr nicht klettern wollt, dann nehmt die ebenfalls beschilderte Wandervariante. Beide kreuzen sich mehrfach auf dem Weg nach oben und führen letztlich wieder zusammen.

130 TRITTBÜGEL, ZEHN LEITERN UND 180 METER DRAHTSEIL SIND AUF DEM 2006 ERÖFFNETEN MITTELRHEIN-KLETTERSTEIG VERBAUT WORDEN. SIE ZÄHMEN DEN STEILHANG DES HIRSCHKOPFES HOCH ÜBER DER RHEINSCHLEIFE UND SIND VOR ALLEM FÜR ANFÄNGER EINE TOLLE ÜBUNG. ENTLANG DES KLETTERSTEIGS WARTEN ELF GESICHERTE, OPTISCH ALS RETTUNGSPUNKT NUMMERIERTE PASSAGEN AUF EUCH, MIT HILFE DERER IHR INSGESAMT RUND 300 HÖHENMETER ÜBERWINDET.

Zu Beginn wartet eine lange Leiter, die gleich klarmacht, dass der Klettersteig nichts für Wanderer mit Höhenangst ist. Im weiteren Verlauf wechseln sich schmale Pfadpassagen mit gesicherten Kletteretappen ab. Die vielleicht größte Mutprobe für kletternde Anfänger ist die Traverse über einige Eisenstifte, die längs in den Fels gehauen wurden. Tief fallen kann man nicht, dennoch ist diese Passage eine gute Übung. Erfahrene Kletterer wird der Klettersteig am Mittelrhein nicht aus den Socken hauen, doch dafür, dass wir uns hier Hunderte Kilometer nördlich der Alpen befinden, macht die Actionroute hoch über Boppard schon einiges her. Immer wieder kreuzt ihr auf dem steilen Anstieg die Wandervariante. Zum Schluss wartet noch einmal eine eindrucksvolle Felswand, die ihr über Trittstufen und Klammern erklimmt – ein toller Schlussakt des Klettersteigs, der sich im weiteren Verlauf zahm gestaltet. Hier oben vereinen sich auch Kletter- und Wandervariante wieder miteinander. Kurz nach dem letzten gesicherten Stück erreicht ihr eine Rastbank mit phänomenaler Aussicht auf den Bopparder Hamm, die beeindruckende Rheinschleife zu euren Füßen. Hier könnt ihr euch vom Klettersteigset befreien, es für die restliche Tour im Rucksack verstauen und euch von den Strapazen des Anstiegs erholen. Entspannt geht es weiter durch einen Wald aus klein gewachsenen, knorrigen Bäumen. Abwechslungsreich schlängelt sich der Pfad über das Hochplateau des Hirschkopfes, vorbei an weiteren Ausblicken sowie dem Bikepark Boppard bis zum Restaurant Vierseenblick. Das heißt so, weil von hier aus der Rhein in vier einzelnen Abschnitten zu sehen ist – von den vor euch liegenden Hügeln optisch getrennt –, wie vier Seen. Könnt ihr sie alle entdecken? Doch wartet am besten noch mit einer Einkehr, denn vom Restaurant GEDEONSECK 1, keine fünf Minuten weiter, hat man einen noch grandioseren Blick, außerdem gilt das Lokal als weitaus gastfreundlicher.

Schwindelfreiheit vorausgesetzt: Grandiose Rheinsichten gibt es hoch über Boppard inklusive

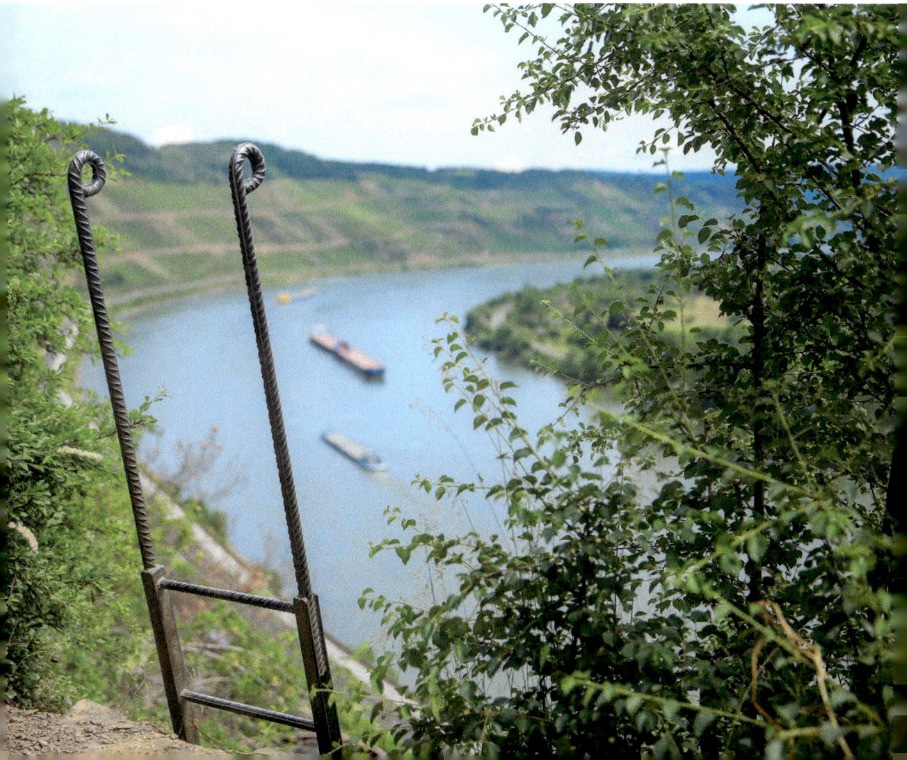

BOPPARD IST EINE KLEINSTADT ZWEIER SUPERLATIVE. SIE IST NICHT NUR WUNDERSCHÖN, SONDERN LIEGT AUCH AN DER GRÖSSTEN SCHLEIFE DES RHEINS, DEM BOPPARDER HAMM. NIRGENDS WINDET SICH DER BREITESTE FLUSS DEUTSCHLANDS UM EINE SO GROSSE KURVE WIE HIER. UND DANK SEINER VORTEILHAFTEN SONNENLAGE BEHERBERGT DER BOPPARDER HAMM MIT 75 HEKTAR AUCH DIE GRÖSSTE ZUSAMMENHÄNGENDE REBFLÄCHE DES WEINBAU-GEBIETS MITTELRHEIN. BEIDES KÖNNT IHR VON DEN VIELEN AUSSICHTSPUNKTEN HIER OBEN WUNDERBAR BETRACHTEN.

Satt gegessen und gesehen macht ihr euch nun über die einfach zu gehenden Wege auf zur Bergstation des Sessellifts, einige Wegweiser leiten euch dorthin. Wer hier schon genug hat, steigt entweder über den Pfad unterhalb der Seilbahn zum Startpunkt ab oder fährt ganz gemütlich gen Tal. Eure Wanderung jedoch geht direkt vorbei am Zugang zur SESSELBAHN-BERGSTATION 2, dort seht ihr eine Markierung am Baum, eine weiße 45 auf grünem Grund. Folgt dieser nun in den Wald hinein und nehmt dann den schmalen Weg bergab. Der sogenannte Kyffhäuserpfad bringt euch mit zahlreichen Kehren und Serpentinen nach unten ins Mühltal. Auf ihm seid ihr oftmals völlig allein, das Gros der Besucher habt ihr im Bereich der Sesselbahn hinter euch gelassen. Unten angekommen, folgt ihr der Asphaltstraße nach links, quert die L 207 geradeaus und haltet euch an die Beschilderung zum Kronprinzenpfad.

Dann wird es auch schon wieder schattig, der Waldpfad führt euch nun zur Traumschleife Elfenlay, der ihr an der nächsten Kreuzung nach rechts in Richtung Hubertusviadukt und letztlich bis zum Ende dieser Tour folgen könnt (lila-weißes Logo der Traumschleifen). Ein schöner Trampelpfad begleitet den quirligen Mühlbach entgegen der Strömung. Nach seiner Reise durch den Hunsrück steht er kurz vor seiner Vereinigung mit Vater Rhein. Es ist eine entspannte Passage, die bald jedoch in einen ordentlichen Anstieg hinauf zum Viaduktblick übergeht. Wieder führt euch ein serpentinenreicher Pfad bergauf durch den Wald, und an einigen Stellen öffnet sich dieser und gibt erste Blicke frei auf die vor allem bei Eisenbahnfans beliebte Hunsrückbahn. Bis zur tollen Aussicht auf das mächtige Viadukt ist es nun nicht mehr weit, und nach einer kurzen Passage über einen breiten Waldweg habt ihr die Rastbank mit Blick auf das HUBERTUSVIADUKT 3 erreicht. Zum Zeitpunkt seiner Fertigstellung war es eine der höchsten Steinbogenbrücken in ganz Deutschland. 150 Meter lang und über 50 Meter hoch ist das mächtige Bauwerk, das die Hubertusschlucht überspannt. Der hier ausgehängte Fahrplan verrät euch übrigens, wann die nächste Bahn das Viadukt überquert.

Das beeindruckende Hubertusviadukt über der gleichnamigen Schlucht

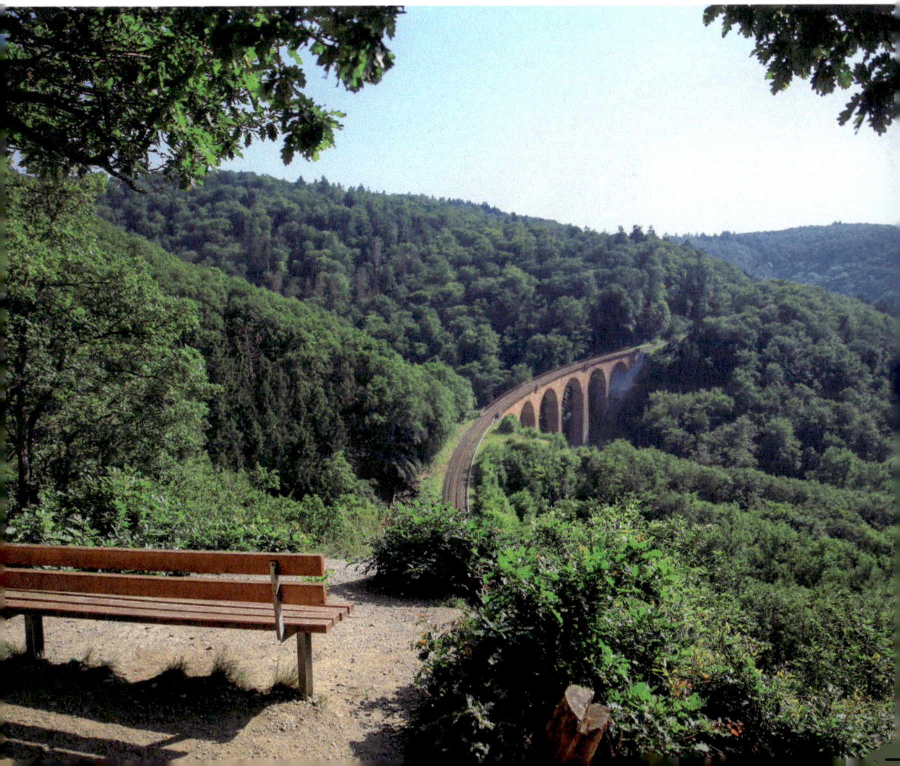

DIE HUNSRÜCKBAHN IST, WIE IHR HEUTE, EINE ECHTE KLETTERIN, MEHR ALS 336 METER ÜBERWINDET DIE STEILSTE ADHÄSIONSBAHN WESTDEUTSCHLANDS AUF DEM 6 KILOMETER LANGEN TEILSTÜCK ZWISCHEN BOPPARD UND BUCHHOLZ. ADHÄSIONSBAHN? DAS BEZEICHNET DIE ALLSEITS BEKANNTE FORM DER EISENBAHN, DIE IHREN ANTRIEB MITTELS HAFTREIBUNG DER RÄDER ERHÄLT. IHR GEGENÜBER STEHT BEISPIELSWEISE EINE ZAHNRADBAHN, DIE WEITAUS STEILERE STRECKEN BEWÄLTIGEN KANN.

Im weiteren Verlauf wird der Wald wieder dichter, ihr quert das Kalmuttal und lauft dann Seite an Seite mit dem Burdenbach bergab. Irgendwann führt euch die Traumschleife jedoch nach rechts auf einen engen Pfad, und ihr erobert eine große Lichtung in der Höhe. Die grünen Wiesen und mit Holzzäunen versehenen Pferdekoppeln sind eine schöne Abwechslung nach so viel Wald. Wenig später erreicht ihr das SABELSKÖPFCHEN 4, wo sich ein letzter Blick auf Boppard und den Rhein mit seinen lautlos dahingleitenden Schiffen auftut. Es ist faszinierend, wie sehr sich auf dieser Wanderung die Perspektive immer wieder verändert hat und wie unterschiedlich die große Rheinschleife von verschiedenen Blickpunkten aus wirkt. Vom Sabelsköpfchen geht es nun noch einmal über einen steinigen Pfad zurück ins Tal des Burdenbachs und dann nach Boppard.

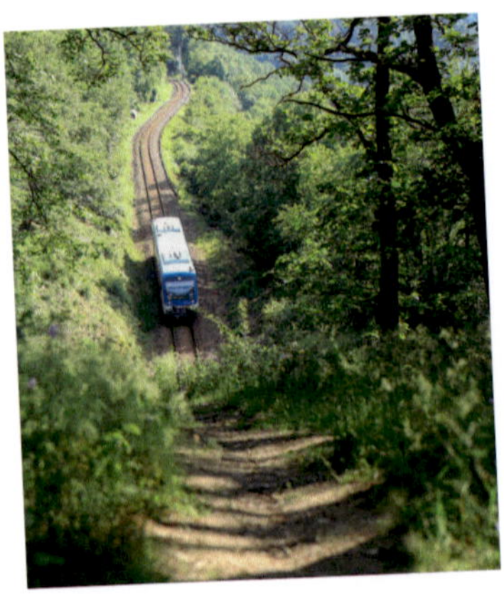

BLICK AUF DIE HUNSRÜCKBAHN

Alles, was ihr wissen müsst

Anspruchsvolle Rundtour: mit Klettersteig der Schwierigkeit A/B, welcher jedoch umgangen werden kann // Trittsicherheit und Schwindelfreiheit dringend erforderlich // Klettersteigset empfohlen (Verleih nahe Startpunkt) // bei Nässe und mit Kindern meiden // **nicht kinderwagentauglich**

Markierung: Logo der Traumschleife Mittelrhein-Klettersteig, Logo der Traumschleife Elfenlay

Entfernung von Köln: 121 Kilometer
ÖPNV: mit der Bahn nach Boppard, Fußweg zum Rhein, von dort rheinabwärts über Rheinallee und Kreuzweg bis zum Parkplatz
Auto: Parkplatz St. Remigiusplatz, Mühltal, 56164 Boppard

Einkehr: **Wirtshaus Anders,** Mühltal 6, 56154 Boppard, wirtshaus-anders.de // **Restaurant GedeonsEck,** Gedeonseck 1, 56154 Boppard, gedeonseck-boppard.de

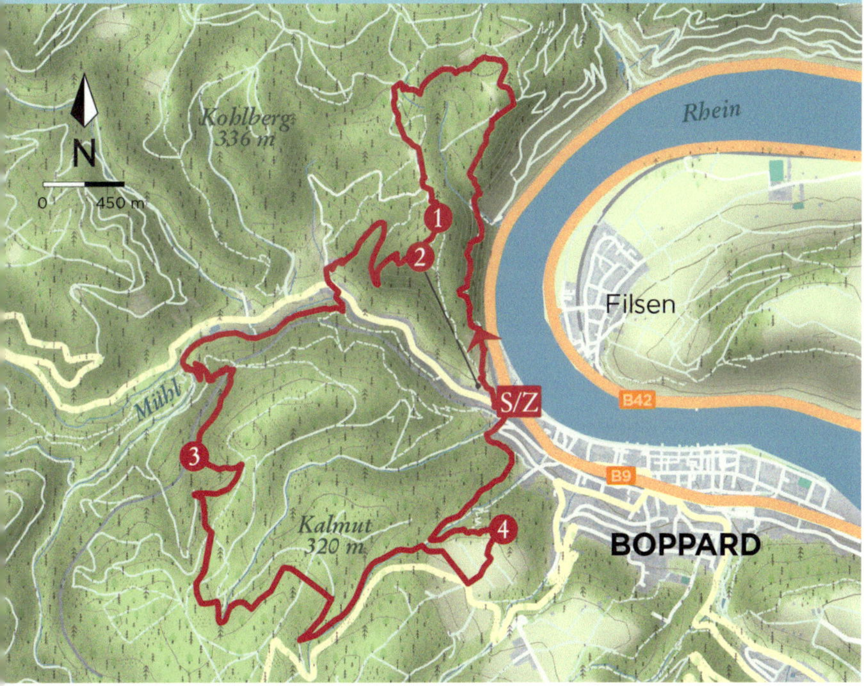

Rund um die Ehrenburg

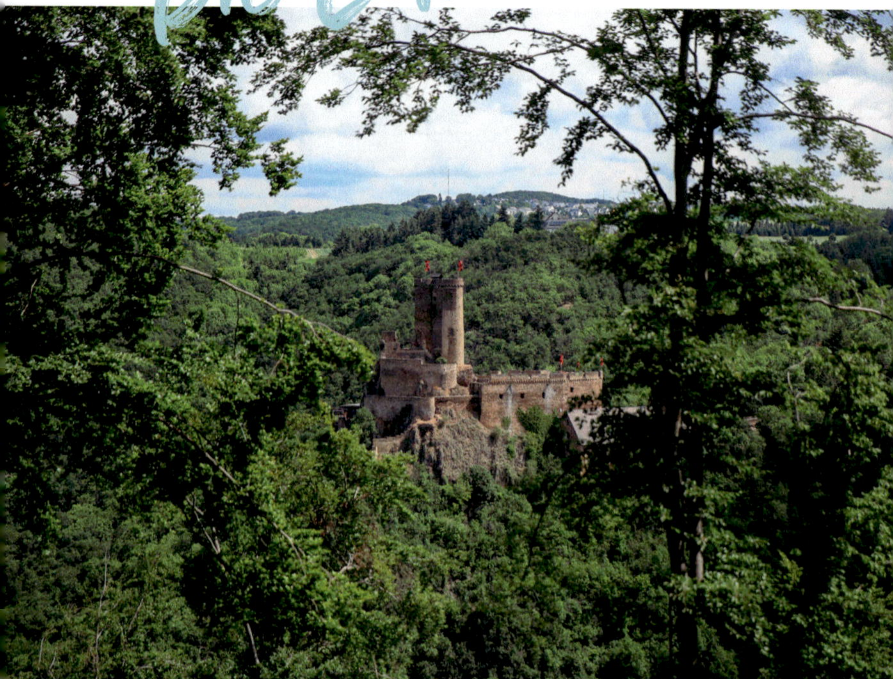

Schwierigkeit: schwer // 22 Kilometer // 1.076 Höhenmeter
Für Familien mit Kindern bedingt geeignet

ZWEI TAGE VOLLES PROGRAMM: AUF STEILEN MOSELPFADEN ZURÜCK INS MITTELALTER

Packt eure feinsten Gewänder in den Rucksack, heute übernachtet ihr wie edle Ritter und blaublütige Herrscher auf einer echten Burg. Der Weg dorthin ist gesäumt von grandiosen Aussichten, steilen Moselhängen und verschlungenen Pfaden, die euch in anspruchsvollem Auf und Ab durch das Reich der Untermosel führen. Und auch am zweiten Tag geht die Reise in längst vergangene Zeiten dank Burg Thurant sowie des historischen Moselörtchens Alken, wo sich ein fantastischer Moselblick an den anderen reiht. Habt ihr keine Lust auf die Burgübernachtung, Pech bei der Reservierung oder seid ihr fitte Wanderer, könnt ihr die Zweitagestour auch problemlos in zwei Einzelwanderungen teilen bzw. die Tour an einem Tag laufen.

TAG 1: *DER AUFSTIEG ZUR BURG // 10.6 KM*

Los geht es am Wanderparkplatz in der Rhein-Mosel-Straße, mitten in Brodenbach. Folgt von hier aus der Beschilderung des Bergschluchtenpfads in Richtung Ehrenburg und bis auf Weiteres dem orangen Logo des Traumpfads, das euch verlässlich leitet. Schnell befindet ihr euch im waldigen, steilen Hang. Der schmale Pfad führt euch vorbei am aussichtsreichen Ehrenmal und an einigen tollen Moselblicken weiter hinauf. Es lohnt sich, den schweißtreibenden Anstieg an den Aussichtspunkten zu unterbrechen, um die Fernsicht zu genießen und Luft zu holen. Eng und kurvenreich schlängelt sich der Bergpfad nun durch den Wald und entlang der Hangkante, ehe ihr auf einen Forstweg trefft, welcher euch hinab zur HISTORISCHEN MÜHLE VOGELSANG 1 bringt. Dort folgt ihr kurz der Straße und wandert dann hinter dem Campingplatz dicht am plätschernden Mühlgraben sowie am sonnigen Waldrand.
Vor einer Schranke gabelt sich der Weg, hier verlasst ihr den Traumpfad fürs Erste und orientiert euch ab jetzt am blau-grün markierten Saar-Hunsrück-Steig. Dieser schmiegt sich noch ein wenig länger an den Mühlgraben und mündet schließlich im malerischen Ehrenburgertal, ein versteckt gelegener Weiler im sonst verlassen wirkenden Tal

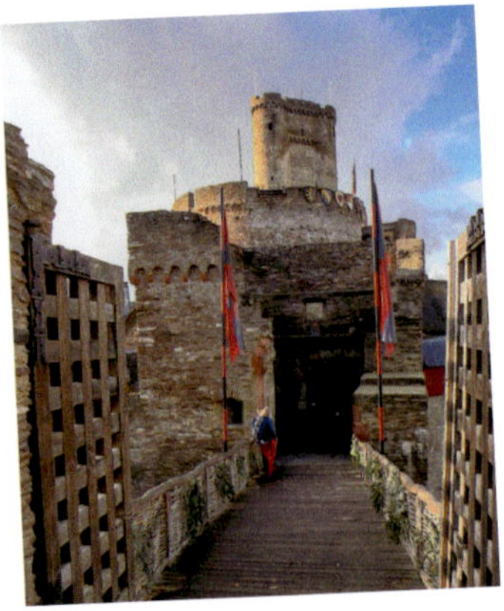

Majestätische Ehrenburg

des Ehrbaches. Vorbei an den wenigen Häusern manövriert sich der Saar-Hunsrück-Steig durch das Örtchen, ehe ihr das Kehrbachtal erreicht und durch dieses bergauf wandert. Eindrucksvoll, wie tief sich der kleine Bach hier schon eingegraben hat und wie steil die Böschung ist. Ab und zu stört ein vorbeirauschendes Auto auf der anderen Seite das Konzert des Waldes, doch die Straße ist bald darauf schon wieder Vergangenheit. Dann geht es in einigen Spitzkehren steil bergauf zum Ehrenburgblick. Oben angekommen schaut ihr das erste Mal zu eurer heutigen Schlafstätte hoch, die stolz über dem Tal thront.

LEBENDIGE BURG, SO NENNEN DIE HEUTIGEN BETREIBER IHREN SCHATZ AUS STEIN. UND TATSÄCHLICH, MIT ALL DEN BUNTEN WAPPEN, DEN WEHENDEN FAHNEN, DEN VIELEN GÄNGEN UND TREPPEN, DEN VIELEN SCHAUHANDWERKEN SOWIE DER BURGSCHÄNKE WIRKT DIE EHRENBURG, ALS HERRSCHE HIER NOCH DAS BUNTE TREIBEN DES MITTELALTERS. DABEI HABEN DIE STEINERNEN MAUERN DER ERSTMALS 1161 ERWÄHNTEN BURG ZAHLLOSE BESITZER GESEHEN UND EINE WECHSELVOLLE GESCHICHTE HINTER SICH, DIE IN DER FAST VOLLSTÄNDIGEN ZERSTÖRUNG DURCH FRANZÖSISCHE TRUPPEN IM JAHR 1689 GIPFELTE.

Es schließt sich eine wirklich abwechslungsreiche Passage an: Mal streift ihr hohe Gräser, wandert über offene Felder und weiche Wiesenböden, mal schlängelt sich der schmale Pfad abenteuerlich durch den Wald. Über Stock und Stein, über Wurzeln und Trittstufen bahnt ihr euch den Weg, bis ihr ein asphaltiertes Sträßchen erreicht; hier geht ihr ein paar Meter links und verlasst dann den Saar-Hunsrück-Steig links über den unmarkierten Forstweg. Dieser bringt euch zunächst eben, dann immer steiler hinab ins Ehrbachtal. Unterwegs gesellt sich der Rundweg Nr. 21 zu euch, dessen manchmal etwas überwucherte und dadurch versteckte Beschilderung bergab weist. Unten im Tal gelangt ihr zur verwunschen gelegenen Linkemühle und wandert kurz links auf dem Asphaltweg weiter. Nach wenigen Metern schon zweigt rechts der Saar-Hunsrück-Steig ab, folgt diesem und erobert auf dem anspruchsvollen, engen und abwechslungsreichen Pfad die EHRENBURG 2, welche ihr unterhalb der steinernen Brücke erreicht. Rechter Hand steigt ihr über einige Felsplatten hinauf und zieht dann mit wehenden Fahnen auf der Burg ein. Hier erwarten euch nicht nur eine ausgiebige Burgerkundung, sondern auch kuschlige Zimmer in

Mit Schweiß und Fleiß erkämpft: Einer von vielen sensationellen Moselblicken

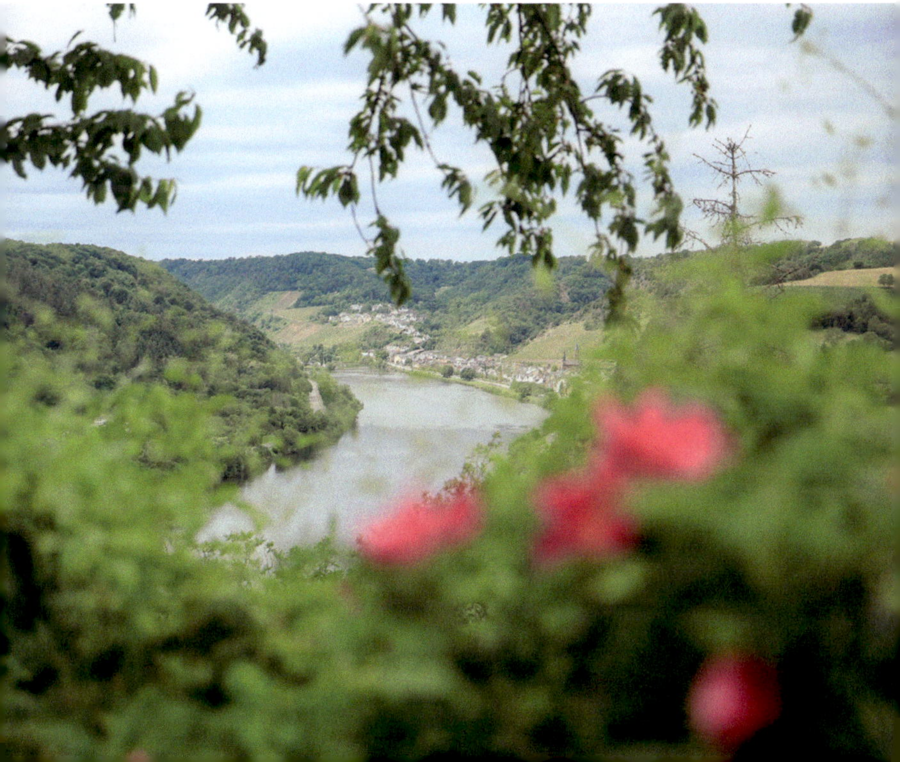

historischem Ambiente sowie ein zünftiges Mahl in der Burgschenke. Die Nacht inmitten der historischen Mauern kann kommen!

TAG 2: *MOSELBLICKE UND STEILHÄNGE // 11,3 KM*

Ausgeschlafen geht es am nächsten Tag weiter, die Burg Thurant will bezwungen werden. Folgt dazu vor der Ehrenburg dem Traumpfad Bergschluchtenpfad und dessen oranger Markierung in Richtung Nörtershausen. Ihr steigt über den Zufahrtsweg zur Burg auf, wandert durch offene Landschaft und vorbei an Streuobstwiesen, bis ihr steil ins Brodenbachtal absteigt. Dieses erreicht ihr auf Höhe der Grünemühle, dann lauft ihr auf einem zauberhaften Pfad durch das wildromantische Tal. Von links und rechts fließen kleine Gewässer zu, während ihr eine geheimnisvolle Höhle sowie das Donnerloch passiert,

Steile Weinberge unterhalb der beeindruckenden Burg Thurant

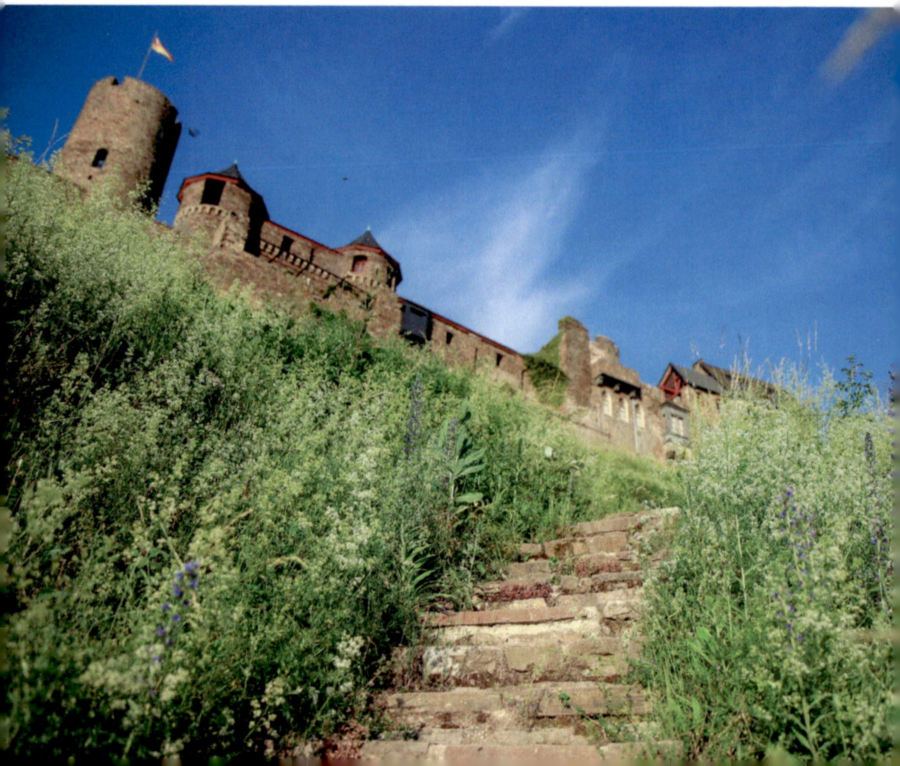

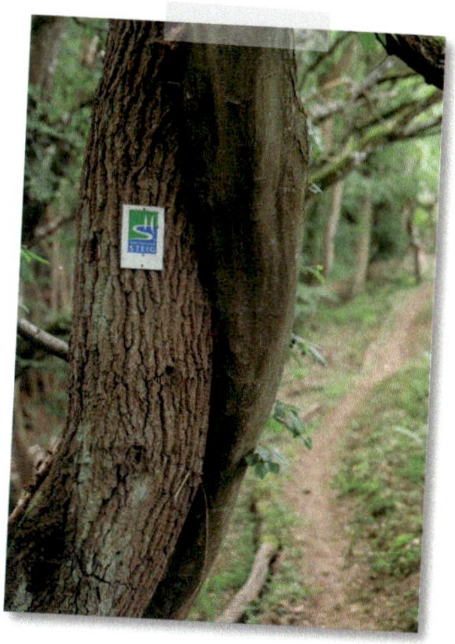

die engste Stelle des Tals. Hier gurgelt das wilde Wasser kaskadenartig über die großen Felsbrocken in Richtung Mosel. Auf Höhe der Schutzhütte Brodenbachtal trefft ihr auf eine Holzbrücke, dort zweigt der Traumpfad rechts ab, ihr lauft jedoch weiter geradeaus auf dem fantastischen Weg, der sich links des Brodenbaches entlangschlängelt. Die Pfadspur begleitet den quirligen Bach mit all seinen Windungen bergab, ehe sie in einen breiteren Weg mündet. Folgt dem kurzen asphaltierten Stück geradeaus, dann erreicht ihr wieder den Traumpfad; hier mit der orangen Markierung rechts über den Brodenbach in Richtung Schafberg.

Und jetzt anschnallen, es geht ziemlich steil hinauf. Zunächst durch das tief eingekerbte Tal des Nickelsbaches, dann zur TEUFELSLAY (3), von der sich euch eine grandiose Sicht ins Moseltal bietet. Zeit für eine Rast, denn diesen Blick habt ihr euch hart erarbeitet! Im weiteren Verlauf schlängelt sich der Pfad entlang des Hangs, immer mal wieder geben die Bäume einen Blick frei auf Löf, das Moselörtchen auf der gegenüberliegenden Flussseite. An der nächsten Kreuzung, wo ein hölzerner Wegweiser in Richtung Burg Thurant zeigt, verlasst ihr den Traumpfad. Nun geht es teilweise stark bergab, ihr tangiert für einen Moment die Landstraße und landet kurz nach einer versteckt gelegenen Schutzhütte auf dem parallel zur Straße verlaufenden Moselsteig. Dem weiß-golden markierten Weg folgt ihr bis hinauf zur Burg Thurant, kurz über deren Zufahrtsstraße, dann direkt durch die sonnigen Weinlagen unterhalb der Burg. Noch einmal schwitzen, dann habt ihr die bilderbuchartige BURG THURANT (4) erobert. Mit ihrem lang gezogenen Haupttrakt und den zwei Türmen gibt sie hoch über der Mosel ein ganz besonders romantisches Bild ab. Und der Blick von hier oben ist einfach grandios! Gegen eine geringe Gebühr kann die Burg besichtigt werden, was nur zu empfehlen ist.

DIE IMPOSANTE HÖHENBURG WURDE ENDE DES 12. JAHRHUNDERTS AUF ANTIKEN FUNDAMENTEN VON KREUZZUG-HEIMKEHRER PFALZGRAF HEINRICH I. ERRICHTET. SPÄTER EROBERTEN DIE ERZBISCHÖFE VON KÖLN UND TRIER DIE BURG UND TEILTEN DAS BAUWERK. ES ENTSTANDEN ZWEI BEREICHE UND ZWEI BERGFRIEDE, HEUTE WERDEN DIESE ALS KÖLNER BZW. TRIERER TURM BEZEICHNET.

Ab der Burg haltet ihr euch an den Traumpfad Bleidenberger Blicke und dessen orange Markierung in Richtung Oberfell. Dazu geht es vor der Burg abwärts, zunächst über einen Weinsteig, dann über steinige und aussichtsreiche Steiltreppen. Vorbei am weißen Kreuz, das hoch über Alken auf einem Felssporn thront, steigt ihr auf felsigem Weg steil hinab ins mittelalterliche Winzerdorf. Hier ist vor allem bei Nässe Trittsicherheit gefragt, die heiklen Stellen sind mit einem Drahtseil gesichert. Unten kommt ihr an der kleinen St. Michaelskirche heraus und lauft über viele Stufen hinab ins Dorf, wo die eine oder andere Einkehr winkt. Die Wanderroute jedoch folgt weiter der Traumpfadmarkierung, und schon kurz nach Erreichen des Tals geht es wieder bergauf. Dieses Mal über den Kreuzweg und mitten durch die steilen Weinberge; von hier eröffnet sich noch einmal ein toller Blick auf Burg Thurant aus einer ganz anderen Perspektive. Nach der Wallfahrtskirche auf dem Bleidenberg am Ende des Bittweges wandert ihr mit zahlreichen Aussichten weiter zum tollen Rastplatz, von dem aus ihr noch einmal einen fantastischen Blick ins Moseltal genießen könnt. Vorbei an der kleinen Keltenanlage mit nachkonstruierter Pfostenschlitzmauer kommt ihr auf den steilen Bittweg von Oberfell. Auf diesem wandert ihr hinab in das Moselörtchen bis zur Hauptstraße. Folgt dieser nach links bis ans Moselufer, dort findet ihr die Bushaltestelle mit regelmäßiger Anbindung nach Brodenbach, das nach wenigen Stationen erreicht ist.

Alles, was ihr wissen müsst

Rundtour: Zweitagestour mit knackigem Profil // Vorsicht bei Nässe! // steile, ausgesetzte Passagen erfordern Trittsicherheit // **nicht kinderwagentauglich**

Markierung: nicht einheitlich, bitte Text und/oder GPS beachten

Entfernung von Köln: 111 Kilometer
ÖPNV: mit der Bahn nach Koblenz, von dort mit Bus 301 zur Zielhaltestelle Rhein-Mosel-Straße, Brodenbach
Auto: Parkplatz am Moselufer, Salzwiese, 56332 Brodenbach

Einkehr: **Tag 1: Historische Mühle Vogelsang,** Rhein-Mosel-Straße 63, 56332 Brodenbach, muehle-vogelsang.de // **Übernachtung: Ehrenburg,** 56332 Brodenbach, ehrenburg.de // **Tag 2:** Zahlreiche Einkehrmöglichkeiten in Alken // **Moselgasthaus Schweisthal,** Moselstraße 21, 56332 Oberfell, moselgasthaus.de // Pizzeria Roma, Moselstraße 18, 56332 Oberfell, pizzeriaroma-oberfell.de

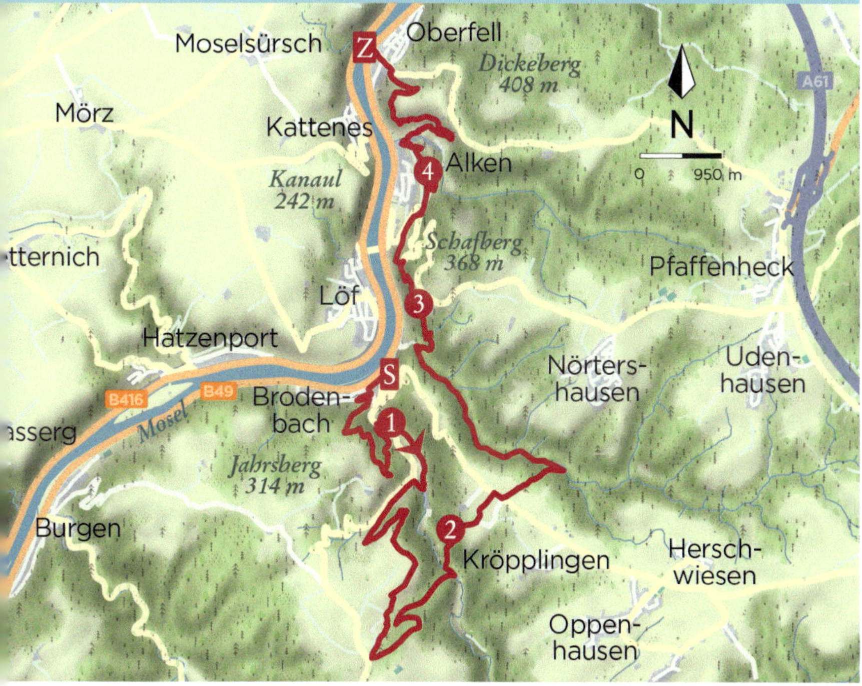

Am rauschenden Elzbach

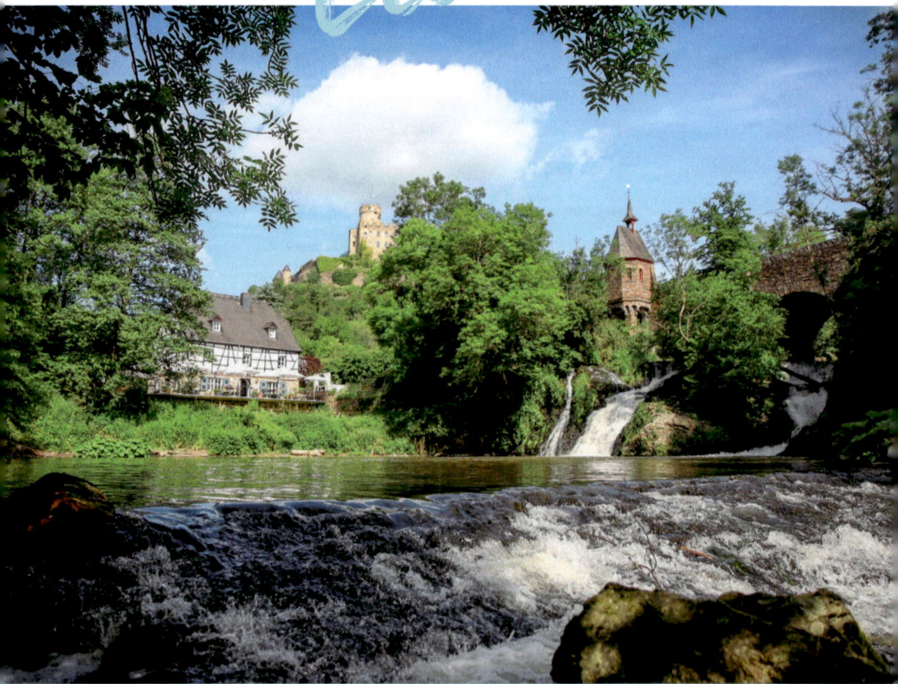

Schwierigkeit: schwer // 35,4 Kilometer // 454 Höhenmeter

Für Familien mit Kindern bedingt geeignet

ZWEI TAGE DURCH VERWUNSCHENE TÄLER, ZU FÜSSEN GRANDIOSER BURGEN BIS HIN ZUR SCHÖNEN MOSEL: DIE REISE DES WASSERS!

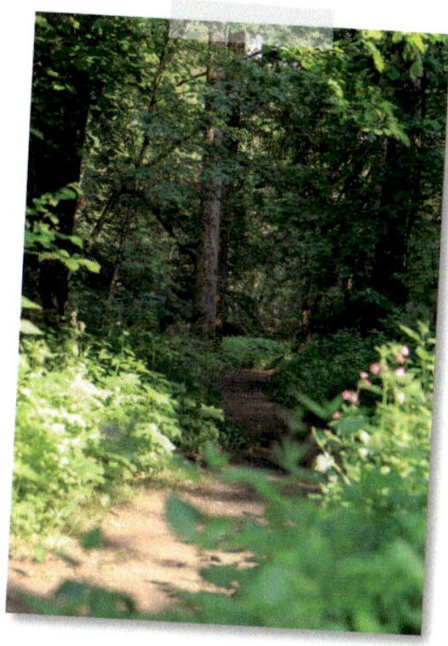

Der Gedanke an die weite Reise, die das Wasser selbst kleinster Bäche auf seinem Weg zum Meer unternimmt, löst Fernweh aus. Folgt dem Ruf der Ozeane und begleitet den rauschenden Elzbach durch sein wunderschönes, teils spektakuläres Tal in Richtung See. Vorbei an majestätischen Burgen, verwunschenen Mühlen und durch wildromantische Landschaften wandert ihr vom mittelalterlichen Monreal inmitten der Eifel zu den Weinbergen der sonnigen Mosel, in die der Elzbach letztlich mündet. Aufgrund des vergleichsweise leichten Profils können sehr fitte Wanderer die Tour auch an einem Tag bewältigen, alle anderen übernachten in der traumhaft gelegenen Pyrmonter Mühle im Schatten der gleichnamigen Burg.

TAG 1: *DURCH DAS TAL DER MÜHLEN // 22,8 KM*

Los geht es am Bahnhof von Monreal, dem schönsten Dorf der Eifel und einem der schönsten Örtchen in ganz Deutschland. Folgt von hier aus dem weiß-orangen Logo des Traumpfad-Zuwegs entlang des Elzbachs hinein nach Monreal. Macht euch in aller Ruhe mit dem quirligen Flüsschen bekannt, ihr werdet zwei wundervolle Wandertage miteinander verbringen. Im malerischen TUCHMACHERDORF MONREAL (1) angekommen, nimmt der orange markierte Traumpfad eine schönere Route als der Osteifelweg, auf welchem ihr später weitergehen werdet, folgt also zunächst Ersterem. Ihr wandert durch enge Gassen mit krumm und schief gebauten Fachwerkhäusern aus längst vergangenen Jahrhunderten, die sich über den Elzbach zu beugen scheinen. Den vielleicht schönsten Anblick habt ihr auf der Johannesbrücke oder später auf der Unteren Brücke. Der Traumpfad navigiert euch verlässlich durch Monreal, das ihr

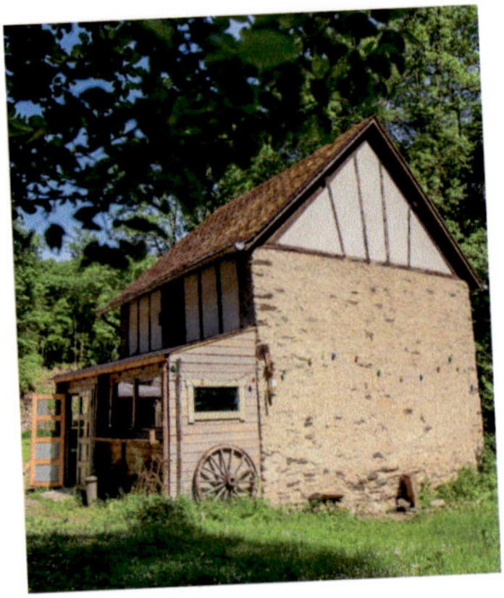

Die urige Ölmühle am Elzbach

schließlich in Richtung Wald verlasst. Ein schmaler Pfad führt euch kurz bergauf und schlängelt sich dann entlang der Hangkante, stellenweise passen nicht viel mehr als zwei Füße nebeneinander. Ab hier folgt ihr bis zum Ende dieser Tour dem weiß-grünen Logo des Osteifelweges, dessen Markierung gut, aber nicht immer lückenlos ist.

DER ELZBACH WIRD AUCH KURZ UND KNAPP ELZ GENANNT UND ENTSPRINGT AM HOCHKELBERG BEI BEREBORN IN 565 METERN HÖHE. DER NAME STAMMT WOHL AUS DEM KELTISCHEN UND BEDEUTET SO VIEL WIE ERLE, WAS AUF DIE VIELEN SCHWARZERLEN AN SEINEN UFERN HINDEUTET. AUF INSGESAMT 58,9 KILOMETERN LÄNGE SCHLÄNGELT ER SICH VON SEINER QUELLE IN DER VULKANEIFEL BIS ZU DEN SONNIGEN WEINBERGEN DER MOSEL.

Der Wald lichtet sich und ihr gelangt wieder hinab ins Elzbachtal, an dessen Verlauf ihr euch nun für einige Zeit auf einer gepflasterten kleinen Straße orientiert. Dann erreicht ihr Müsch, einen abgelegenen Weiler mit gerade mal acht Einwohnern, eingebettet in die Stille der Eifeler Natur. Ab hier wird der Weg naturnaher und senkt sich hinab zum Elzbach, ehe kurz hinter der Kapelle und einer Brücke ein toller Pfad ansteigt. Ihr taucht ein in einen wunderschönen, auenartigen Wald, der besonders im Frühling mit seinem grün bewachsenen Boden wie aus einem Märchen wirkt. Der Weg wird breiter, und ihr entfernt euch ein wenig vom Elzbach, der zu eurer Linken munter vor sich hinplätschert. Anders als bei den sonstigen Touren in diesem Buch lauft ihr zu Beginn oft noch auf breiten Waldwegen, doch versprochen, das wird sich schon bald ändern – und wie! Spätestens wenn ihr die RUINE MÄDBURG 2 erreicht, einst ein hochmittelalterliches Kloster, wandert ihr wieder auf schmalen Pfaden ganz nah am rauschenden Elzbach. Zunächst als Kapelle erbaut, wurde das Gotteshaus im Laufe der Jahrhunderte stetig erweitert und im 18. Jahrhundert dann zum Kloster, welches jedoch um 1810 aufgegeben wurde. Still ist es hier abseits der Zivilisation weiterhin. Folgt dem Osteifelweg nun durch das teilweise wildwüchsige und enge Tal, ehe der kleine Fluss inmitten von grünen Wiesen wieder zahmer wird. Es geht vorbei an zahlreichen Wassermühlen, von denen im Elzbachtal einst insgesamt 26 zu finden waren. Die vielleicht schönste ist die Ölmühle Kollig, die – vom Weg aus ausge-

Steinige Pfade wie diese säumen die Hänge links wie rechts des Elzbachs auf seiner Reise zur Mosel

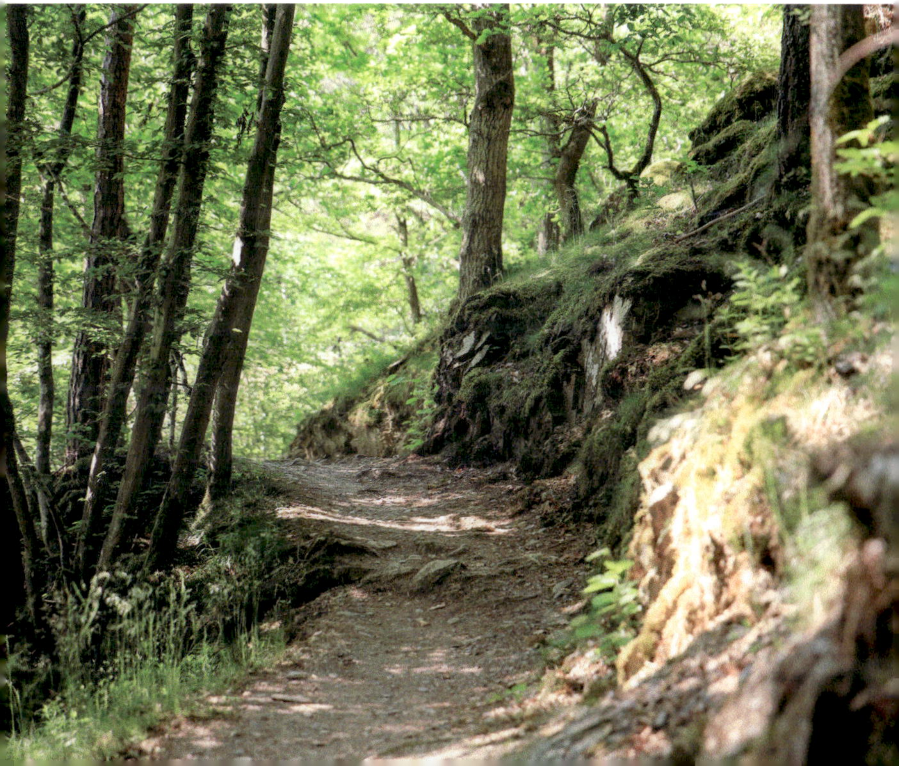

schildert – über einen zweiminütigen Abstecher zu erreichen ist. Besucht unbedingt den urigen Biergarten direkt am Elzbach. Übrigens: Wer Schlafsäcke mitnimmt, kann hier nach Voranmeldung in einem urigen Zimmer für bis zu sechs Personen übernachten. Die kleinen Holzhütten werden leider erst ab zwei Nächten vermietet. Hinter dem Ferienpark Wingertsberg gibt sich das Elzbachtal dann besonders wild; über euch ragen die steilen Felsklippen der sogenannten Teufelskammer aus dem Hang und neben euch schießt der Elzbach durch sein Bett. Ebenso abwechslungsreich präsentiert sich der schmale Pfad, der immer wieder mittels Brücken die Uferseite wechselt und sich nimmermüde an jede Biegung des Tals anschmiegt. Dann erreicht ihr die Ende des 12. Jahrhunderts erbaute Burg Pyrmont, die majestätisch auf einem Schieferfelsen thront. Die Burg kann kostenpflichtig besichtigt werden. Dahinter entfernt ihr euch

Da fällt die Kinnlade: Die unzerstörte Märchenburg Eltz ist der Höhepunkt der Tour

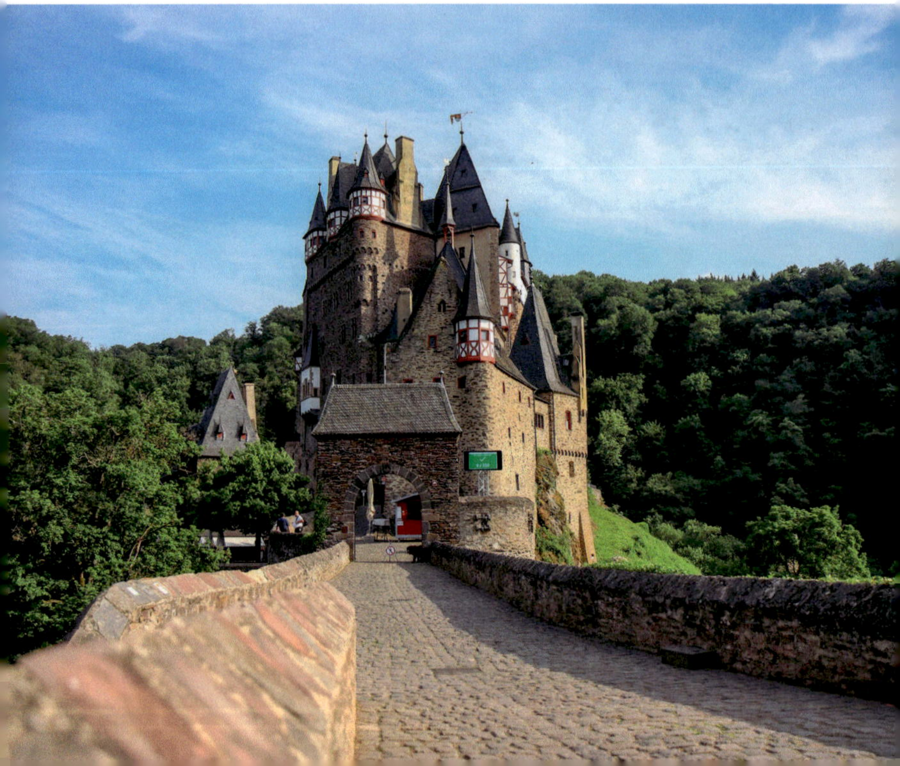

kurz vom Elzbach und taucht ein in das Reich der Klippen, wo ihr inmitten steiler, von Efeu umrankter Felsen wandert. Von hier ist es nicht mehr weit zur PYRMONTER MÜHLE 3, die malerisch am größten Wasserfall der Eifel zu Füßen der Burg Pyrmont liegt. Ein Postkartenmotiv wie aus dem Lehrbuch! Ihr könnt dort nicht nur einkehren, sondern findet auch eine Übernachtungsmöglichkeit für eure Zweitagestour.

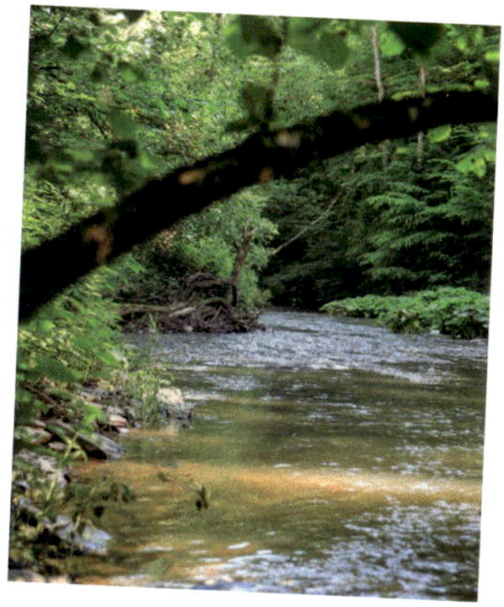

ELZBACH: MAL WILD, MAL RUHIG

TAG 2: *VON BURG ZU BURG UND WEITER // 12,3 KM*

Ausgeschlafen macht ihr euch am nächsten Tag auf in Richtung Mosel, weiterhin leitet euch der Osteifelweg durch das Elzbachtal, das auch im weiteren Verlauf schön anzusehen ist. Mal lauft ihr über ausgedehnte Wiesen und grüne Auen, dann taucht ihr ein in dichten Wald und ins enge Tal des Elzbaches, wo nur einzelne Sonnenstrahlen durch das Blätterdach kriechen und den Waldboden kitzeln. Windung für Windung, Biegung für Biegung folgt ihr dem rauschenden Wasser auf meist schmalen Pfaden, die gelegentlich ein wenig in die Höhe steigen, ehe sie sich entlang der felsigen Hänge zurück zum Ufer senken – Langeweile? Fehlanzeige! An der Seite des Elzbaches schreitet ihr durch die Eifel, und beim Blick auf das kühle Nass fällt auf, dass all die Zuflüsse, die ihr auf eurer Reise am Wasser bereits passiert habt, den Elzbach sichtlich haben anwachsen lassen. Stellenweise kann man schon von einem reißenden Fluss sprechen.
Doch plötzlich taucht hinter einer Biegung und wie aus dem Nichts eine andere spektakuläre Protagonistin auf und stielt dem Elzbach die Show: die mächtige MÄRCHENBURG ELTZ 4. Wie sie dort

in 70 Metern Höhe auf ihrem felsigen Bergsporn thront, umflossen vom wilden Elzbach und inmitten von unberührter Natur, das ist einfach beeindruckend. Die Burg Eltz mit all ihren kleinen Türmen und verwinkelten Erkern gehört zu den wenigen Burgen in Deutschland, die die Wirren der Zeit unversehrt überstanden haben. Heute zählt sie zu den schönsten Burgen im ganzen Land, und der unerwartete Anblick haut garantiert jeden Wanderer um. Ein Besuch samt Führung lohnt sich unbedingt, auch die Einkehr in einer der Schänken kommt genau zur richtigen Zeit.

BURG ELTZ IST SEIT ÜBER 800 JAHREN IM BESITZ DER ADELSFAMILIE ELTZ UND WURDE NOCH NIE GEWALTSAM EROBERT – EINE ECHTE RARITÄT. UND DAS OBWOHL DEREN HERRSCHER NICHT GERADE DAFÜR BEKANNT WAREN, KONFLIKTE ZU SCHEUEN. WAS VIELE NICHT WISSEN: GEGENÜBER DER BURG ELTZ LIEGT NOCH HEUTE DIE RUINE DER BURG TRUTZELTZ, DIE IM RAHMEN DER ELTZER FEHDE IM 14. JAHRHUNDERT ALS BELAGERUNGSBURG ERRICHTET WURDE. VON HIER AUS WURDE DIE BURG ELTZ MIT KATAPULTEN BESCHOSSEN, DIE EROBERUNG SCHEITERTE JEDOCH UND DIE BURG TRUTZELTZ VERFIEL.

Von der steinernen Burgbrücke aus geht ihr über Stufen hinab zum Elzbach und dort auf die andere Flussseite. Noch einmal folgt ein malerisches Pfadstück, hoch über dem Elzbach, der über Jahrhunderte hinweg imposante Steilhänge gegraben hat, von denen man tolle Blicke hinab zum Fluss hat. Vorbei an der Ringelsteiner Mühle gelangt ihr über die Zufahrtsstraße zum Weinort Moselkern, wo sich der Elzbach mit der Mosel vereint. Ein wenig Wehmut kommt doch auf beim Anblick des Eifeler Wassers, das fortan in der Mosel verschwindet. Zurück geht es vom Bahnhof Moselkern – entweder nach Monreal oder direkt nach Köln.

Alles, was ihr wissen müsst

keine Rundtour: schwere Ein- und mittelschwere Zweitageswanderung mit mittlerem Profil // keine Schwierigkeiten für Kinder, Länge jedoch grenzwertig // **nicht kinderwagentauglich**

Markierung: Logo des Osteifelweges sowie Logo des Traumpfads Monrealer Ritterschlag

Entfernung von Köln: 95 Kilometer
ÖPNV: mit der Bahn nach Monreal, Rückfahrt: ab Moselkern
Auto: nicht empfehlenswert

Einkehr: **Tag 1: Ölmühle,** 56751 Kollig, olmuhle-kollig.de // **Restaurant Brückenmühle** (nur So.), 56754 Roes, brueckenmuehle.de // **Übernachtung: Pyrmonter Mühle,** 56754 Roes, pyrmonter-muehle.de // **Tag 2: Burg Eltz,** 56294 Wierschem, burg-eltz.de // **Ringelsteiner Mühle,** Elztal 94, 56254 Moselkern, ringelsteiner-muehle.de

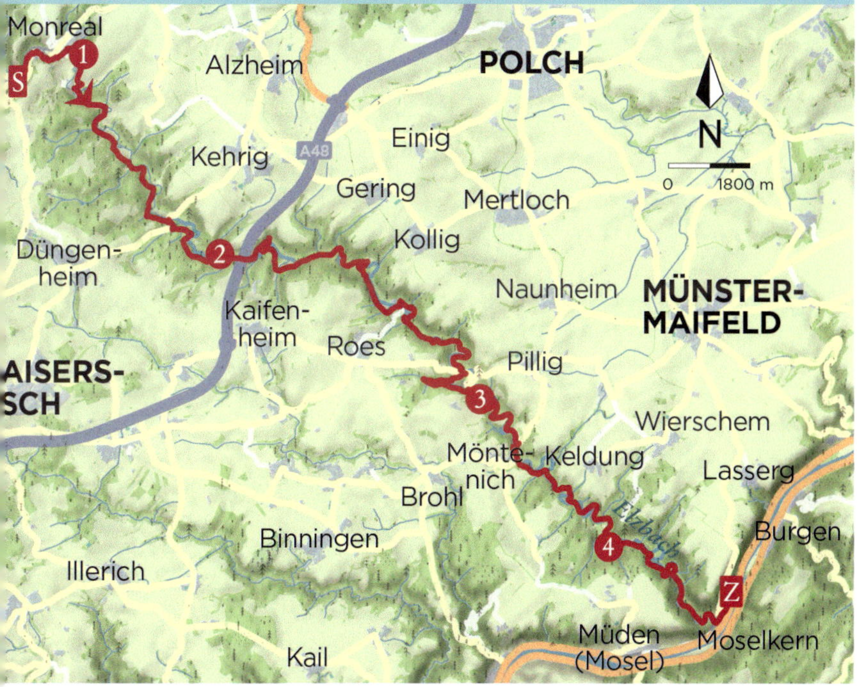

Durch die Ehrbachklamm

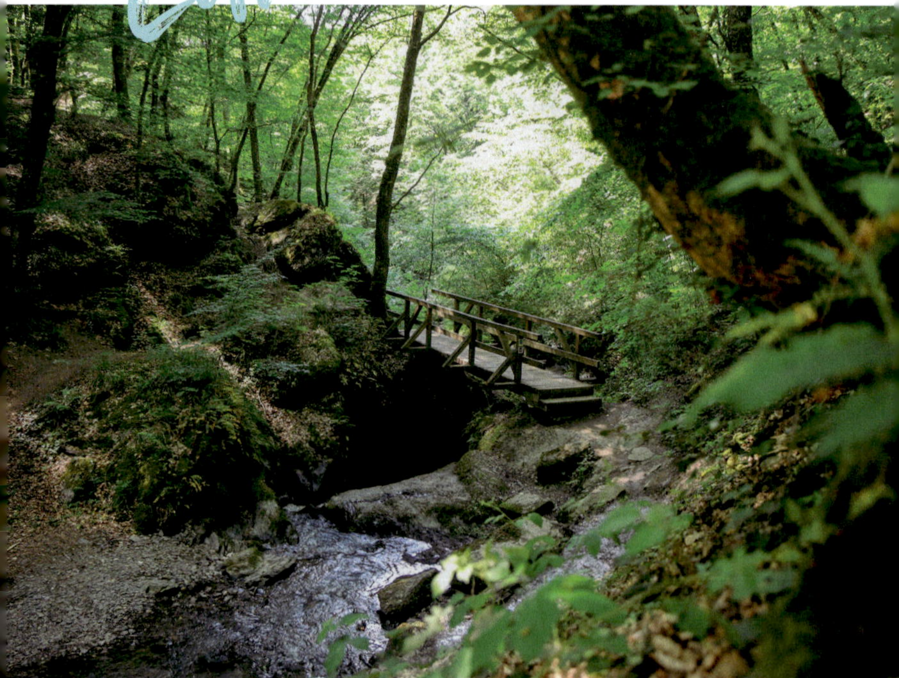

Schwierigkeit: mittel // 9,6 Kilometer // 326 Höhenmeter

Für Familien mit Kindern geeignet

NAH DRAN AN DER PERFEKTEN WANDERUNG: AUF TUCHFÜHLUNG MIT WILDEM WASSER

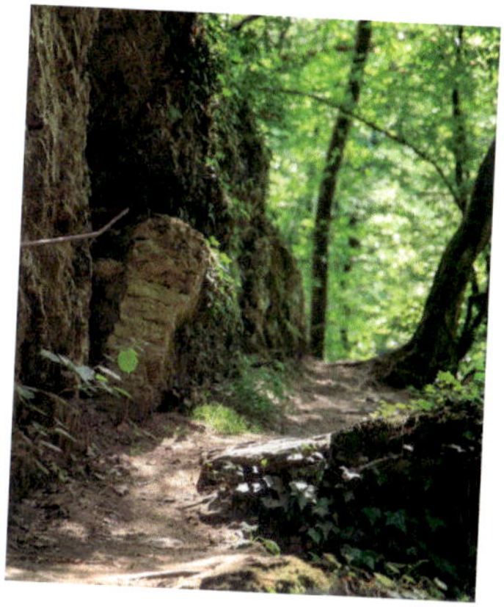

Gesicherte Felspfade

Was für eine Wanderung! Die Traumschleife Ehrbachklamm gehört zu den schönsten einheitlich markierten Tagestouren im Umkreis von Köln, wenn nicht in ganz Deutschland. Schmale, verschlungene und teilweise mit Drahtseilen gesicherte Pfade winden sich durch die Ehrbachklamm, in der das wilde Wasser über Jahrmillionen hinweg eine beeindruckende Schlucht geschaffen hat. Brücken, Leitern, steile Anstiege, serpentinenartige Pfade und tolle Ausblicke machen die Runde zur vielleicht spannendsten aller 111 Traumschleifen. Vom Deutschen Wanderinstitut wurde die Tour mit sage und schreibe 96 von 100 möglichen Erlebnispunkten bewertet. Da lohnt die etwas längere Anfahrt.

Los geht es in Oppenhausen; der verschlafene Ortsteil von Boppard liegt so weit ab von der eigentlichen Kernstadt am Rhein, dass eingefleischte Bopparder dessen Zugehörigkeit gerne mal scherzhaft verleugnen. Durch knallgelbe Rapsfelder macht ihr euch auf der bestens markierten Traumschleife gemächlich auf in Richtung Beulsley, einem ersten schönen Aussichtspunkt, von dem ihr auf die Hunsrückhöhen und bei gutem Wetter bis zur Hohen Acht, dem höchsten Berg der Eifel, blicken könnt. Dann senkt sich der Weg durch dichten Buchenwald hinab ins Ehrbachtal, das jeglichen Lärm verschluckt. Die Natur ist ganz nah, im Schatten des Waldes zwitschern die Vögel, und die Bäume rauschen. Der Alltag ist weit, weit weg. Es dauert nicht lange, da gibt ein markanter Felsvorsprung zum ersten Mal den Blick frei aufs Ehrbachtal zu euren Füßen sowie auf die Brandengrabenmühle und den alten Steinbruch.

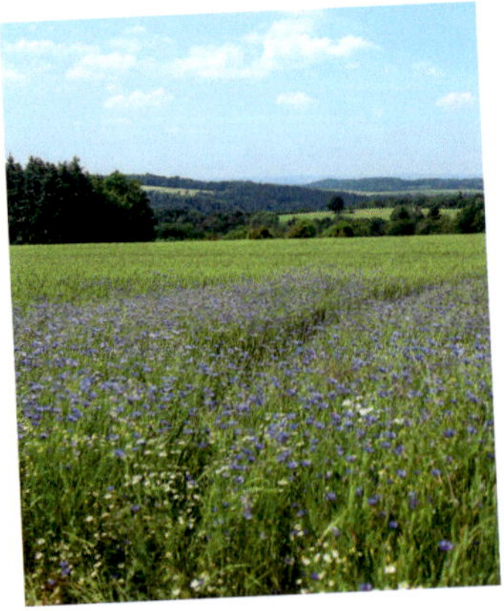

Bunter Weitblick übers Land

Weiter geht es hinab, die wilde Ehrbachklamm wartet schon. Ihr erreicht die STIERWIESE 1, wo bis in die 1960er-Jahre der Gemeindebulle von Oppenhausen seine Heimat hatte, daher der Name. Heute findet auf der Wiese alljährlich die Open-Air-Veranstaltung »Gallahaan-Rock« statt. Über den Jugendzeltlagerplatz kommt ihr zum munter plätschernden Ehrbach, der sich hier noch unschuldig und zahm gibt. Auf Höhe der Steinbrücke beginnt schließlich das Sahnestück der Tour. Mit jedem Schritt auf dem schmalen Pfad wird das verwunschene Tal enger, die Felswände neigen sich von links und rechts über den kleinen Fluss, während der abwechslungsreiche Weg euch mitten durch die Ehrbachklamm führt.

DASS DIE EHRBACHKLAMM FÜR WANDERER HEUTE EIN WAHRES PARADIES IST, IST VOR ALLEM DEM APOTHEKER GEORG FRANCKE ZU VERDANKEN, DER SIE 1921 ERSTMALS ERSCHLOSSEN HAT. ZUVOR WOLLTE SICH NIEMAND SO RECHT FÜR DIESEN FLECKEN ERDE INTERESSIEREN. ZU ENG IST DIE SCHLUCHT FÜR DEN BETRIEB VON MÜHLEN, ZU UNWEGSAM FÜR DEN ABTRANSPORT VON HOLZ – WIRTSCHAFTLICH ALSO UNBRAUCHBAR. WIE SCHÖN, SO IST DIE EHRBACHKLAMM BIS HEUTE EIN WILDES LANDSCHAFTSIDYLL GEBLIEBEN.

In spektakulärer Landschaft geht es mal direkt am Wasser entlang, mal über kleine Trittstufen oder mit Drahtseilen gesichert über das nackte Gestein, was stellenweise erhöhte Aufmerksamkeit erfordert. Insgesamt ist die Ehrbachklamm für trittsichere Wanderer jedoch

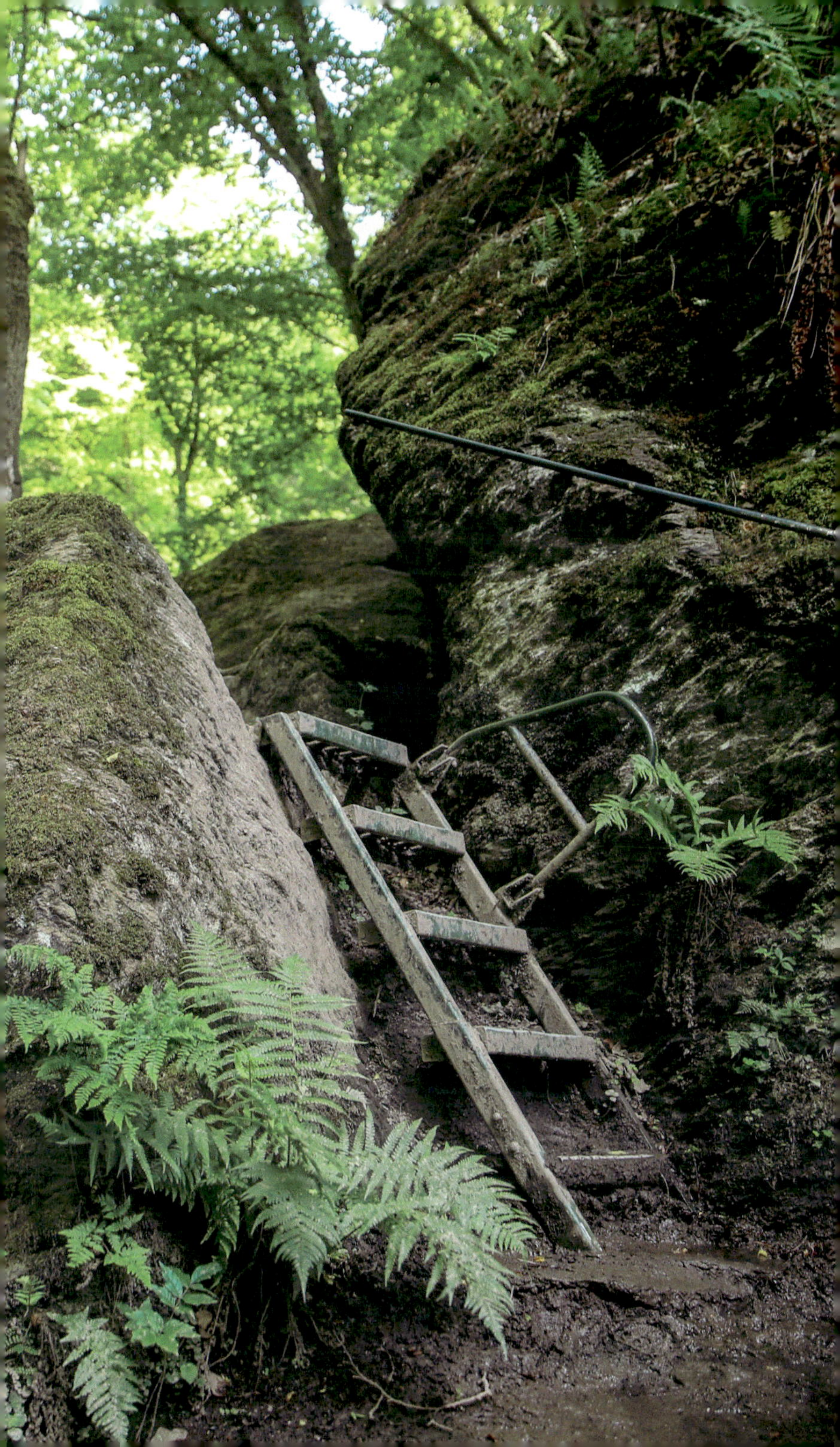

problemlos zu begehen. Immer mal wieder laden Rastbänke zum Durchschnaufen ein. Im Reich des Ehrbaches kann die Natur noch schalten und walten, wie sie will. Moosbedeckte Bäume liegen kreuz und quer und vermitteln das Gefühl von wilder Ursprünglichkeit. Ein echter Zauberwald, der je nach Wetterlage und Jahreszeit fast schon mystische Szenarien hervorbringt. Scheinbar endlos schlängelt sich der Pfad durch die Klamm, hinauf, hinunter, nach links, nach rechts. Das Highlight ist der kleine EHRBACH-WASSERFALL 2, der mittels einer aufwendig konstruierten Brücke passiert wird. Was für ein malerischer und romantischer Ort! Kinder können hier direkt am Wasser toben, während die Eltern dem rauschenden Wasser des Ehrbaches lauschen und die letzten Sorgen verfliegen. Einziges Manko: Nach sehr langen Hitzeperioden kann der Bach ausgetrocknet sein und macht dann einen eher müden Eindruck.

Der Wasserfall führt mal mehr, mal weniger Wasser und wird mittels Holzbrücke überwunden

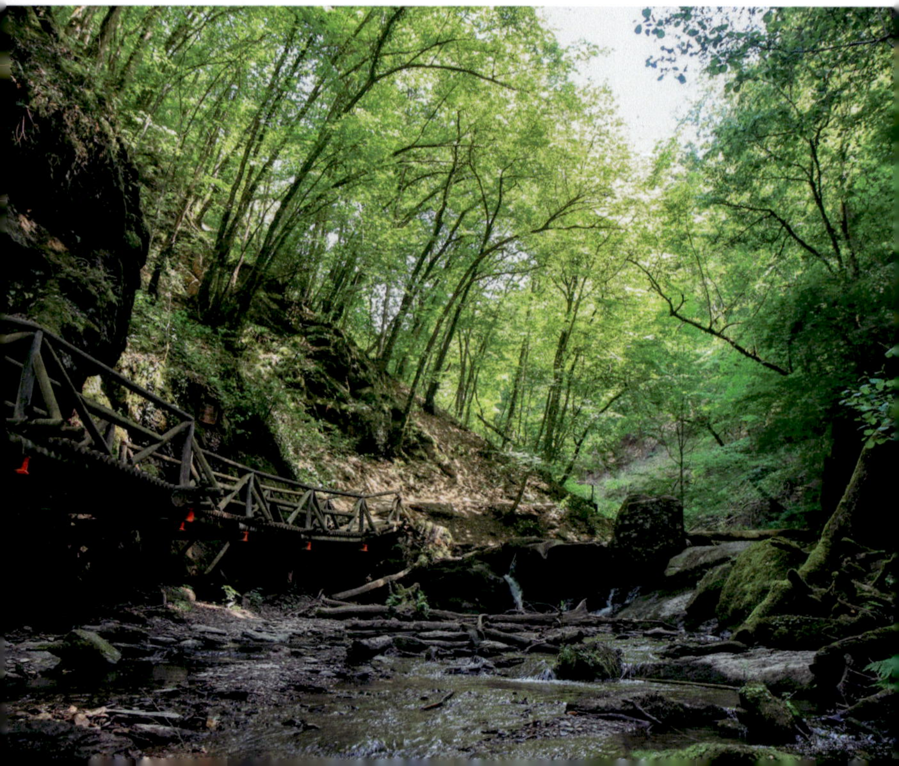

Tipp: *ABENTEUER-VARIANTE*

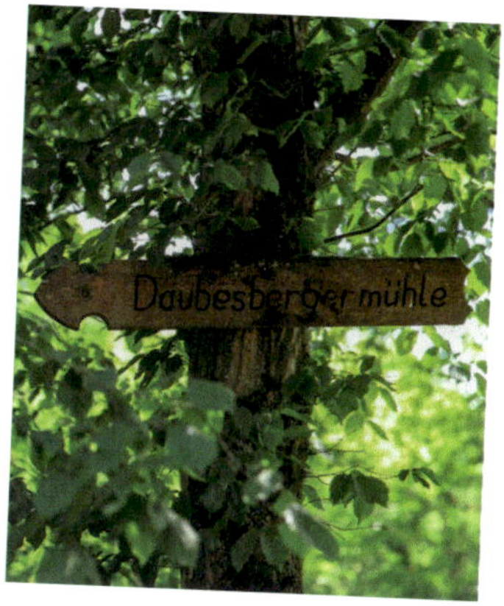

ABSTECHER ZUR EINKEHR

Wenn euch die Durchquerung der Ehrbachklamm noch nicht Abenteuer genug ist, könnt ihr die Ruine der Rauschenburg erklimmen, die auf Höhe zweier rechtwinkeliger Brücken hoch über euren Köpfen durch das Blätterdach blinzelt. Hierzu folgt ihr bei den Brücken (Kilometer 4,5) dem teilweise kaum erkennbaren Pfad auf der rechten Talseite steil bergan. Entlang eines Zuflusses des Ehrbaches geht es bis zu der verwunschenen Ruine eines alten Bauernhofes im Wald. An dieser Stelle steigt ihr links im spitzen Winkel steil hinauf zur Rauschenburg, die touristisch nicht erschlossen ist und dadurch durchaus den Charakter eines »Lost Place« hat. Zurück geht es auf gleichem Wege. Geocacher aufgepasst: In der Burgruine liegt der zweitälteste noch aktive Geocache Deutschlands!

Irgendwann ist diese schönste Passage zu Ende, der Ehrbach wird sanfter, das Tal weitet sich. Doch auch der zweite Teil weiß zu punkten – vor allem dank der fantastischen Blicke. Zunächst gilt es, den einzigen richtig steilen Anstieg der Wanderung zu meistern. In zahlreichen Kehren windet sich der Pfad hinauf, mit schönem Blick auf Schloss Schöneck, das am Horizont thront. Auf halber Strecke bergan führt ein Stichweg (Kilometer 5,4) hinüber zur DAUBISBERGER MÜHLE 3, wo es noch ein altes funktionierendes Wasserrad gibt, das man selbst aktivieren kann. Hier, an der verschlafenen Mühle mitten im Nirgendwo, finden sich außerdem eine Einkehrmöglichkeit sowie ein kleiner Kiosk. Der perfekte Ort, um sich zu stärken. Zurück zur Traumschleife Ehrbachklamm geht es auf gleichem Wege.

Nach dem kräftezehrenden Anstieg kommt nun die Zeit der weiten Blicke. Auf überwiegend schmalen Pfaden schlängelt sich die Traumschleife entlang der Hangkante von einem Felsvorsprung zum nächsten. Von jedem dieser Aussichtspunkte, wie Steinerner Hund, Peterslay oder Teufelskanzel, öffnet sich ein neuer Blickwinkel auf das Ehrbachtal zu euren Füßen. Auf der PETERSLAY 4 habt ihr einen grandiosen Blick auf die Rauschenburg, die auf der gegenüberliegenden Talseite aus dem Wald lugt. Was ihr seht, ist ein bedeutendes Stück deutscher Geschichte: Kein Geringerer als der große Baumeister Balduin höchstpersönlich, Kurfürst und Erzbischof von Trier, hat die Rauschenburg im 14. Jahrhundert errichtet, um im Zuge der Eltzer Fehde die benachbarte Ehrenburg sowie die in Sichtweite liegende Burg Schöneck zu unterwerfen. Ein erfolgreiches Unterfangen. Der Ausgang der Eltzer Fehde sorgte letztlich dafür, dass Deutschland ein föderalistischer Staat geworden ist – und kein zentralistischer wie Frankreich. Nach dem Ende der Fehde verlor die abgelegene Burg jedoch an militärischer Bedeutung und ist seit dem 15. Jahrhundert dem Verfall preisgegeben.

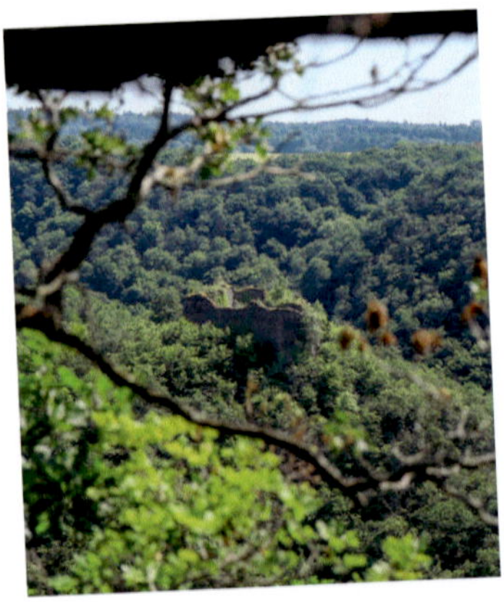

BLICK AUF DIE RAUSCHENBURG

Im Anschluss führt der Pfad in munterem Auf und Ab zum Oppenhausener Waldkindergarten. Im dortigen liebevoll gestalteten Waldmuseum können Wanderer eine Botschaft für andere Besucher hinterlassen, ehe es zurück zum Ausgangspunkt geht. Dort könnt ihr dieser grandiosen Tour im Gasthaus Tenne das abschließende i-Tüpfelchen aufsetzen.

Alles, was ihr wissen müsst

Rundtour: kurze Wanderung, jedoch mit knackigem Profil // stellenweise Trittsicherheit erforderlich // Vorsicht bei Nässe! // für trittsichere Kinder ein Riesenspaß, unsichere Kinder an den Schlüsselstellen gut beaufsichtigen // **nicht kinderwagentauglich**

Markierung: Traumschleife-Logo

Entfernung von Köln: 121 Kilometer
ÖPNV: mit der Bahn nach Boppard-Buchholz, weiter mit Buslinie 675 zur Zielhaltestelle Ehrbachklamm
Auto: Wanderparkplatz an der K 120, 56514 Boppard-Oppenhausen

Einkehr: **Gasthaus Tenne,** Mittelstraße 35, 56154 Boppard-Oppenhausen, gasthaus-tenne.de // **Daubisberger Mühle,** 56154 Boppard-Oppenhausen

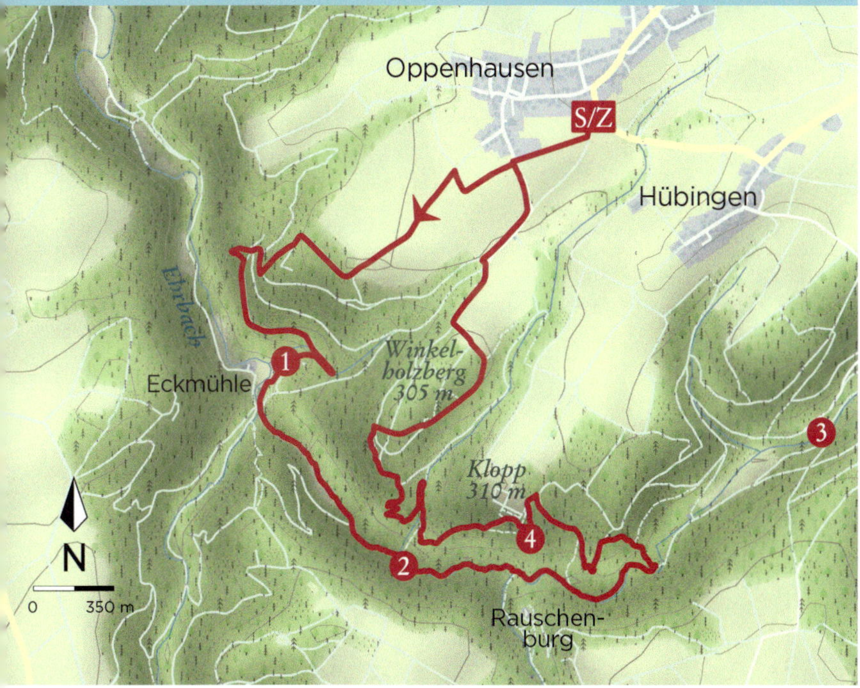

Die Königsetappen des Rheinsteigs

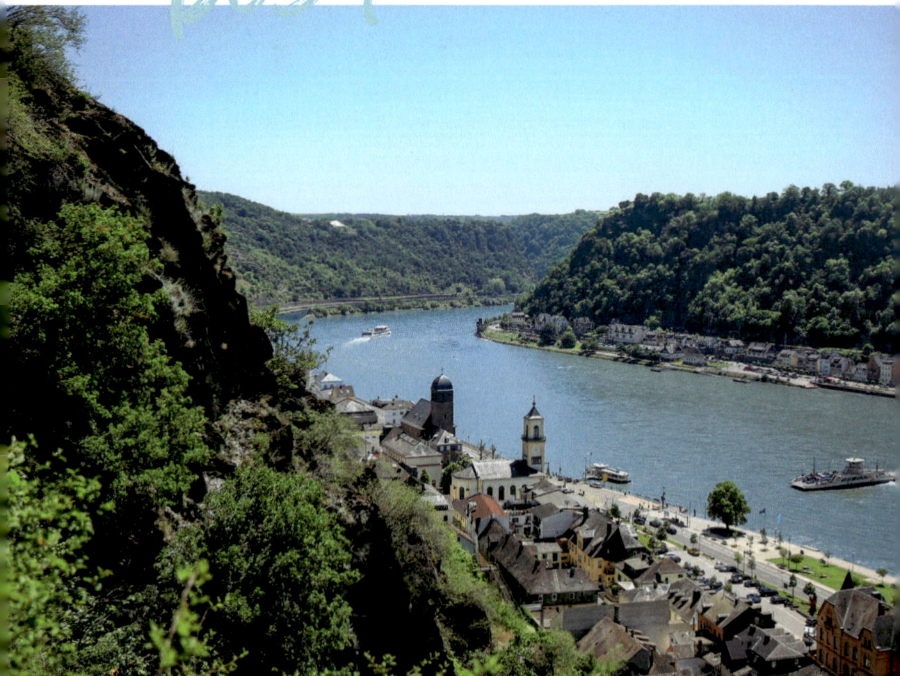

Schwierigkeit: schwer // 35,2 Kilometer // 1.389 Höhenmeter
Für Familien mit Kindern bedingt geeignet

ZWEI TAGE UNTERWEGS AM RHEIN: EIN EINZIGARTIGES FEUERWERK DER AUSBLICKE

Das Obere Mittelrheintal mit seinen mächtigen Burgen, steilen Weinhängen, schroffen Felsen und grandiosen Aussichten gehört zum UNESCO-Welterbe und ist die einzigartige Kulisse der zwei Königsetappen des Rheinsteigs. In durchaus forderndem Auf und Ab wandert ihr entlang des bedeutendsten Stroms des Landes durch die wohl schönste Landschaft, die er durchfließt, und erlebt auf den Höhenzügen am Rande der Steilkanten ein wahres Feuerwerk der Ausblicke. Kilometerweit in die Ferne oder tief hinab auf das geschwungene Rheintal mit seinen zahllosen Kehren reichen die Blicke auf der Zweitageswanderung zwischen Kestert und Kaub. Nur wer ganz besonders fit ist, kann die Tour auch an einem Tag bewältigen, sollte aber einen ganzen Sommertag einplanen. Alle anderen buchen am besten vorab eine Unterkunft in St. Goarshausen.

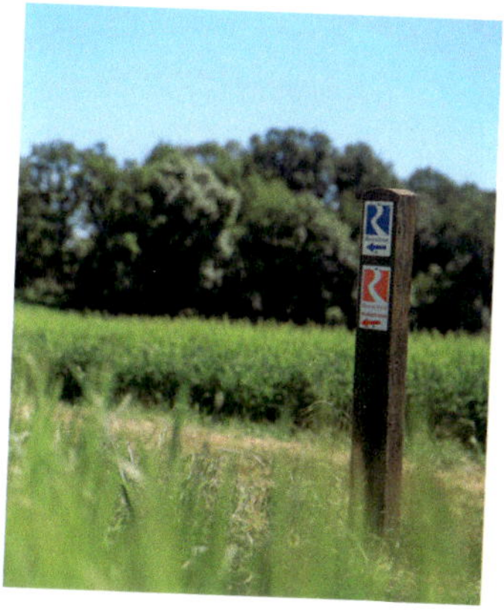

RHEINSTEIG: BESTENS MARKIERT

TAG 1: *ÜBER DIE PANORAMABALKONE // 12,4 KM*

Den Auftakt macht das kleine Kestert am Rhein; am Bahnhof richtet ihr euch nach der gelb-weiß markierten Zuwegung des Rheinsteigs, welche euch von Beginn an steil bergauf führt. Dann trefft ihr auf den Rheinsteig samt seinem weiß-blauen Logo, welchem ihr bis nach St. Goarshausen folgt. Zunächst erklimmt ihr die grüne Anhöhe bei Oberkestert, wandert vorbei an der improvisierten Einkehr von Uschi Singer und schließlich hinab ins Tal des Pulsbaches. Noch versteckt sich der Rhein, und der steinige Pfad führt euch durch das

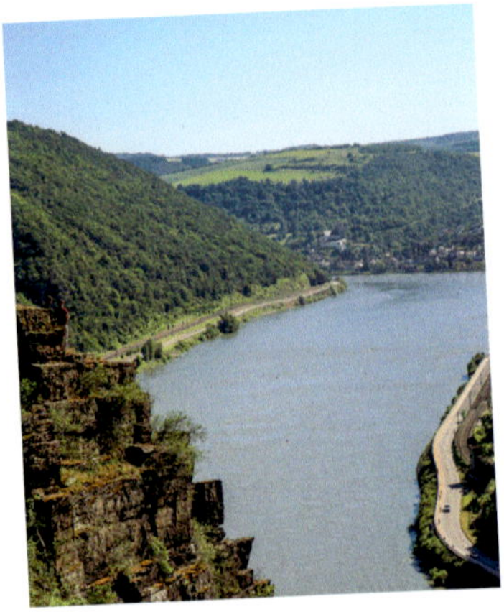

AUSSICHT VOM SPITZNACK

dicht bewaldete Tal. Eine kleine Felskanzel oberhalb von Ehrenthal gibt später einen ersten Blick auf das Wasser in der Ferne frei, doch dann schließt sich der Vorhang des Waldes wieder – ein bisschen wie der Teaser zu einem großen Blockbuster.

Es dauert nicht lange, da erreicht ihr die ersten bunten Blumenwiesen auf den Rheinhöhen, die euch ein Stück begleiten und euch einen Vorgeschmack auf die abwechslungsreichen Landschaften entlang des Rheinsteigs geben. Wunderschön, mit wie vielen Farben die Wiesen mal gepunktet, mal großflächig bepinselt sind und wie der Wind die Gräser leicht zur Seite neigt, während ihr über die Wege schlendert. Noch einmal hinein in den Wald, dann erblickt ihr das erste Mal BURG MAUS 1, die auf der anderen Seite des Wellmicher Bachtals über dem Rhein thront. Bis 2016 war hier ein Adler- und Falkenhof untergebracht, heute ist die Burg leider nur noch im Rahmen spezieller Führungen zu besichtigen. Nachdem ihr den Anstieg zum Burgtor mittels zahlreicher Serpentinen bewältigt habt, steht ihr also leider vor verschlossenen Türen. Noch höher bringt euch anschließend ein kurvenreicher Bergpfad, von dem aus sich wenig später ein sensationeller Rheinblick eröffnet. Die Rastbank samt Tisch könnte nicht besser stehen, hier lässt es sich aussichtsreich Pause machen.

Und so aussichtsreich geht es auch weiter, denn der Rheinsteig lotst euch fast immer ganz nah an der Hangkante entlang. Mal oberhalb von Weinreben, mal ein Stück weit durch den Wald und andernorts über die offene Feld- und Wiesenlandschaft. Unten gleiten die Schiffe lautlos über das Wasser, kriechen ellenlange Güterzüge schlangenartig über die kurvenreiche Strecke, und oben überrascht euch stets ein neuer Ausblick auf die Traumlandschaft am Mittelrhein. Dieses Spektakel begleitet euch bis zum Abzweig des Rabenacksteigs. Das ist eine kurze, mit Stahlseilen und Leitern gesicherte Alternativroute, die allen trittsicheren und schwindelfreien Wanderern eine spannende Alternative bietet und im weiteren Verlauf wieder auf den Rheinsteig trifft. Die Hauptroute jedoch begibt sich auf direktem Wege hinab nach ST. GOARSHAUSEN 2; über einen gerölligen und steilen Pfad bringt sie euch in das Örtchen, das sich lang gezogen zwischen Rheinufer und Steilhang gequetscht hat. So wie St. Goar, welches auf der anderen Seite des Rheins liegt. Unten angekommen, führt euch ein Wegweiser ins Zentrum, wo ihr den Abend an der Rheinpromenade ausklingen lassen könnt.

Das Mittelalter-Ensemble in Kaub: Burg Gutenfels hoch über und Burg Pfalzgrafenstein mitten im Rhein

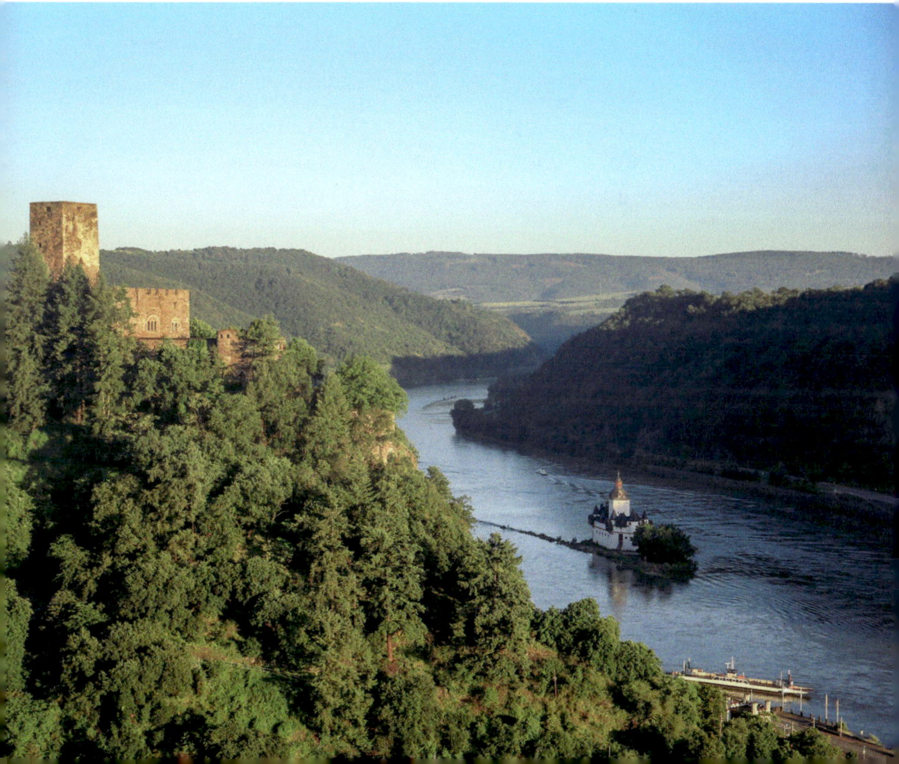

TAG 2: *IM REICH DER LORELEY // 22,8 KM*

Am nächsten Tag geht es über die gelb-weiß markierte Zuwegung zurück zur Hauptroute des Rheinsteigs; folgt wieder dem blau-weißen Rheinsteig-Logo bis zum Etappenziel in Kaub. Auch heute fackelt der Fernwanderweg nicht lange und gewinnt schnell an Höhe. Kurven, Schwünge, Serpentinen und Kehren mäandern den steilen Hang hinauf bis zum fantastischen Dreiburgenblick, wo ihr mit Burg Katz und Burg Maus (ja, wirklich!) sowie der mächtigen Festung Rheinfels gegenüber einen Eindruck vom Burgenreichtum des Mittelrheintals bekommt.

IM MITTELALTER WURDEN DIE BURGEN DES MITTELRHEINTALS ZUR SICHERUNG DES RHEINS, DER SCHON IMMER ALS EINE DER WICHTIGSTEN HANDELSWEGE

Die Streuobstwiesen der Dörscheider Heide im Abendlicht

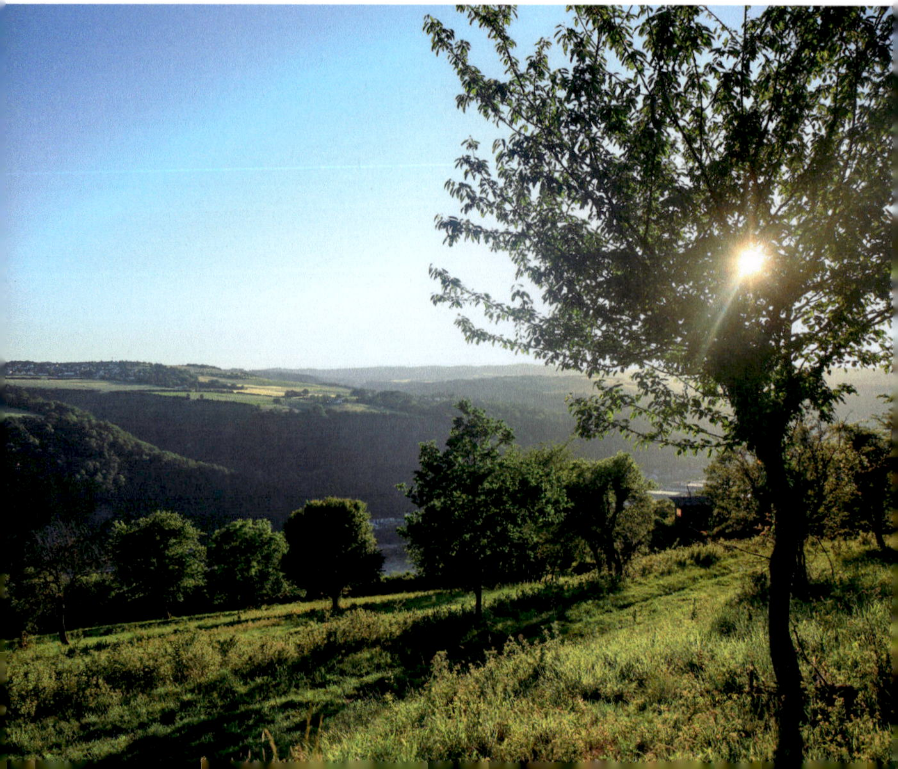

UND VERKEHRSSTRASSEN GALT, ERBAUT. DANN KAMEN DIE MALER WIE WILLIAM TURNER UND SCHRIFTSTELLER WIE HEINRICH HEINE UND ENTDECKTEN DIE ROMANTIK DIESER EINZIGARTIGEN LANDSCHAFT. MIT IHREN WERKEN LOCKTEN DIE VÄTER DER RHEINROMANTIK WOHLHABENDE MENSCHEN AUS ALLER WELT AN, UND DIE ZUM GROSSTEIL IM VERFALL BEFINDLICHEN BURGEN WURDEN RESTAURIERT UND ZU PRACHTVOLLEN WOHNSITZEN AUSGEBAUT. EINE FÜGUNG DES SCHICKSALS – WAS WÄRE DAS MITTELRHEINTAL OHNE SEINE BURGEN?

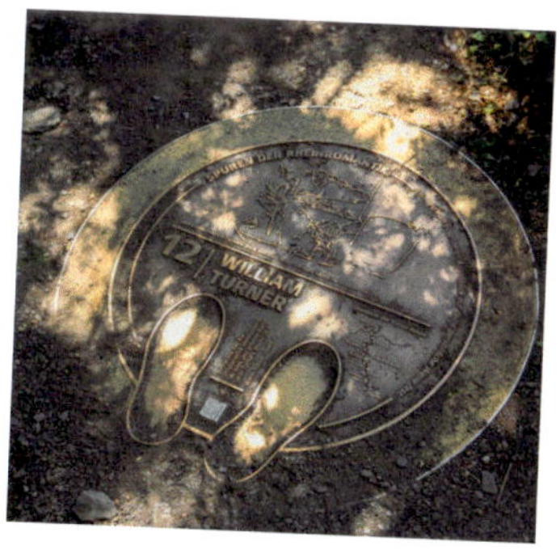

STANDORT VON WILLIAM TURNER

Dann wandert ihr über einen ehemaligen Weinsteig, vorbei an alten Trockenmauern und Terrassen hinab ins Forsbachtal. Unten angekommen, geht es gleich wieder bergauf, die eben erwähnte Burg möchte erobert werden. Eigentlich hieß das steinerne Bauwerk mal Burg Neukatzenelnbogen, jedoch wurde der Name im Laufe der Zeit vom Volksmund zu Burg Katz verkürzt. Leider ist auch von dieser im japanischen Privatbesitz befindlichen Burg zunächst nur ein verschlossenes Burgtor zu sehen, doch weiter oberhalb öffnet sich ein toller Blick zurück auf St. Goar sowie St. Goarshausen mit der prachtvollen Burg im Vordergrund.

Weiter geht es durch den kleinen Ort Heide und über schöne Wiesen zum bekanntesten Felsen am Rhein: der LORELEY (3). Der steil abfallende Schieferfelsen ist sagenumwoben; man erzählt sich von einer wunderschönen Frau, die mit ihrem Gesang und ihrem Liebreiz einst die Rheinschiffer in ihren Bann zog und so für zahlreiche

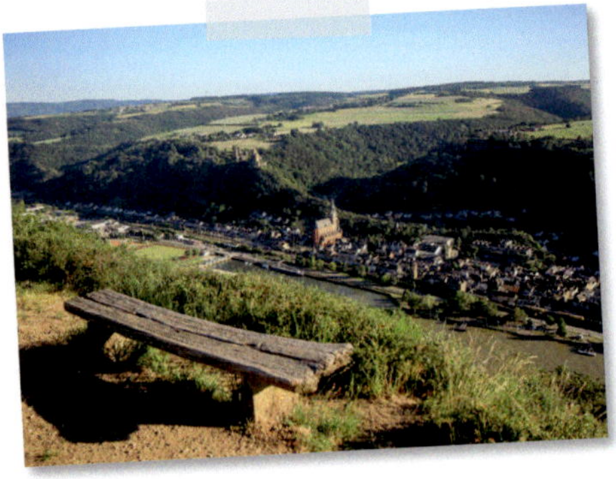

Schiffsunglücke in der überaus engen und auch heute noch gefährlichen Rheinkurve um die Loreley verantwortlich war. Auch wenn der Blick hinab von der Loreley nicht zu den spektakulärsten auf dieser Tour gehört, die beeindruckende Steilwand ist ein echter Hingucker und der Abstecher zur Felskanzel lohnt unbedingt. Doch dann wird es Zeit, die Touristen aus aller Welt wieder hinter sich zu lassen. Ihr wandert vorbei am Spitznack, ein imposanter Felsturm über dem Rhein, und an der schnuckeligen Rheinsteig-Rast (Einkehrtipp!), bis euch abermals die wunderschönen Wiesen der Rheinhöhen umgeben. Anschließend quert ihr die Täler von Bornichbach und Urbach in munterem Auf und Ab, passiert die eine oder andere sehenswerte Aussicht und gelangt zum ROSSSTEIN 4.

Der felsige Aussichtspunkt liegt hoch über Oberwesel, das mit seiner historischen Stadtmauer, den vielen Wachtürmen, der majestätischen Schönburg sowie der Liebfrauen- und der Martinskirche zu den schönsten Orten im ganzen Mittelrheintal gehört. Kilometerweit reicht der Blick dort, wo der Rhein – ungewöhnlich für die Region – auf einer langen Strecke fast schnurgerade verläuft. So könnt ihr von hier aus auch schon Kaub, das heutige Tagesziel, anhand der Burg Pfalzgrafenstein erkennen, die auf einer kleinen Insel mitten im Rhein liegt. Bis ihr dort anlangt, führt euch der Rheinsteig noch einmal über die Rheinhöhen mit grandiosen Fernblicken. Den Schlussakt macht die Dörscheider Heide, die mit ihren Streuobstwiesen, ihrem Artenreichtum und 650 verschiedenen Schmetterlingsarten zu den wertvollsten Biotopen am Mittelrhein gehört. Dann geht es durch die Weinberge abwärts und ihr erreicht Kaub, die kleineste Stadt in Rheinland-Pfalz. Am kleinen Bahnhof endet das Feuerwerk der Ausblicke. Zurück geht's mit dem Zug.

Alles, was ihr wissen müsst

keine Rundtour: anspruchsvolle Zweitageswanderung mit knackigem Profil // stellenweise Trittsicherheit erforderlich // Vorsicht bei Nässe! // **nicht kinderwagentauglich**

Markierung: weiß-blaues Logo des Rheinsteigs

Entfernung von Köln: 135 Kilometer
ÖPNV: nicht empfehlenswert
Auto: Eisenbahnstraße, 56348 Kestert // Parkplatz schräg gegenüber dem Friedhof

Einkehr: **Tag 1:** Zahlreiche Einkehrmöglichkeiten in St. Goarshausen // **Tag 2: Hotel-Restaurant Christian** (mit Biergarten), Im Sonnern 1, 56346 St. Goarshausen, hotel.stattwald.com // **Loreley-Besucherzentrum (mit Biergarten),** Loreley 7, 56348 Bornich, loreley-besucherzentrum.de // **Rheinsteig-Rast,** Siedlung Leiselfeld 1, 56348 Bornich, rheinsteig-rast.de

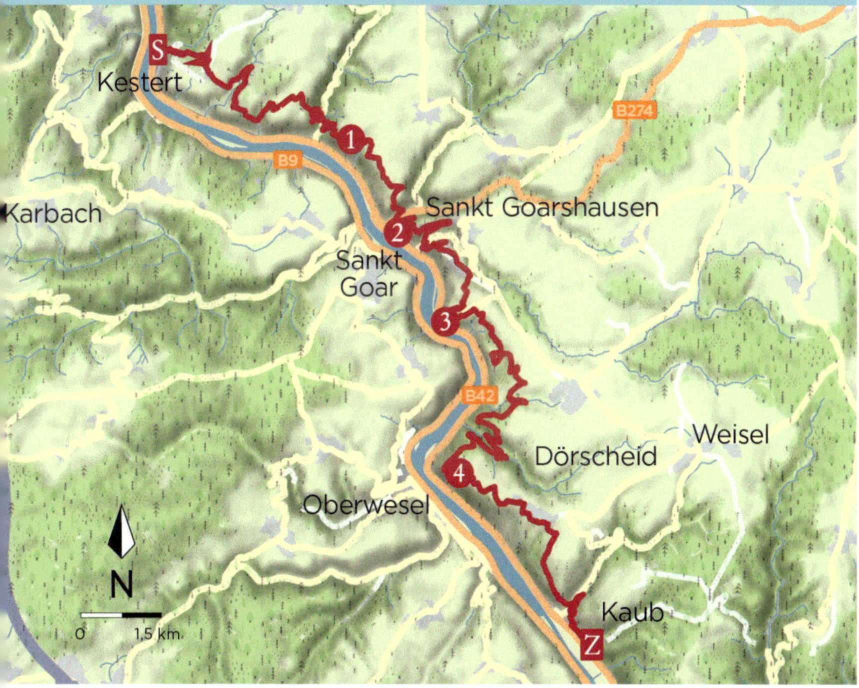

Traumrunde durch die Vulkaneifel

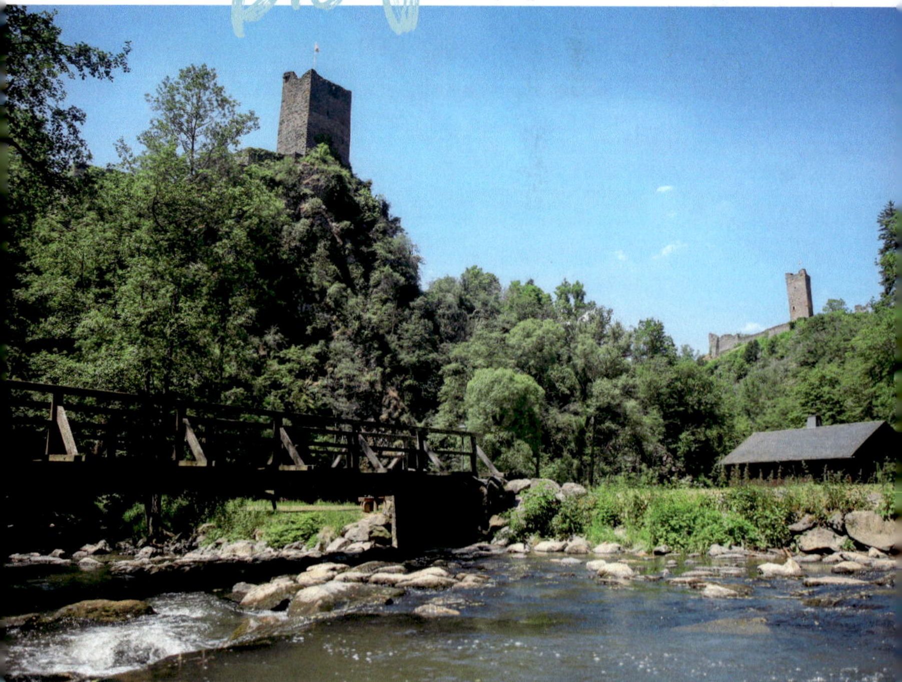

Schwierigkeit: schwer // 19,7 Kilometer // 626 Höhenmeter
Für Familien mit Kindern bedingt geeignet

BURGEN, VULKANE, SCHLUCHTEN UND VERWUNSCHENE BACHTÄLER: WANDERN VON HÖHEPUNKT ZU HÖHEPUNKT

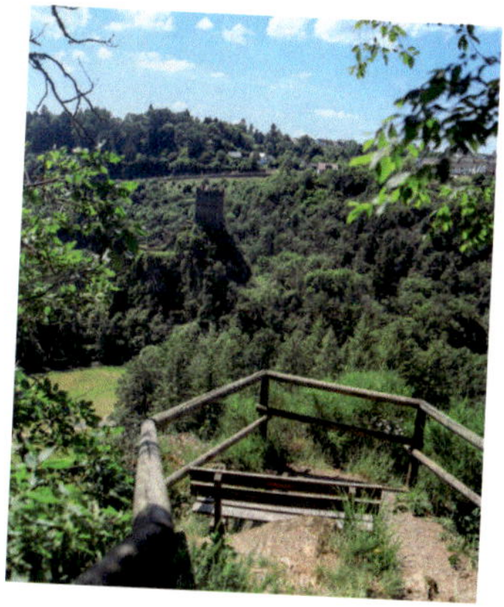

Blick vom Grafenfels

Diese Wanderung hat alles, um einen Wandertag perfekt zu machen, und ist meine absolute Lieblingstour in diesem Buch. Die erlebnisreiche Wanderung mit zahlreichen langen Pfadabschnitten führt zu zwei imposanten Burgen, durch das traumhafte Tal der Lieser, zur verwunschenen Wolfsschlucht, zu zwei grandiosen Fernsichten, einem Vulkanerlebnispark, einem weltweit einzigartigen Reihenkrater sowie zu einer toll gelegenen Einkehr gegen Ende der Tour. Genau dann, wenn die Beine müde werden. Die zugegeben lange Anfahrt von Köln aus wird mit einem fantastischen Wandererlebnis in der Südeifel belohnt – versprochen. Los geht es mitten in Manderscheid, das von den Kelten über die Römer und das Mittelalter auf eine lange und bewegte Geschichte zurückblickt. An der Tourist-Information am Rande des Kurparks findet ihr die Wegweiser zum Manderscheider Burgenstieg mit Ritterstieg (gelb-grün-blaues Logo der Vulkaneifel-Pfade), welcher 2020 den zweiten Platz unter den schönsten Tagestouren in Deutschland belegt hat. Folgt diesem bis auf Weiteres in Richtung Belvedereblick. Schon bald verlasst ihr das geschäftige Manderscheid, und die traumhafte Natur des Liesertals übernimmt. Der enge Pfad windet sich entlang des steilen bewaldeten Hangs und senkt sich dann mit jedem Schritt weiter hinab gen Talboden. Hier unten quert ihr das wunderschöne Flüsschen und wandert anschließend auf der anderen Seite steil bergauf. Vorbei an der Wolfshütte erreicht ihr den Belvedereblick mit toller Aussicht auf das Ensemble aus Niederburg und Oberburg sowie Manderscheid. Die Infotafel verrät: Kein Geringerer als Kaiser Wilhelm I. soll diesen Blick hier einst genossen haben. Nun führt euch der Pfad leicht hinab, und auf einem schmalen Forstweg gelangt ihr in etwa hangparallel zum Grafenfels, zu dem ein kleiner Stichweg abzweigt. Nicht auslassen, denn die exponiert gelegene Felskanzel eröffnet einen tollen Ausblick. Vom Grafenfels geht es über den Rittersteig bergab und dann direkt zur NIEDERBURG 1, die ihr gegen einen kleinen Eintrittspreis (3,00 Euro für Erwachsene, 1,50 Euro für Kinder) besichtigen könnt.

DIE NIEDERBURG VON MANDERSCHEID THRONT AUF EINEM FELSSPORN IM LIESERTAL UND WAR DURCH IHRE EXPONIERTE UND VOM FLUSS AUF DREI SEITEN GESCHÜTZTE LAGE VON STRATEGISCHER BEDEUTUNG FÜR DIE KONTROLLE WICHTIGER HANDELSWEGE. URKUNDLICH WURDE DIE FESTUNG DER HERREN VON MANDERSCHEID ERSTMALS 1173 ERWÄHNT. 1794 WURDE SIE VON FRANZÖSISCHEN TRUPPEN ZU GROSSEN TEILEN ZERSTÖRT, WESHALB IHR HEUTE LEIDER NUR NOCH DIE ÜBERRESTE BESICHTIGEN KÖNNT – DOCH DIE SIND SEHENSWERT.

Der Manderscheider Burgenstieg führt an der Niederburg vorbei und direkt über die schönen Wiesen, die wie eine Halbinsel von der Lieser umgeben sind. Nachdem ihr die Freilichtbühne passiert habt, folgt der Anstieg zur Oberburg auf einem felsigen Pfad. So nah beieinander und doch so verfeindet – die beiden Manderscheider Burgen waren sich viele Jahre lang alles andere als wohlgesonnen. Mit dem Kurfürstentum Trier und dem Herzogtum Luxemburg trafen hier nämlich zwei mächtige Herrschaftsgebiete direkt aufeinander, die nur durch die Lieser getrennt waren. Ein wahrlich mageres Bollwerk. Wenn ihr einen Eindruck vom damaligen Leben auf den Burgen bekommen möchtet, dann besucht Manderscheid am besten während eines der vielen Events im Jahr, allen voran das Manderscheider Burgenfest. Dann ziehen Ritter in schweren Rüstungen, junge Burgfräuleins und talentierte Barden wieder durch die steinernen Anlagen.

IM GEGENSATZ ZUR NIEDERBURG IST DIE ERSTMALS ZWISCHEN 1141 UND 1146 ERWÄHNTE OBERBURG FREI ZUGÄNGLICH; VOR ALLEM DER BLICK VOM FÜNFSTÖCKIGEN BURGFRIED IST BEEINDRUCKEND. HEUTE WIEDER BEGEHBAR GEMACHT, WAR DIESER NACH DER ZERSTÖRUNG DURCH FRANZÖSISCHE TRUPPEN IM JAHRE 1673 EBENSO WIE DER REST DER BURG ZU GROSSEN TEILEN DEM ERDBODEN GLEICHGEMACHT.

Mit diesem historischen Zeugnis im Rücken erreicht ihr die Hauptverkehrsstraße in Manderscheid, wo ihr allerdings nicht ortseinwärts zurück zum Kurpark lauft, sondern euch bis auf Weiteres an der Markierung des VulkaMaar-Pfads (gelb-grün-blaues Logo der Vulkaneifel-Pfade) auf der anderen Straßenseite orientiert. Dieser führt

Eine echte Rarität: Der Windsborn-Kratersee ist nur mit Regenwasser gefüllt

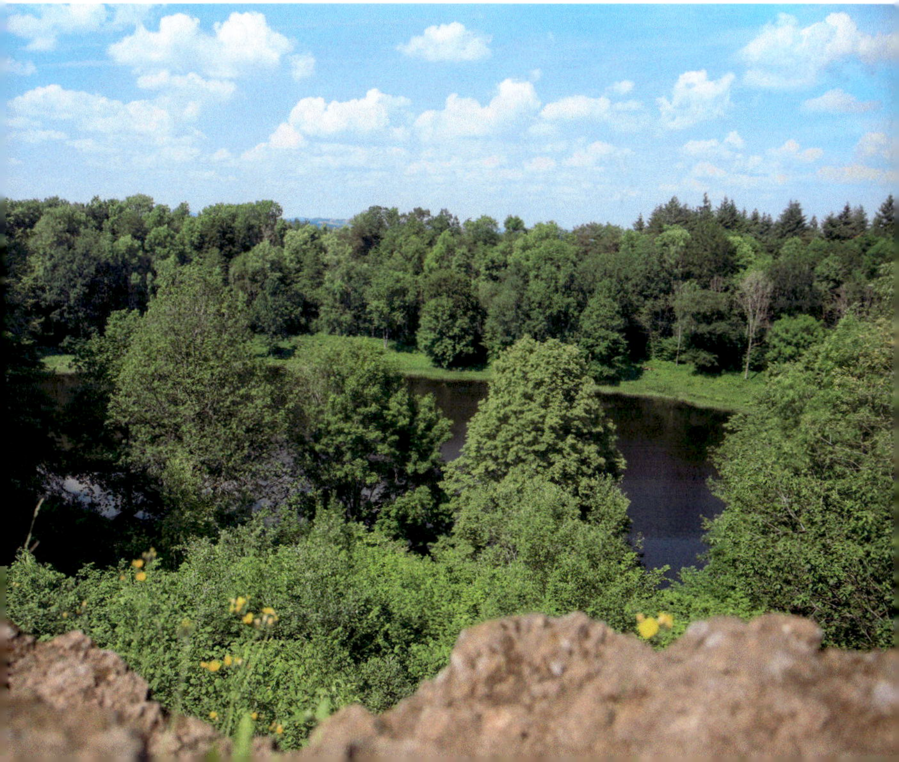

euch auf gleicher Route wie der Eifelsteig nun in das traumhafte Tal der Lieser und ist zur Zeit der Veröffentlichung dieses Buches Favorit im Rennen um den Titel der schönsten Mehrtagestour Deutschlands 2021. Vergnüglicher kann ein Pfad kaum sein, er mäandert in zahlreichen Windungen, Kurven und Biegungen entlang des steilen Hanges und überrascht hinter jedem Schlenker mit neuen Anblicken. Ab und zu gibt ein Aussichtspunkt den Blick ins Tal frei, zum Beispiel an der Schmitthütte hinunter zum Burgweiher oder von der felsigen Robertskanzel aus – was für eine traumhafte Passage! Irgendwann wird der Pfad geradliniger, und ihr erreicht die Schutzhütte Weifelsjunk; hier verlasst ihr angesichts der Schönheit des zurückgelegten Weges vielleicht etwas schwermütig das Tal der Lieser. Auf einem beschaulichen Forstweg geht es nun bergauf, ehe ihr die baumfreie Fläche rund um den Kapellenhof erreicht. Genießt die

Wild und ungezähmt: Die Kleine Kyll trumpft ganz groß auf

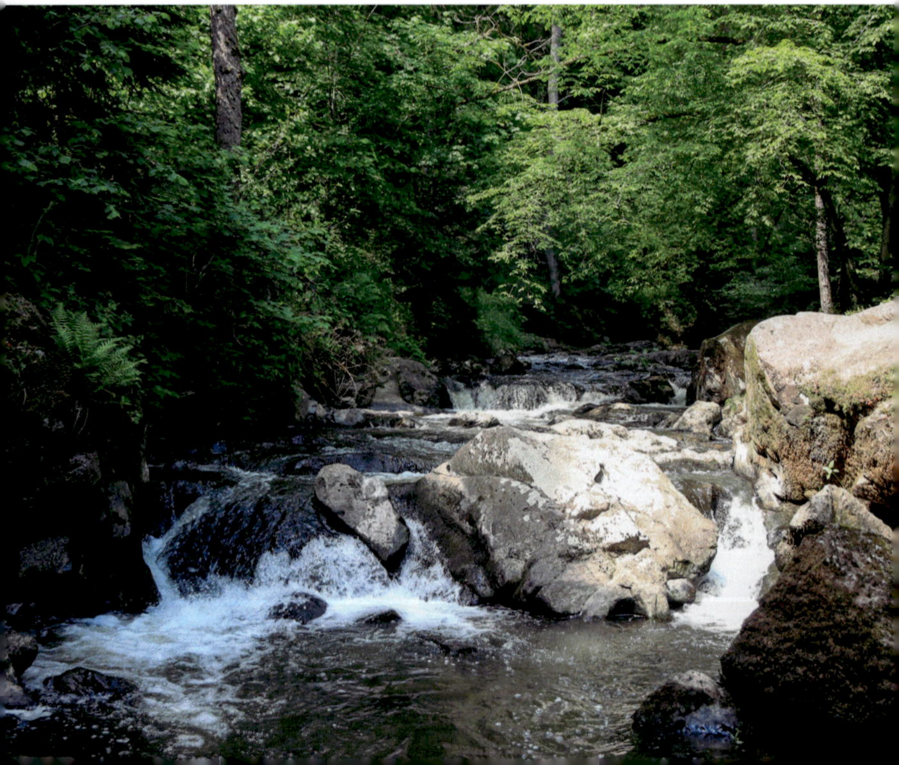

pralle Sonne, bald schon wird es wieder schattig. Nach der Überquerung der L 46 senkt sich der Weg wieder hinab ins Tal der Kleinen Kyll, das kaum weniger schön ist als das der Lieser. Auf Höhe einer sprudelnden Stromschnelle quert ihr den malerischen Bach und erreicht kurze Zeit später die WOLFSSCHLUCHT 2. Das ist ein wirklich verwunschener Ort, überall liegen uralte, bemooste Felsbrocken – groß wie klein, eckig wie rund. Links und rechts bauen sich steile Felswände auf, und irgendwie fühlt man sich wie in ein Märchen versetzt. Mitten hindurch bahnt sich ein kleiner Pfad seinen Weg nach oben – wo eine Rastbank zur Verschnaufpause einlädt.

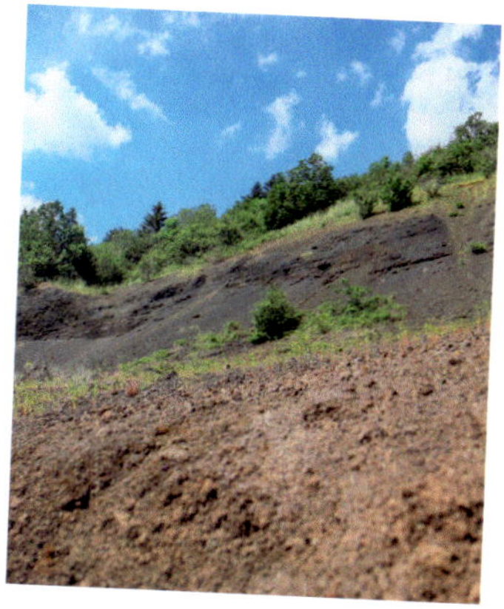

Im Vulkanerlebnis-Park

Bald darauf verlasst ihr den dichten Wald, es wird hell, und ihr folgt einer breiten Böschung, die sich stellenweise wie ein dicht bewachsener Bogengang über euch und dem kleinen Pfad verschließt, stetig hinauf. Kurz wird der Weg etwas breiter, dann erreicht ihr ein weiteres Highlight dieser Tour: den frei zugänglichen Vulkanerlebnispark. Ein eindrucksvolles Stück Geologie, das wie ein Fenster in die Erdgeschichte von der Entstehung unseres Planeten erzählt und das ganz bestimmt nicht nur Geofreaks zum Staunen bringt. Folgt dem VulkaMaar-Pfad mitten durch die beeindruckenden Überbleibsel des Vulkanismus. Eine meterhohe Lavasteilwand erhebt sich über den vielen Infotafeln und Vulkangesteinen entlang des Pfades, die zum Betrachten und Anfassen einladen. Direkt unterhalb der dunkelbraunen, teilweise schwarzen Lavawand geht es weiter zum Anstieg auf den MOSENBERG 3. Der Weg wird zunehmend steiler, die Atmung Schritt für Schritt schwerer – doch oben angekommen, entlohnt der Aussichtsturm mit einem fantastischen Blick auf die

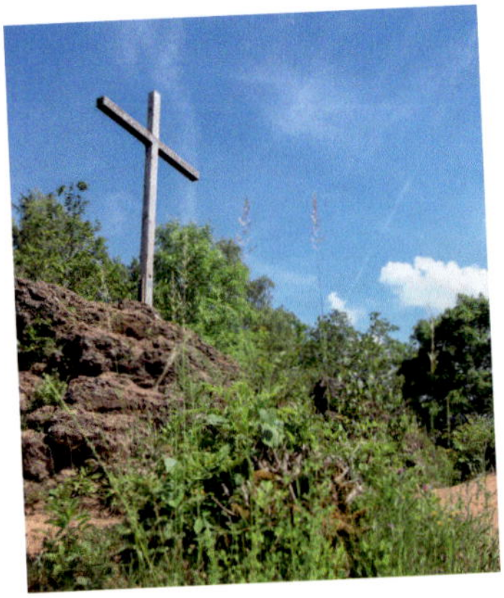

AUF DEM WINDSBORN-KRATER

Vulkaneifel. Der Mosenberg ist einer von vier Vulkankegeln des gleichnamigen Reihenkraters und ein weltweit einzigartiges Überbleibsel vulkanischer Aktivität. Ausgeruht setzt ihr euren Weg fort zum WINDSBORN-KRATER 4 mit dem einzigen Kratersee nördlich der Alpen. Doch vorher, in der Senke zwischen Mosenberg und Windsborn, erreicht ihr eine schmale offene Wiesenfläche zwischen zwei Waldstücken. Hierhin müsst ihr nach Umrundung des Kratersees wieder zurück. Nun jedoch macht ihr euch erst einmal an die Besteigung des Windsborn, wo hoch oben auf dem Kraterrand inmitten von erstarrtem Gestein ein imposantes Gipfelkreuz steht, von dem ihr einen fantastischen Blick nach Westen habt. Seid ihr gegen Abend unterwegs, werdet ihr bei gutem Wetter Zeuge von grandiosen Lichtspielen der Sonne am Himmel. Hinter dem Gipfelkreuz geht es kurz hinab, dann umrundet ihr den gerade einmal 1,7 Meter tiefen, mit Regenwasser gefüllten See, ehe ihr euch auf gleichem Wege zurück zur Wiesenfläche zwischen Mosenberg und Windsborn aufmacht. Hier lauft ihr links hinab und folgt dem Mosel-Our-Weg (blau-weiß-grünes Logo des Eifelvereins) bis nach Manderscheid. Über schöne Wald- und Wiesenwege führt dieser euch zur Heidsmühle, die idyllisch im Tal der Kleinen Kyll sowie direkt an einem Fischweiher liegt und die nach all den zurückgelegten Kilometern für willkommene Verpflegung sorgt. Ab der Heidsmühle trennen euch nur noch ein steiler Pfadanstieg hinauf nach Manderscheid sowie die Durchquerung des geschichtsträchtigen Ortes bis hin zum Kurpark vom Ende der Tour. Holla, die Waldfee – was für eine tolle Runde, die sich mit einem Essen in Manderscheid perfekt abrunden lässt.

Alles, was ihr wissen müsst

Rundtour: lange Tageswanderung mit knackigem Profil // stellenweise Trittsicherheit erforderlich // für Kinder aufgrund der Länge je nach Fitnesslevel nur bedingt geeignet // **nicht kinderwagentauglich**

Markierung: Manderscheider Burgenstieg, VulkaMaar-Pfad, Mosel-Our-Weg

Entfernung von Köln: 123 Kilometer
ÖPNV: aufgrund der Fahrtzeit nicht empfohlen
Auto: kostenloser Parkplatz am Kurpark, Clara-Viebig-Weg, 54531 Manderscheid

Einkehr: **Hotel-Café-Restaurant Heidsmühle,** Mosenbergstraße 22, 54531 Manderscheid, heidsmuehle.de

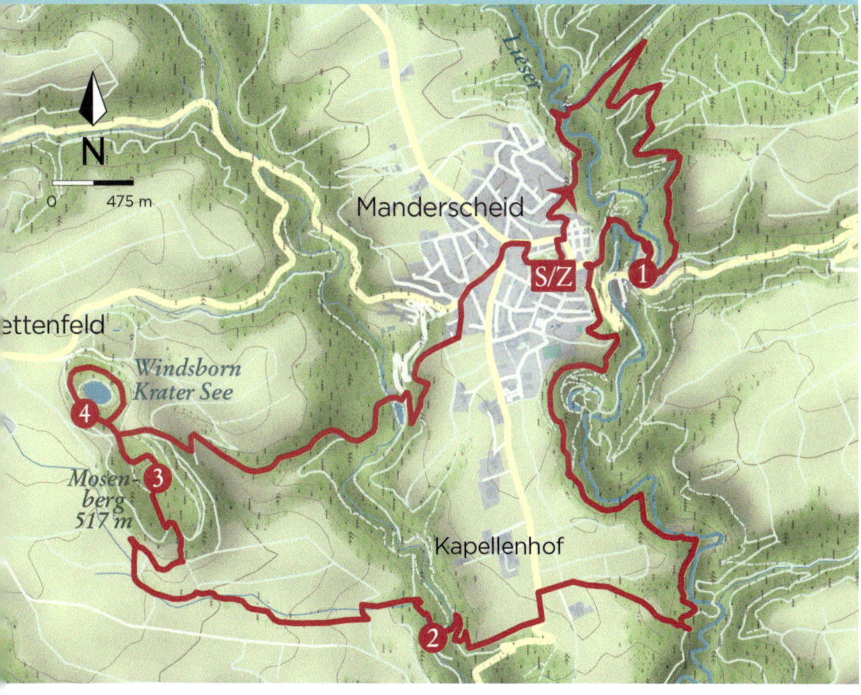

Durch die Toskana der Eifel

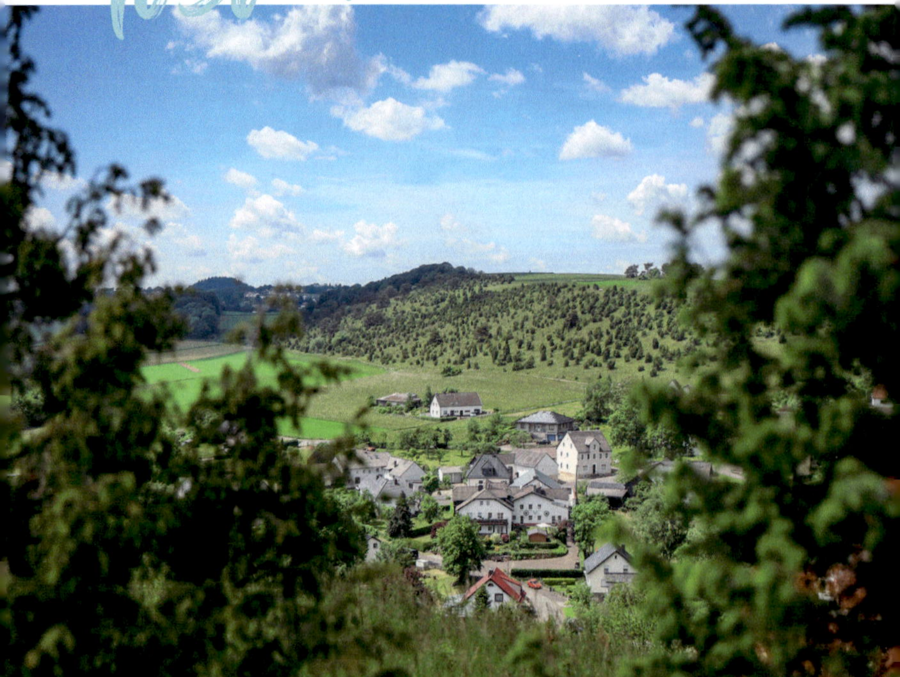

Schwierigkeit: mittel // 15,8 Kilometer // 324 Höhenmeter

Für Familien mit Kindern geeignet

OFFENE HEIDELANDSCHAFTEN, BUNTE BLUMENWIESEN UND ABGESCHIEDENE TÄLER: EINEN HAUCH VON ITALIEN

Die EifelSpur Toskana der Eifel steht ganz im Zeichen des Wacholders. Die Zypresse des Nordens, wie das stachelige Gewächs gemeinhin genannt wird, versprüht rund um das kleine Alendorf mediterranes Flair. Es ist umgeben vom drittgrößten zusammenhängenden Wacholderschutzgebiet Deutschlands. Italien liegt so nah! Abwechslungsreiche, ruhige und – abgesehen vom kurzen Anstieg auf den Kalvarienberg – leicht zu gehende Wege führen euch mitten durch die Toskana der Eifel und überraschen mit immer neuen Ausblicken in diese einzigartige Landschaft, die rund um Köln kein zweites Mal zu finden ist.

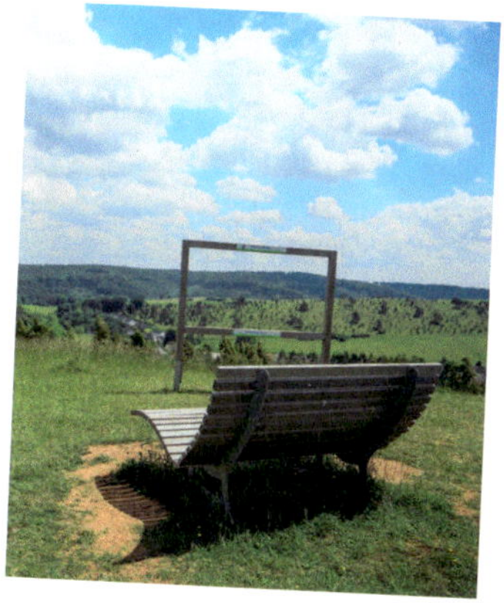

Blick in die Eifeler Toskana

Los geht es in Ripsdorf; folgt ab dem Parkplatz für die gesamte Tour der einheitlichen Markierung (grün-weiß-blaues Logo der Eifel Spuren). Doch aufgepasst: An manchen Stellen kreuzen sich mehrere EifelSpuren, achtet also immer auf den Schriftzug »Toskana der Eifel«. Vorbei an der schönen Kirche St. Johannes der Täufer macht ihr euch auf. Am Rande des Eifeldorfes erwartet euch eine ausgedehnte Feld- und Wiesenlandschaft, die einen weiten Blick in Richtung Hocheifel ermöglicht. Spielt das Wetter mit, seht ihr von hier aus die Hohe Acht, die höchste Erhebung der Eifel. Eins steht fest: Der schöne Blick, die frische Luft und der Duft der Gräser und Blumen stimmen schon jetzt auf einen tollen Wandertag ein.

Der Weg senkt sich allmählich hinab ins Rohrbachtal, das in sattem Grün erstrahlt. Bei leichtem Wind neigen sich die Gräser sanft zur Seite, während ihr über den weichen Boden wandert und das Tal zunehmend schmaler wird. Den Waldrand zur Linken, die Bach-

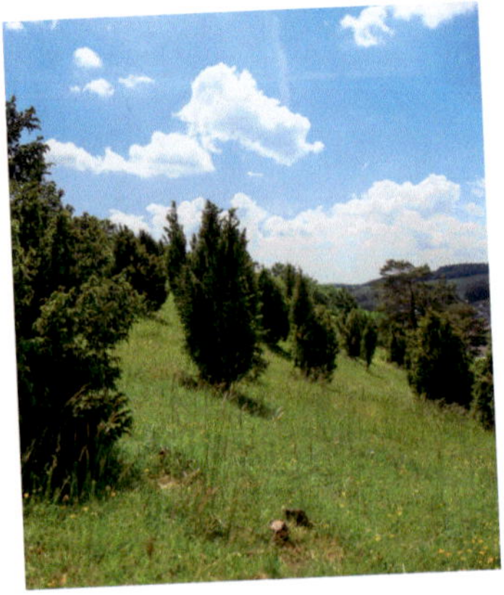

Zypressen des Nordens

auenlandschaft zur Rechten erreicht ihr bald schon das Lampertstal, wo herrliche Ruhe herrscht. Ihr wandert bachaufwärts auf einem breiten Weg in Richtung Alendorf. Es dauert nicht lange, da entdeckt ihr die ersten Wacholderheiden am steilen Hang des Kalvarienbergs, und auch ihm gegenüber entfaltet sich das mediterrane Flair des größten zusammenhängenden Wacholderschutzgebiets in Nordrhein-Westfalen. Noch einmal durchatmen, dann geht es über einen schönen Pfad steil hinauf auf das PLATEAU DES KALVARIENBERGS 1, von dem aus ihr eine grandiose Aussicht auf die Toskana der Eifel habt.

Lasst den Blick schweifen! Unten im Tal schlummert Alendorf, von nahezu allen Seiten umfasst von Wacholderheiden. Spätestens jetzt fühlt man sich – wenn auch nur ein bisschen – wie in Italien. Selbst für den, der die Namen der vielen seltenen Gewächse hier nicht kennt, ist ihre Blüten- und Farbenpracht unbestreitbar. Küchenschelle, Schlüsselblume, Enzian und Orchideen säumen die Hügellandschaft rund um den Kalvarienberg, locken farbenfrohe Schmetterlinge an und sorgen neben den weiten Ausblicken immer wieder für kleine Schönheiten am Wegesrand. Über allem prangt das Gipfelkreuz, mahnend und wachend zugleich.

DER WACHOLDER IST AUF DER GANZEN WELT BELIEBT. DIE ALTEN ÄGYPTER NUTZTEN DIE BLAUE BEERE FÜR MUNDWASSER, DIE HOLLÄNDER VERWENDEN SIE FÜR DEN GENEVER UND DIE DEUTSCHEN ZUM VERFEINERN VON SAUERKRAUT.

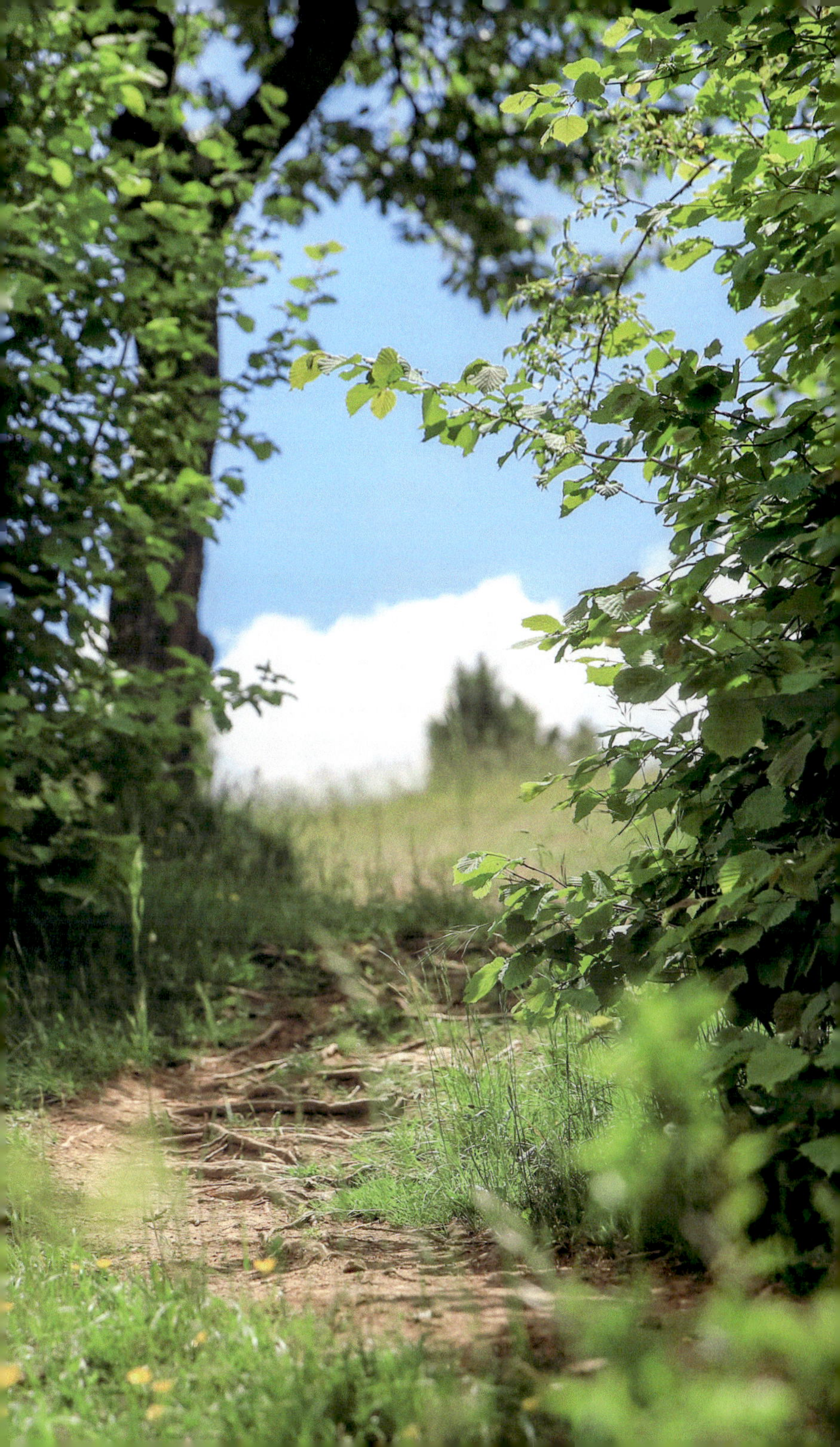

Die schön anzusehenden, aber immer seltener werdenden Wacholderheiden entstanden durch Rodung von Wäldern und intensive Beweidung vor allem von Schafen. Da die Wanderschäferei jedoch immer mehr an Bedeutung verliert, ist es heute Aufgabe des Naturschutzes, diese Areale zu erhalten und weiterhin beweiden zu lassen. Die vierbeinigen Landschaftspfleger verbeißen dabei alles, was schmeckt, doch den stacheligen Wacholder, Disteln oder Küchenschellen mögen sie gar nicht – dadurch entsteht das typische Landschaftsbild.

Wenn ihr euch sattgesehen habt, geht es über den im 17. Jahrhundert angelegten, von zahlreichen Sandsteinkreuzen gesäumten Kreuzweg bergab. Unten erreicht ihr am schattigen Rande von Alendorf die wunderschön gelegene Agatha-Kapelle, eingerahmt von knorrigen Buchen. Vorbei am Friedhof wandert ihr wieder leicht bergan am

Die schöne Agatha-Kapelle in Sichtweite des Kalvarienbergs ist einen Besuch wert

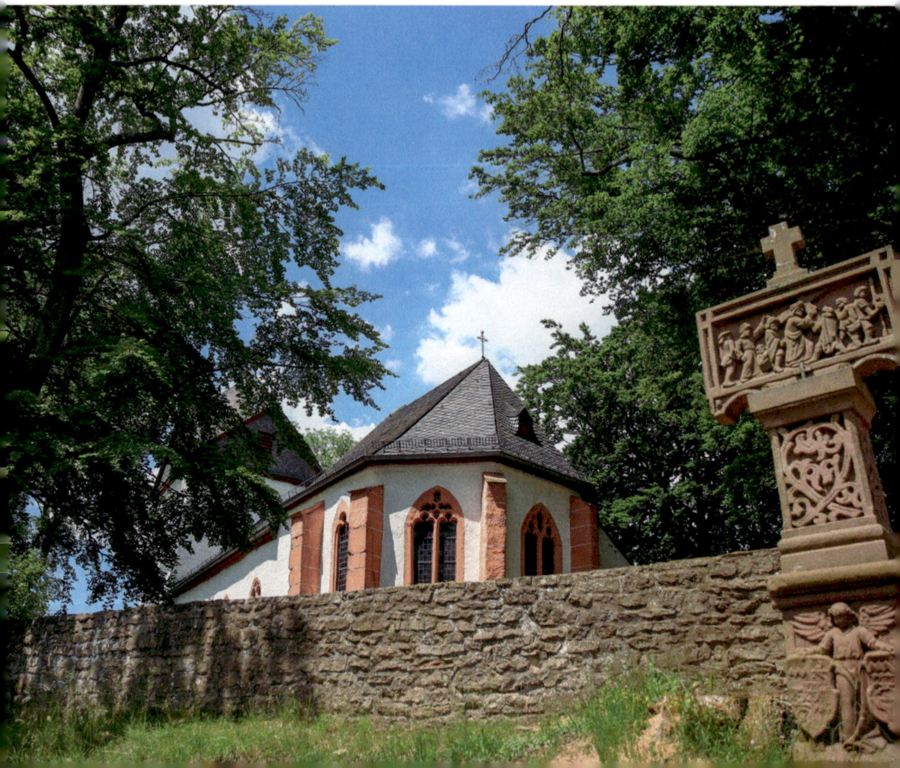

Waldrand entlang und dann zu einem tollen RASTPLATZ GEGENÜBER DEM KALVARIENBERG ②. Es ist faszinierend, wie schnell sich die Perspektive immer wieder wandelt – beständig ist allein die Schönheit dieser Eifellandschaft. Begleitet von großartigen Aussichten lauft ihr über malerische Wiesen an der Hangkante oberhalb der Heidelandschaft weiter.

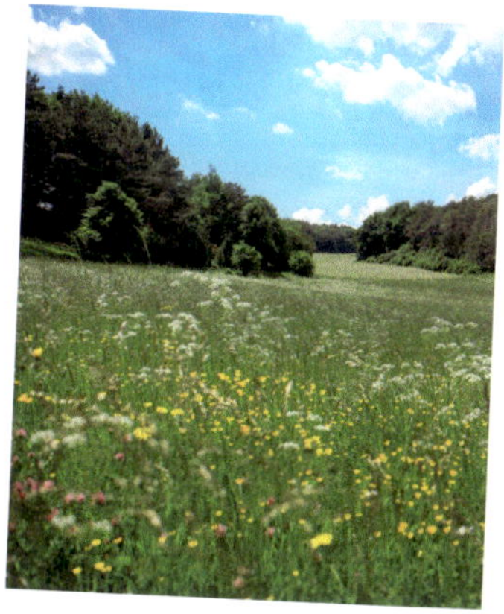

BLUMENMEER IM WAMMESBACHTAL

Nun folgt ein kurzer, aber steiler Abstieg direkt durch die Wacholderheide, anschließend ein erfrischender Wechsel aus Licht und Schatten, Wiesen, Feldern und Wäldern, Kurven und geraden Wegabschnitten. Dass es für eine abwechslungsreiche Wanderung nicht immer schmale Pfade und spektakuläre Highlights braucht, beweist die Toskana der Eifel besonders an dieser Stelle. Durch die grüne Landschaft führt ein Sträßchen, auf dem – zunächst aus der Ferne betrachtet – scheinbar lautlos ab und zu ein Auto vorbeizieht. Erst in unmittelbarer Nähe hört man die sporadischen Verkehrsgeräusche. Nach der Straßenquerung geht es hinab ins WAMMESBACHTAL ③, hinein in die Einsamkeit. Wellige Wiesen, dahinter am Horizont dunkelgrüne Wälder – und mitten hindurch führt ein Weg, der hinter fast jeder der vielen Kurven eine völlig neue Kulisse bietet. Facettenreiche Blicke begleiten euch bis zum Wammesbach, den ihr auf einer kleinen Straße überquert.

SO UNSCHEINBAR ALENDORF HEUTE IM SCHOSSE DER WACHOLDERHEIDEN LIEGT, SO WEIT REICHT SEINE GESCHICHTE ZURÜCK. ERST SIEDELTEN

DIE RÖMER HIER AN DER STRASSE VON JÜNKERATH NACH BLANKENHEIM, DANN KAMEN DIE FRANKEN. HEUTE IST ALENDORF, DAS ERSTMALS 1271 ALS ALDINDORPH ERWÄHNT WURDE, EINE DER ÄLTESTEN PFARREIEN IM DEKANAT BLANKENHEIM.

Ein breiter Waldweg leitet euch zunächst durch einen hohen Buchenwald. Stellt euch einmal an den Stamm eines solchen Kaventsmanns und schaut gen Himmel, dann wird euch das Ausmaß der Baumriesen erst so richtig bewusst. Und der Blick in die Baumkronen, deren Blätterwerk sich mit dem Blau des Himmels vereint, ist einfach wunderschön. Doch bevor ihr noch mit dem Umarmen der Bäume beginnt, zieht ihr weiter, wieder hinab ins Tal des Wammesbachs. An dessen Seite führt euch ein schattiger Weg nahe am Waldrand zurück ins LAMPERTSTAL 4, wo der Wammesbach wenig später in den Lampertsbach übergeht. Ihr quert den durch Wiesen mäandernden Bach und lauft dann für längere Zeit direkt durch das Eifeler Kleinod. Zwischendurch wirkt das Bächlein wie vom Erdboden verschluckt, versteckt im hohen Gras. Dann taucht es wieder auf, schlängelt sich durch sein Reich.

Den Schlussakt bildet ein leicht ansteigender Schotterweg, der euch zurück in die offene Feld- und Wiesenlandschaft am Rande von Ripsdorf bringt. Noch einmal ein Blick zum Horizont und zu den großen Eifelgipfeln rund um die Hohe Acht, dann hat euch das ruhige Eifeldorf wieder. Zum Parkplatz geht es auf gleichem Weg wie zuvor, dort endet der Streifzug durch das kleine Italien in der Eifel. Auf zur wohlverdienten Einkehr ins Restaurant Breuer!

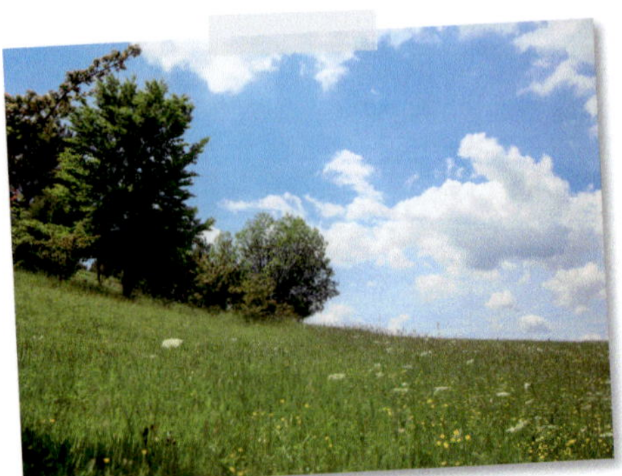

Alles, was ihr wissen müsst

Rundtour: mittellange Wanderung ohne besondere Schwierigkeiten // Länge der Tour je nach Fitness des Kindes grenzwertig // **nicht kinderwagentauglich**

Markierung: Logo der EifelSpuren

Entfernung von Köln: 78 Kilometer
ÖPNV: mit der Bahn nach Blankenheim (Wald), von dort mit dem Bus 832 zum Busbahnhof Blankenheim, dann Anrufsammeltaxi (02441/99454545) zur Zielhaltestelle Ripsdorf Kirche; direkt an der Kirche findet ihr die Kirchstraße und den Einstieg zur Tour
Auto: kostenloser Parkplatz an der Tränkgasse, 53945 Blankenheim

Einkehr: **Restaurant Breuer,** Hauptstraße 74, 53945 Ripsdorf, breuer-ripsdorf.de

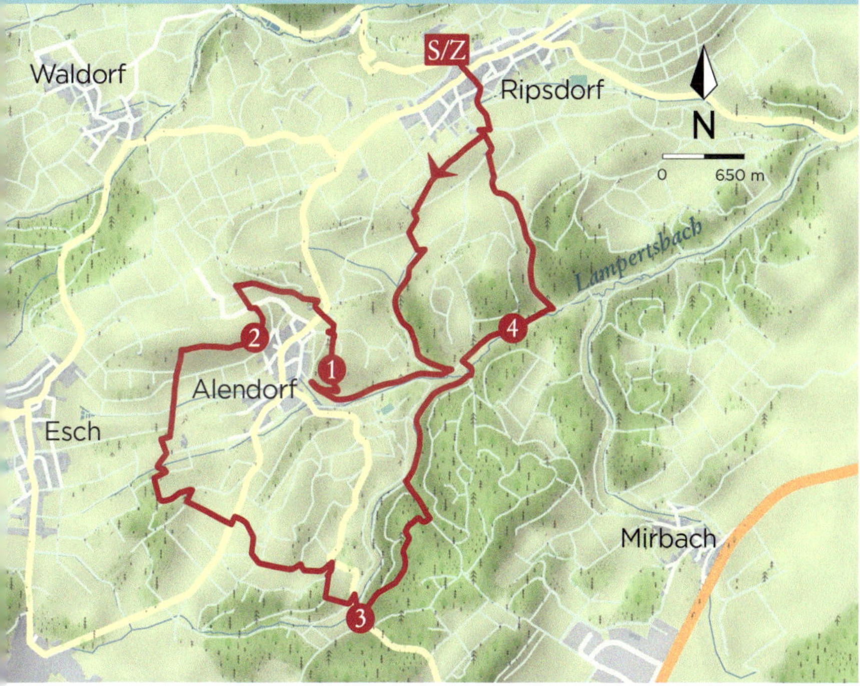

Rund um den Freilinger See

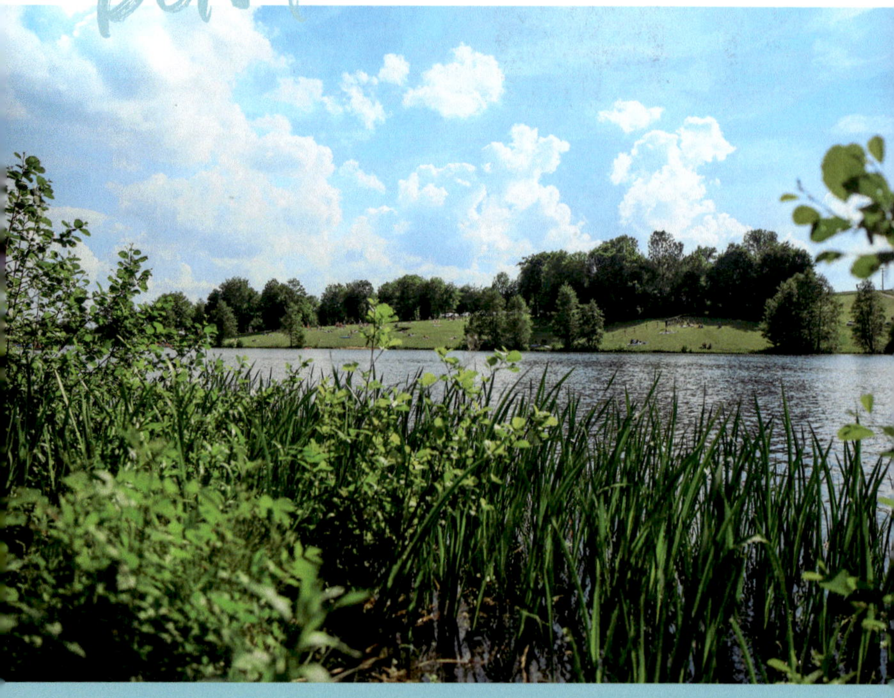

Schwierigkeit: leicht // 9,9 Kilometer // 146 Höhenmeter
Für Familien mit Kindern besonders geeignet

WANDERSPASS FÜR DIE GANZE FAMILIE: AUF EIN BAD INS EIFELER NASS

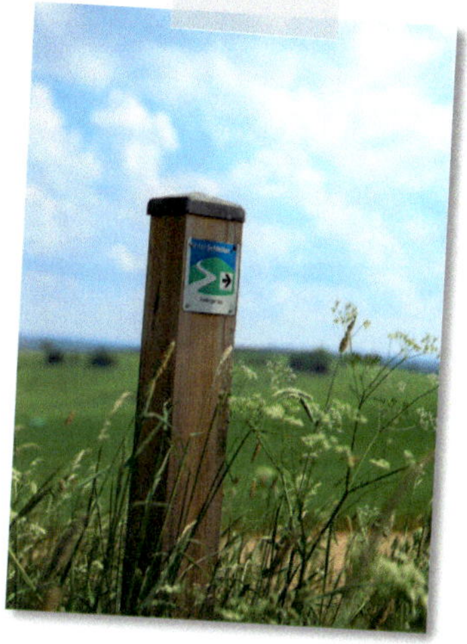

Die EifelSchleife Freilinger See ist eine wunderbare Runde für Familien mit Kindern und alle, die am liebsten ganz entspannt durch die Natur schlendern. Leichte, aber nicht langweilige Wege, abwechslungsreiche Landschaft, wunderschöne Aussichten hinaus in die Eifel, idyllische Bachtäler und natürlich der Freilinger See kennzeichnen das Profil dieser Familienrunde. Nach der Wanderung beschert im Sommer der Sprung in den Badesee eine erfrischende Abkühlung, und der große Spielplatz am Ufer powert auch das fitteste Kind aus. Für das leibliche Wohl sorgt die Seebar direkt am Wasser. Besonders cool: Seid ihr mit einem geländetauglichen Kinderwagen unterwegs, könnt ihr die Kleinsten über den gesamten Weg chauffieren; es gibt lediglich zwei kurze Straßenquerungen.

Los geht es auf dem Parkplatz unmittelbar am Freilinger See; folgt für die gesamte Tour einfach dem grün-blauen Logo der EifelSchleife. Zunächst wandert ihr auf einem Feldweg über die Höhen des Naturparks Hohes Venn-Eifel. Am Horizont das Dunkelgrün der Wälder, davor die weiten Wiesen und Felder, die sich zu jeder Jahreszeit mit einem neuen Kleid schmücken. Ganz gemütlich schlendert ihr den Schotterweg entlang, den im Sommer eine farbenfrohe Blütenpracht ziert, während die Kinder sorglos toben. Bald schon tut sich vor euch ein toller Blick auf Reetz auf, eines der typischen Eifeldörfchen, das verschlafen im Schoße der sanften Hügellandschaft liegt. Es dauert nicht lang, da verschluckt euch der Wald für kurze Zeit; es geht in einigen Links- und Rechtskurven leicht bergab, bis ihr den Ortsrand von Reetz erreicht, das sowohl auf römische als auch auf fränkische Geschichte zurückblickt. Am Rande von REETZ 1 mit seinen nicht einmal 400 Einwohnern gilt es, die Straße zu queren. Dann wandert ihr mitten durch den kleinen Ort, in dem Verkehrslärm eine entfernte Randnotiz darstellt.

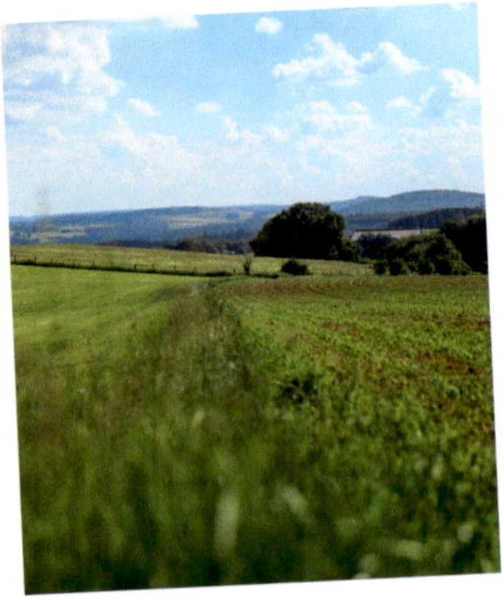

Weitblick oberhalb von Reetz

Vorbei an der schönen St.-Margareta-Kirche sowie einem kleinen Spielplatz im Herzen des Dorfs, bekommt man einen schönen Eindruck vom hiesigen Leben und nimmt den Kontrast zwischen Kölner Trubel und Eifeler Dorfidyll deutlich wahr. Dann geht es hinaus aus Reetz, ihr wandert leicht bergauf und erreicht eine BAUMFREIE HÖHE MIT TOLLER AUSSICHT 2. Weit schweift der Blick in alle Richtungen, am welligen Teppich aus Wiesen und Feldern kann man sich gar nicht sattsehen, und die angenehmen Feldwege animieren zum sorgenfreien Wandern. Die Natur meint es gut mit diesem Flecken Erde. Ihr steuert grob auf den weithin sichtbaren Funkmast zu, den ihr nach einer kurzen Straßenquerung am Rande eines kleinen Waldstücks auch schon erreicht.

GANZ IN DER NÄHE BEFINDET SICH EINE EHEMALIGE RAKETENSTATION DER NATO-LUFTABWEHR, IN DER BIS ANFANG DER 90ER-JAHRE NOCH SOGENANNTE NIKE-RAKETEN STATIONIERT WAREN. ÜBER 400 SOLDATEN BEWACHTEN DIE KLEINE, ABER MILITÄRISCH ÜBERAUS WICHTIGE STATION INMITTEN DER SO FRIEDLICHEN EIFELLANDSCHAFT WÄHREND DES KALTEN KRIEGES. HEUTE VERKOMMT DIE MILITÄRISCHE ANLAGE, VON DER AUS IM ERNSTFALL ATOMARE SPRENGKÖPFE ABGEFEUERT WORDEN WÄREN.

Es ist ein echter Lost Place, der allerdings nicht öffentlich zugänglich und nur von außen zu besichtigen ist. Ob das ein spannender Ort

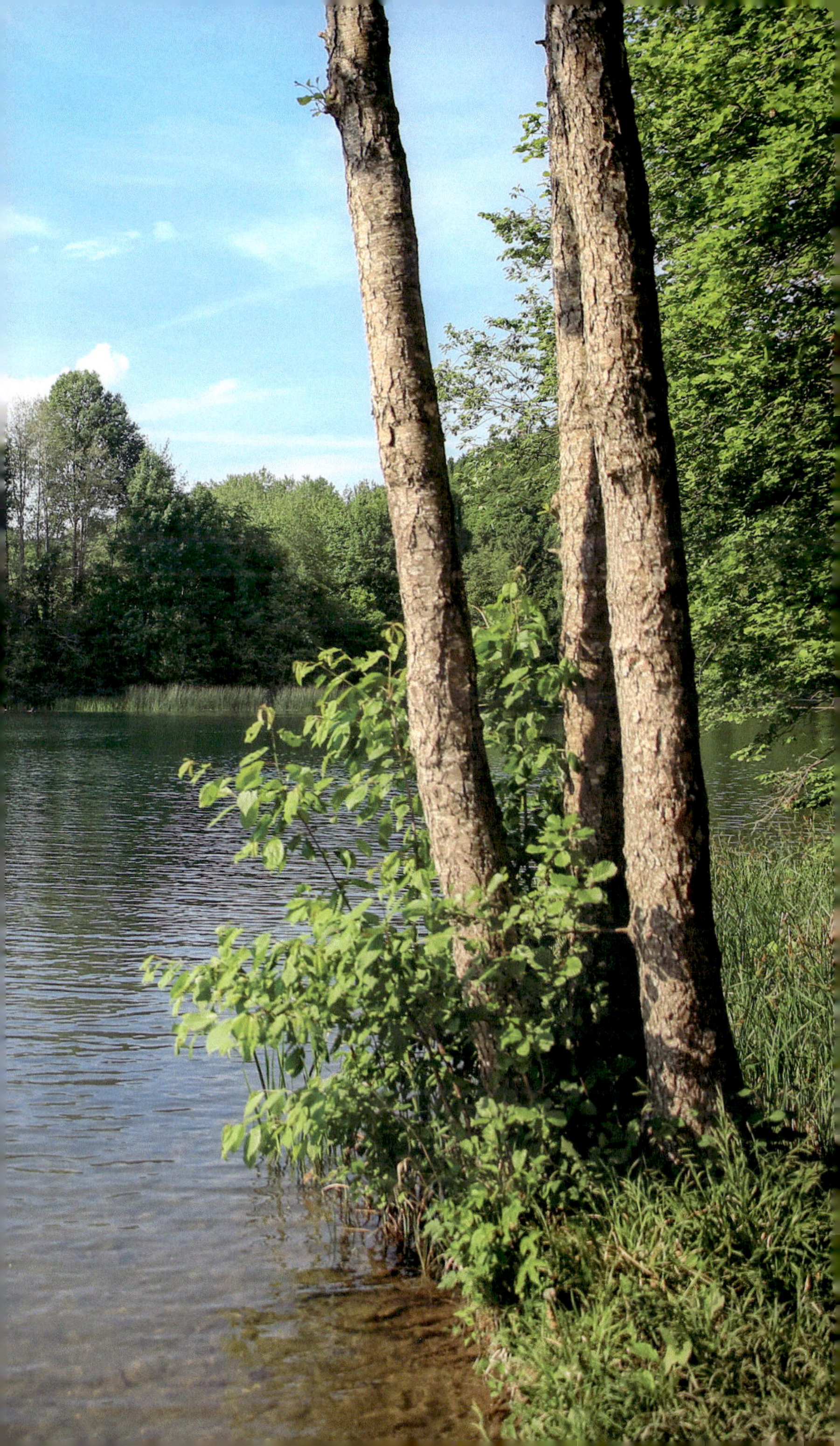

für Kinder ist, bleibt dahingestellt. Wer dennoch mal gucken will, quert bei Kilometer 5,2 nicht die Straße, sondern läuft entlang der geraden Böschung ca. 300 Meter weiter zum Gelände – diese Passage ist jedoch nicht kinderwagentauglich.

Der Kontrast zwischen schattigem Waldrand auf der einen und weitläufiger, sonniger Fläche auf der anderen Seite ist schön anzusehen und begleitet euch nun ein Stück, ehe es etwas steiler über einen Wiesenweg hinab ins TAL DES WEILERBACHES 3 geht. Hier unten ist kein Geräusch mehr zu vernehmen. Man hört nur den leichten Wind, der um die Ohren säuselt, und den Schotter, der unter den Wanderschuhen knirscht. Einfach mal stehen bleiben, tief durchatmen und die Ruhe aufsaugen. Köln? Könnte gerade nicht weiter weg sein. Die EifelSchleife führt euch nun entlang des Weilerbaches. Mal so nah, dass ihr es plätschern hört. Mal in etwas größerer Ent-

Weite Wiesen, weite Felder: Der Blick reicht an vielen Orten kilometerweit in die Ferne

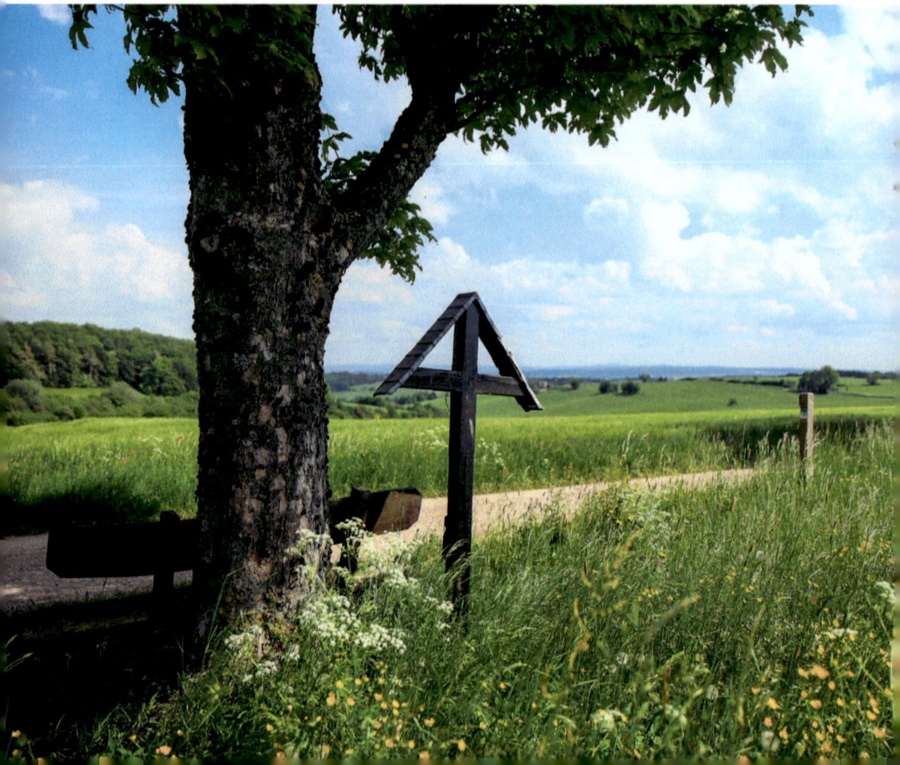

fernung, aber immer inmitten von wunderschöner, unberührter Wiesen- und Waldlandschaft. Ein wirklich idyllisches Plätzchen, das sich der fleißige Bach hier gegraben hat. Doch wir Deutschen würden dem Klischee nicht gerecht, würden wir einem so schönen Platz nicht einen komplizierten, bürokratischen und abschreckenden Namen geben: Offiziell heißt dieses Naturschutzgebiet nämlich »Obere Ahr mit Mülheimer Bach, Reetzer Bach und Mühlenbachsystem«.

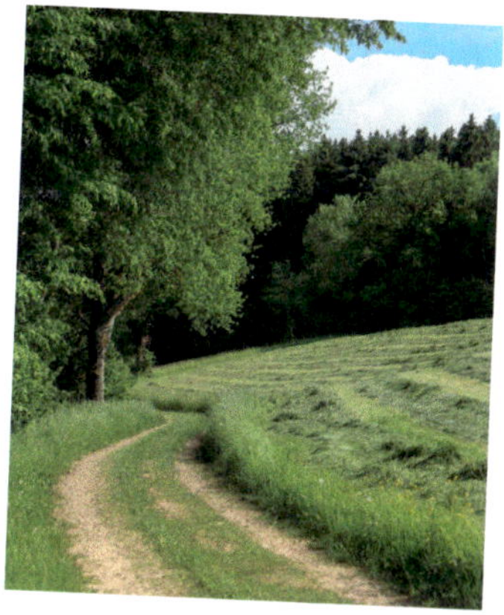

IM IDYLLISCHEN WEILERBACHTAL

SEIT 1976 EXISTIERT DER VON EINER 25 METER HOHEN MAUER AUFGESTAUTE FREILINGER SEE. ER WIRD MIT FRISCHEM QUELLWASSER GESPEIST UND WEIST DADURCH EINE EXTREM HOHE WASSERQUALITÄT AUF. KÜHLES, KLARES WASSER STATT DER BRAUNEN SUPPE DES RHEINS – WELCH ERQUICKENDE ABWECHSLUNG.

Ganz offiziell heißt der Freilinger See übrigens Stauanlage Weilerbach, doch egal, wie man das Kleinod nennt: Es ist ein Wassereldorado mitten in der Eifel, auf dessen 11 Hektar großer Fläche ihr windsurfen, tauchen, rudern, paddeln, angeln und natürlich schwimmen könnt. Und wer es gemütlicher mag, der nutzt eine der sonnigen Liegewiesen und erholt sich von der Wanderung.

Kurz vor dem Freilinger See wechselt ihr die Talseite und überquert den Bach. Nach ein paar Treppenstufen – für Kinderwagen wurde eigens eine Rampe gebaut – erreicht ihr einen breiten Waldweg. Dann werden mit jedem Schritt die Konturen des FREILINGER SEES (4)

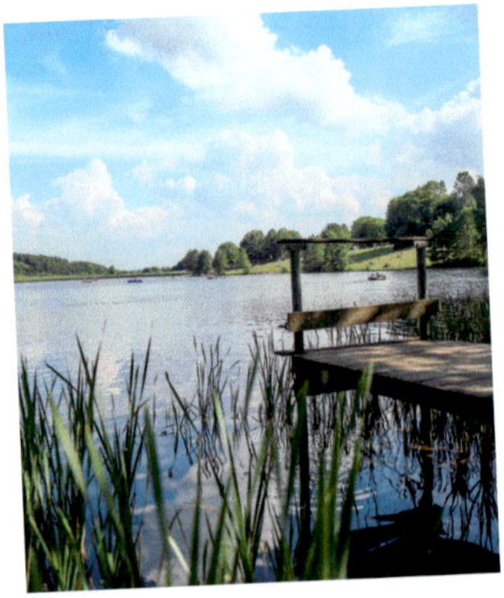

Am Freilinger See

durch das Blattwerk hindurch deutlicher. Der Wald erstreckt sich hier bis an das Ufer, er wirkt stellenweise wild und unberührt. Nur die Liegewiesen auf der gegenüberliegenden Seite lassen erahnen, dass es sich beim Freilinger See auch um ein Naherholungsgebiet handelt. Auf fast ausschließlich ebener Strecke wandert ihr nun um den See herum, zunächst auf einem breiten Forstweg, dann auf einer pfadähnlichen, aber dennoch kinderwagentauglichen Passage und letztlich über die kleine Staumauer bis zur Seebar, die mit kühlen Getränken und warmen Snacks auf euch wartet. Wer noch nicht genug frische Luft hatte, der tobt sich auf dem großen Spielplatz oder im kühlen Nass nach Herzenslust aus.

Tipp: *ABENTEUERVARIANTE*

So richtig spannend wird die Runde um den Freilinger See mit einer anschließenden Übernachtung im Trekkingcamp, das ganz in der Nähe versteckt liegt und wo man inmitten der Natur sein Zelt aufschlagen kann. Bei wolkenlosem Himmel ist hier der Nachthimmel in seiner ganzen Pracht zu bewundern, fernab von der Lichtverschmutzung unserer Zivilisation. Passend gewählt daher auch der Name des Trekkingplatzes: Großer Wagen. Wollt ihr auf dem wilden Zeltplatz übernachten, ist vorab eine Reservierung erforderlich, welche unter www.trekking-eifel.de schnell getätigt ist. Die genaue Lage samt detaillierter Wegbeschreibung erfahrt ihr nach erfolgreicher Buchung. Auf eine unvergessliche Nacht im Freien!

Alles, was ihr wissen müsst

Rundtour: kurze Wanderung mit leichtem Profil // keine besonderen Schwierigkeiten für Kinder // **kinderwagentauglich** (geländetauglicher Kinderwagen empfohlen), bei bzw. nach starker Nässe nicht zu empfehlen

Markierung: Logo der EifelSchleifen

Entfernung von Köln: 74 Kilometer
ÖPNV: mit der Bahn nach Blankenheim (Wald), von dort mit dem Bus 832 nach Blankenheim Busbahnhof und von dort Anrufsammeltaxi 832 zum Freilinger See (02441/99454545, 30 Min. vor Abfahrt)
Auto: Große kostenfreie Parkplätze direkt am See, Am Freilinger See 2, 53945 Blankenheim

Einkehr: **Freilinger Seebar,** Am Freilinger See 2, 53945 Blankenheim, freilinger-see-bar.de

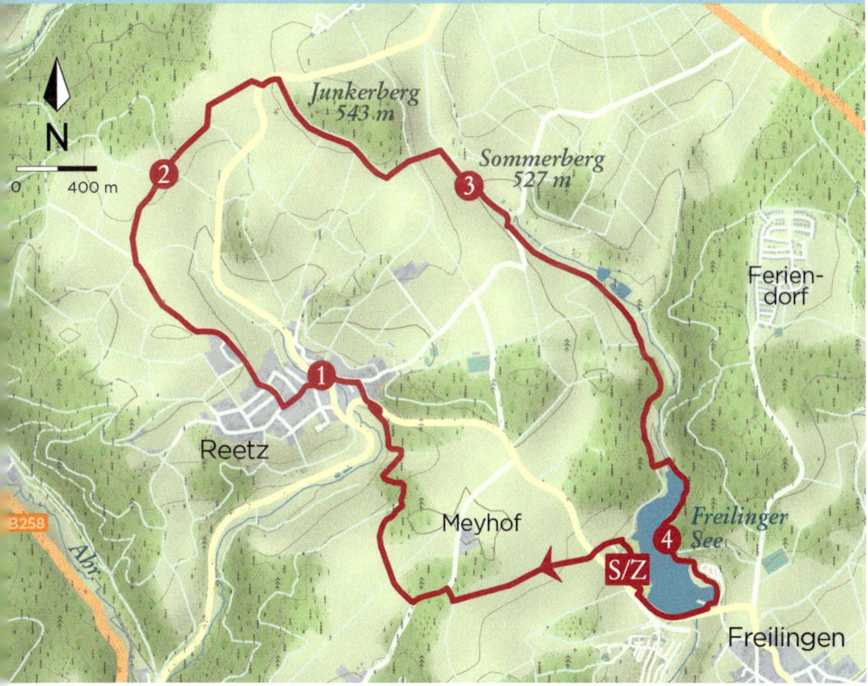

Historische Spuren rund um Hellenthal

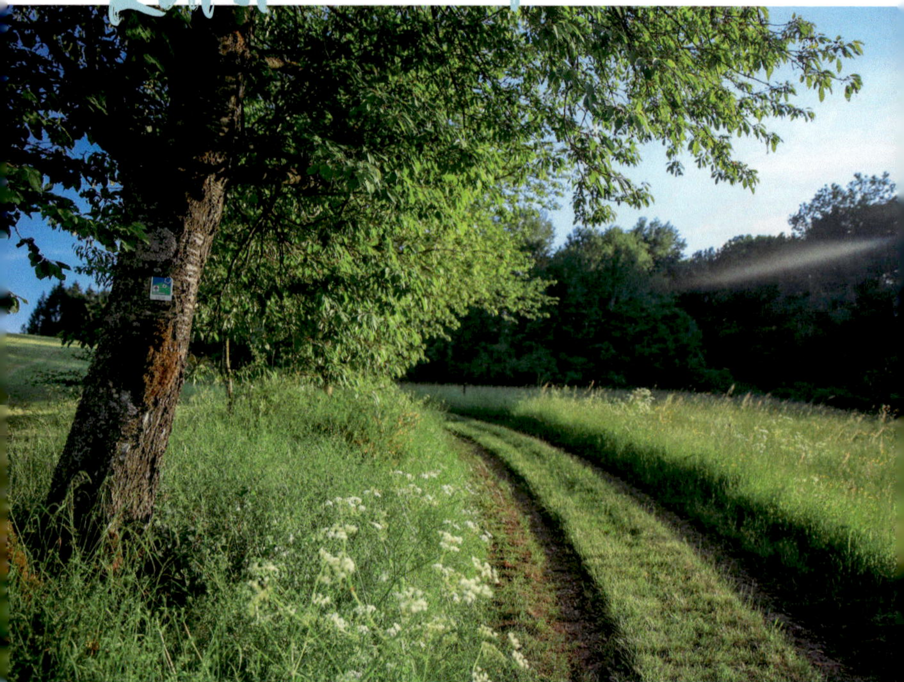

Schwierigkeit: mittel // 13,7 Kilometer // 390 Höhenmeter

Für Familien mit Kindern geeignet

AUF DEN FÄHRTEN DER BESTÄNDIGKEIT: WUNDERSCHÖNE LANDSCHAFTEN UND GESCHICHTSTRÄCHTIGE ORTE

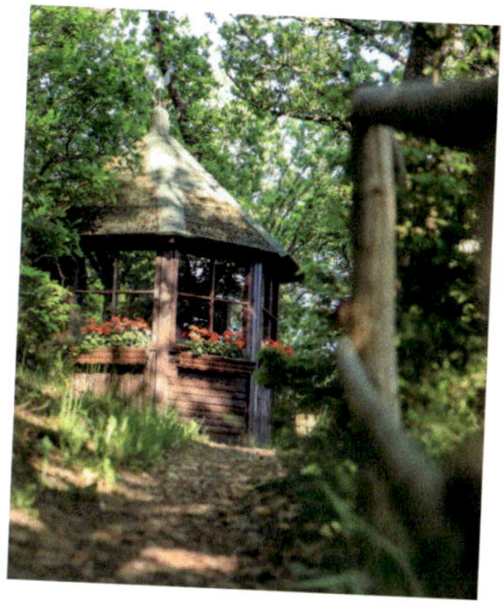

Hellenthaler Sündentempel

Taucht ein in die mittelalterliche Welt von Reifferscheid und träumt euch von einem der vielen Aussichtspunkte mit Blick auf die hügelige Nordeifel in die Ferne. Ein sehr gut erhaltener mittelalterlicher Stadtkern und zwei Burgruinen setzen die historischen Akzente während der Wanderung »Auf den Spuren der Raubritter«, die als eine der insgesamt 18 EifelSpuren perfekt markiert ist und ein sorgloses Wandererlebnis garantiert. Hoch über der Olef, über Hellenthal und Blumenthal wandert ihr über offene Hochflächen und durch Wälder, in denen ihr vor allem eines seid: weit weg vom Alltag.

Los geht es am Bahnhof in Hellenthal; folgt während der gesamten Tour einfach dem grün-weiß-blauen Logo der EifelSpur. Doch Vorsicht: An manchen Stellen kreuzen sich mehrere EifelSpuren, achtet also immer auf den Schriftzug »Auf den Spuren der Raubritter«. Vom betriebsamen Hellenthal geht es zunächst für einige Meter entlang der friedlichen Olef, welche ihr bald überquert. Schnell lichten sich die Häuserreihen, und mit jedem Schritt nähert ihr euch dem Wald außerhalb des kleinen Städtchens. Kurz vor dem Waldfriedhof zweigt ein wurzeliger schmaler Pfad ab, ihr gewinnt im Schutz der Bäume schnell an Höhe, und euer Körper kommt langsam auf Touren. Auf halber Höhe geht ihr zunächst hangparallel weiter, an vielen Stellen öffnet sich der Wald, und ihr könnt auf die Dächer von Hellenthal zu euren Füßen hinabblicken. Da unten Trubel, hier oben Frieden. Der abwechslungsreiche Pfad bringt euch im weiteren Verlauf zum SÜNDENTEMPEL 1, einer kleinen Schutzhütte, die ihren Namen dem einen oder anderen romantischen Techtelmechtel von Hellenthaler Liebespaaren verdankt. Kommt bloß nicht auf falsche Ideen!

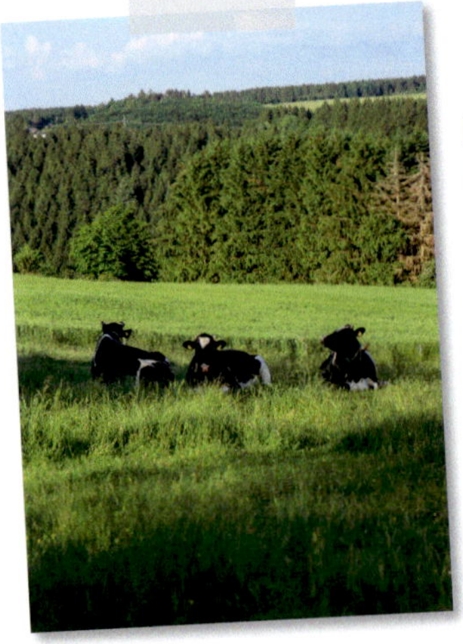

Jetzt verlasst ihr die Hangkante, kehrt Hellenthal den Rücken zu und erreicht kurze Zeit später eine weitläufige Wiese, die ihr steten Schrittes erklimmt. Kein städtisches Geräusch dringt mehr aus dem Tal zu euch nach oben. Hier singen die Vögel, rauschen die Bäume und knirschen die Kiesel. Breite, leicht zu begehende Wege, die immer wieder mit neuen Perspektiven überraschen, führen euch irgendwann zurück zur steilen Hangkante, diesmal hoch über Blumenthal. Hier wechselt ihr auf einen Pfad, der euch nach unten ins Tal bringt. Auf halber Strecke passiert ihr das mächtige Kreuz auf dem KREUZBERG 2; seit 2009 thront es über dem kleinen Ort. Einst stand hier ein Kriegerdenkmal für die gefallenen Soldaten des Ersten Weltkriegs, doch das wurde bei einem Angriff auf die Blumenthaler Eisenbahnbrücke zerstört. Im Laufe der Zeit entstand die Idee, diesen Platz wieder mit Leben zu füllen, und so war der Entschluss zur Errichtung des beeindruckenden Kreuzes geboren.

Von hier aus ist es nicht mehr weit nach Blumenthal. Unten angekommen, überquert ihr die Trasse der Oleftalbahn (nur noch von touristischem Museumsbahnverkehr genutzt), wandert vorbei am Bahnhof und landet schließlich auf der Hauptstraße. An dieser bleibt ihr nur kurz, dann biegt ihr noch vor der Bäckerei Ballmann rechts in die Fuchsgasse ein. Hier regiert wieder die Natur. Der Pfad entlang des Reifferscheider Baches führt euch in einem lang gezogenen Grünstreifen durch Blumenthal, an dessen Rand ihr ein Neubaugebiet streift, bevor ihr dem Ort den Rücken zukehrt. Jetzt ist Schnaufen angesagt, ihr wandert steil bergauf in Richtung Wollenberg, und der eine oder andere Schweißtropfen dürfte euch an heißen Tagen den Rücken hinunterrinnen. Fast schon zynisch erscheint es da, dass ihr auf der Höhe den dichten Wald nur kurz verlasst, um sofort wieder hinab durch ein wildes Bachtal zu wandern. Bis ganz nach unten gelangt ihr allerdings nicht auf diesem steilen Weg – stattdessen geht es schweißtreibend erneut hinauf zur WÜSTUNG ALTENBERG 3, einer ehemaligen Burganlage.

VON DER BURGWÜSTUNG ALTENBERG IST NICHT MEHR ALLZU VIEL AUSZUMACHEN, AUCH HISTORISCHE ÜBERLIEFERUNGEN GIBT ES NICHT ZU DIESEM ORT. SO BRAUCHT ES SCHON EINIGES AN VORSTELLUNGSKRAFT, UM SICH AUSZUMALEN, WAS HIER EINST ZU SEHEN WAR.

Behauene Mauersteine, das grabenartig eingeschlossene Plateau, die hügelartige Aufschüttung sowie Reste einer Ringmauer verraten zwar, dass hier einst eine Burg gestanden haben muss, doch wo genau und wer sie wie erbaut hat – das wird wohl ein Geheimnis bleiben.

Das urige Burgcafé im mittelalterlichen Stadtkern von Reifferscheid ist eine schöne Einkehradresse

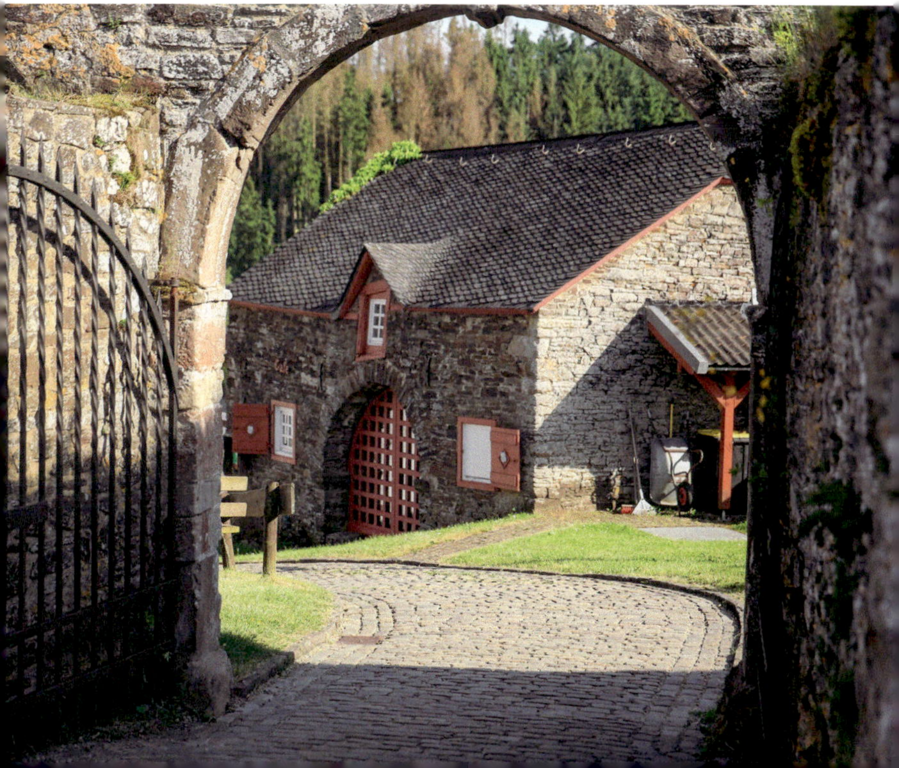

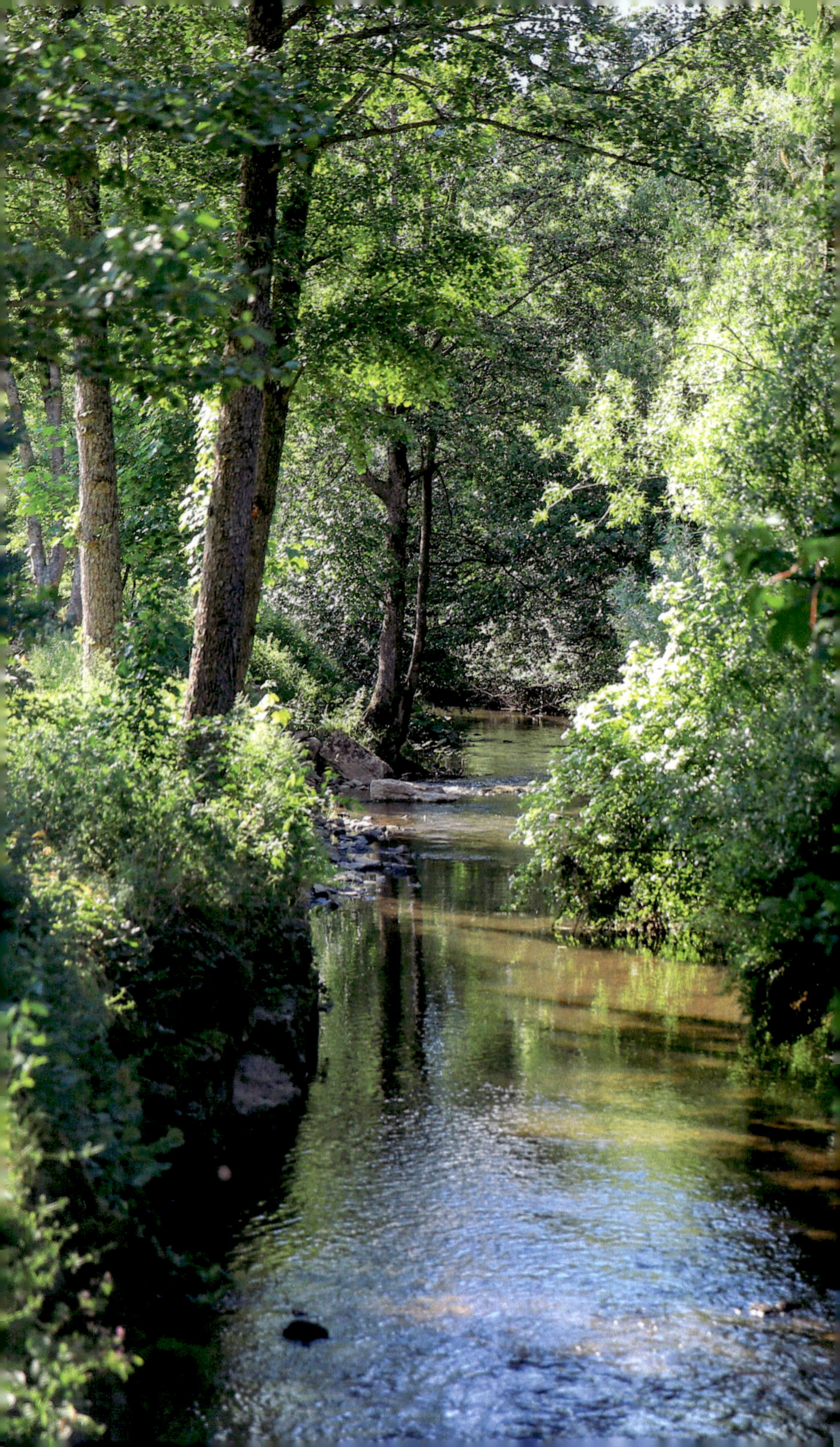

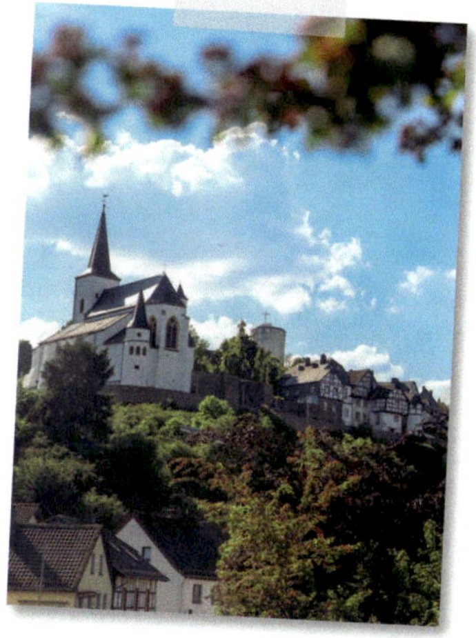

Noch ein paar Meter bergauf, dann habt ihr es geschafft. Der Wald lichtet sich, über euch prangt der hoffentlich strahlend blaue Himmel, und vor euch breitet sich ein sattgrüner Wiesenteppich aus. Entspannt schlendert ihr nun entlang der wunderschönen Wiesen bis zu einem geschützt gelegenen Rastplatz, an dem sich gut verschnaufen lässt. Es folgt ein Pfad, der euch steil hinab nach Reifferscheid bringt, das mit seiner majestätischen Lage auf einem Bergsporn ein tolles Motiv abgibt. Nach ein paar Schritten durch den kleinen Ort erobert ihr die alte Burg. Die markierte Route führt nur bis zum historischen Stadttor und nicht durch den mittelalterlichen STADTKERN VON REIFFERSCHEID (4), ein kurzer Abstecher zur Burg ist jedoch unbedingt empfehlenswert!

DIE 1106 ERSTMALS ERWÄHNTE BURG REIFFERSCHEID MUSSTE IN IHRER LANGEN GESCHICHTE EINIGES ERLEIDEN. 1669 DURCH EINEN BRAND FAST VOLLSTÄNDIG VERNICHTET, WURDE SIE ZWAR ALS PRUNKVOLLES SCHLOSS WIEDER AUFGEBAUT, DOCH DER BAROCKE GLANZ WÄHRTE NICHT LANG. DENN SCHON WÄHREND DES REUNIONSKRIEGS WURDE DAS STEINERNE BAUWERK ERNEUT ZERSTÖRT. ES FOLGTE DIE VERSTEIGERUNG UND LETZTLICH DIE AUSSCHLACHTUNG ALS STEINBRUCH.

Dennoch und zum Glück thront heute noch der imposante Bergfried über dem mittelalterlichen Stadtkern. Über 600 Jahre lang blieb er unverändert erhalten.

Das alte Stadttor ist wie ein Tor in die Vergangenheit, denn kaum ist man durch den steinernen Wall getreten, fühlt man sich ins Mittelalter

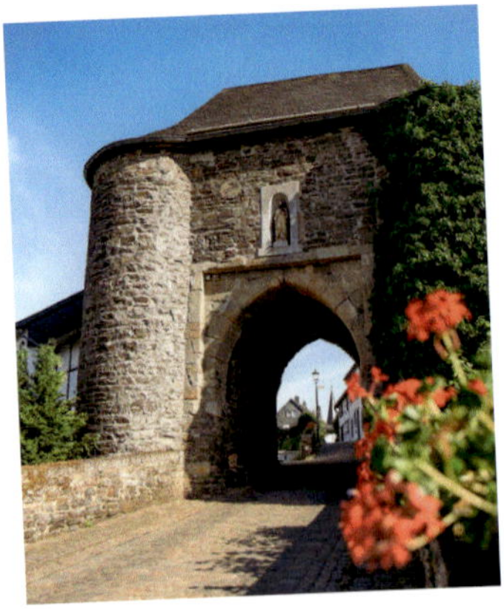

ALTES STADTTOR IN REIFFERSCHEID

versetzt. Die krummen und schiefen Fachwerkhäuser, die alten Gemäuer und Wälle sowie die engen gepflasterten Gassen geben ein urromantisches Bild ab. Fehlen nur noch ein paar Pferde, Ritter und Mägde, und die Zeitreise wäre perfekt. So schlendert ihr quasi durch das düstere Zeitalter bis zur alten Burganlage, von der heute leider nicht mehr viel übrig ist. Den Turm jedoch gibt es noch, und ihr solltet ihn unbedingt erklimmen. Von oben habt ihr eine fantastische Aussicht auf die hügelige Eifel. Eine tolle Adresse ist das kleine Burgcafé, das unter Einheimischen als echter Geheimtipp gilt. Im Schatten der alten Gemäuer geht es anschließend zurück zur EifelSpur.
Die macht sich nun wieder auf in Richtung Hellenthal, zunächst am Waldrand mit tollem Blick auf die welligen Wiesen über Reifferscheid, dann auf schmalen und wurzeligen Pfaden durch den Wald. Dieser lichtet sich bald, und es folgt eine aussichtsreiche Passage entlang einiger Weiden und Felder. Genießt den Fernblick und den Wind, der euch hier oben um die Ohren weht, bevor es zurück nach Hellenthal und letztlich zum Bahnhof geht, wo diese kleine Zeitreise ins Mittelalter endet.

WENN IHR SCHON IN DER GEGEND SEID, BESUCHT UNBEDINGT DIE GREIFVOGELSTATION MIT WILDGEHEGE IN HELLENTHAL, SIE WAR EINE DER ERSTEN IHRER ART IN MITTELEUROPA UND BEHERBERGT NEBEN DEM WINZIGEN SPERLINGSKAUZ AUCH GIGANTEN WIE DEN ANDENKONDOR MIT SEINEN ÜBER DREI METERN SPANNWEITE. GREIFVOGELSTATION-HELLENTHAL.DE

Alles, was ihr wissen müsst

Rundtour: kurze bis mittellange Wanderung mit knackigem Profil // keine besonderen Gefahren für Kinder // **nicht kinderwagentauglich**

Markierung: Logo der EifelSpuren

Entfernung von Köln: 84 Kilometer
ÖPNV: mit der Bahn nach Kall, von dort mit der Oleftalbahn nach Hellenthal. (Die Oleftalbahn wird nach Baumaßnahmen voraussichtlich 2022 wieder den Betrieb aufnehmen. In der Zwischenzeit gelangt ihr mit dem Bus 829 nach Hellenthal)
Auto: kostenlose Parkplätze im Bereich des Bahnhofs, Kölner Straße, 53940 Hellenthal

Einkehr: **Bäckerei-Café Ballmann,** Schleidener Straße 3, 53940 Hellenthal // **Burgcafé Eulenspiegel,** Zehntweg 12, 53940 Hellenthal

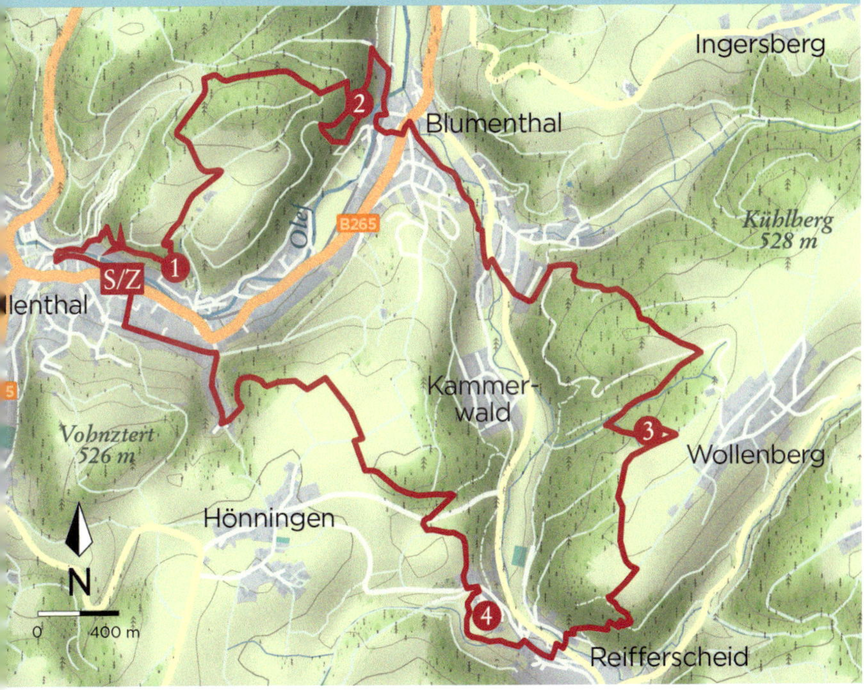

Erlebnistour am Wilden Kermeter

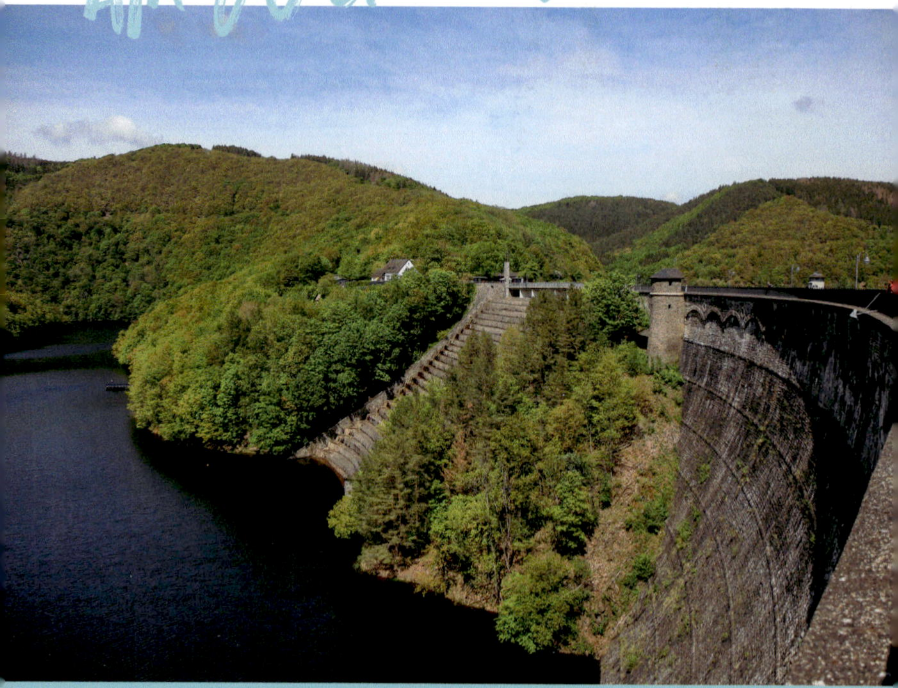

Schwierigkeit: leicht // 8,6 bzw. 12,4 Kilometer // 125 bzw. 266 Höhenmet

Für Familien mit Kindern besonders geeignet

RIESENSPASS FÜR KIDS:
ZU FUSS UND SCHIFF
DURCH DEN NATIONALPARK EIFEL

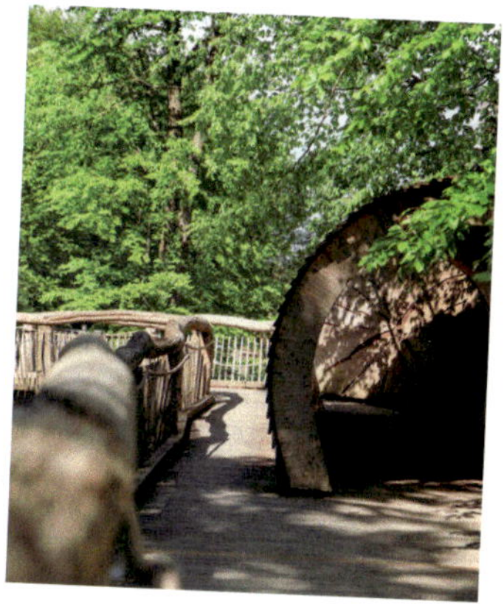

Holzstege am Wilden Weg

Ein toller Wandertag erwartet euch und eure Kinder im Herzen des Nationalparks Eifel. Auf dem barrierefreien und damit perfekt für Kinderwagen geeigneten Wilden Weg im Naturerlebnisraum Wilder Kermeter findet ihr toll gestaltete Lehrstationen zu allerlei Waldbewohnern. Wandert über malerische Holzstege auf den Spuren von Wisent, Wolf und Luchs, horcht in den Wald hinein und seht, wie die Natur hier ohne den Einfluss des Menschen walten kann. Auch der Kletterpfad über zahlreiche kreuz und quer liegende Baumstämme macht Kindern großen Spaß. Nicht zuletzt sorgen die kurze Schifffahrt über den Urftsee, der Blick auf die imposante ehemalige NS-Ordensburg Vogelsang oder die Einkehr im Ausflugslokal an der Urftstaumauer für jede Menge Abwechslung im Freien. Diese Tour ist mit und ohne Kinderwagen möglich; bei letzterer Variante werden 3,7 Kilometer der Gesamtlänge optional mit Hilfe eines Ausflugsschiffs bewältigt. Los geht es für beide Varianten am großen Wanderparkplatz auf dem langgezogenen Höhenrücken des Kermeters. Von dort aus folgt ihr dem Fußweg zum Treffpunkt der Ranger und landet nach wenigen Metern am Eingangsportal des Wilden Weges. Über schön gestaltete, insgesamt 210 Meter lange Holzstege führt er mitten durch die wilde Eifel. Hier wird die Natur seit 2014 sich selbst überlassen. Bäume liegen quer, Moos wächst selbst in den kleinsten Zwischenräumen, und überall im Unterholz entstehen kleine und große Biotope für Arten, die es anderswo schwerhätten. Entlang des barrierefreien Wilden Weges lernt ihr allerhand über die einzigartige Kraft der Natur und den hiesigen Lebensraum. Schilder im Baustellenstil führen vor Augen, dass die Natur hier tatkräftig am Werk

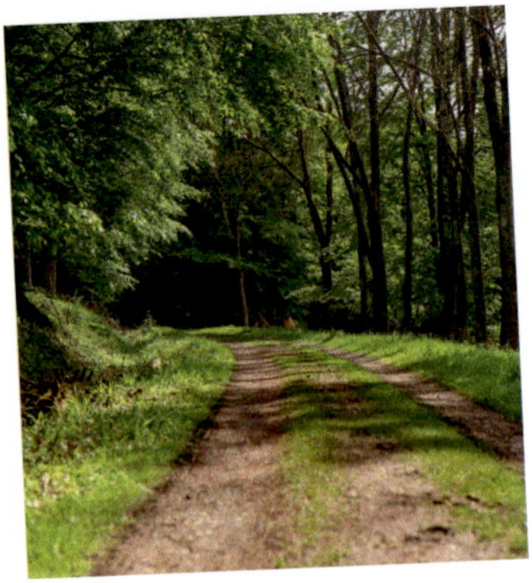

EINFACHE WALDWEGE

ist. Vorbei an lebensgroßen Stahlsilhouetten von Waldtieren und durch einen begehbaren Tunnel in Form eines liegenden Baumstammes passiert ihr viele Infotafeln über die Nutzung des Waldes und seine Entwicklung.

DER NATURERLEBNISRAUM WILDER KERMETER GILT ALS DAS DEUTSCHE VORZEIGEPROJEKT IN SACHEN BARRIEREFREIER NATURTOURISMUS. MIT DEM INSGESAMT 4,7 KILOMETER LANGEN, VÖLLIG BARRIEREFREIEN WEGENETZ HAT DER NATIONALPARK EIFEL EIN NATURERLEBNIS FÜR ALLE GESCHAFFEN. DENN NICHT NUR AN GEHBEHINDERTE MENSCHEN IST HIER GEDACHT, AUCH SEH- UND HÖRBEHINDERTE WERDEN MIT HILFE TAKTILER SYSTEME UND EINES GEPFLASTERTEN LEITSYSTEMS DURCH DIE NATUR GEFÜHRT. UND AN DEN VIELEN AUDIOSTATIONEN GIBT ES ALLE BEITRÄGE AUCH IN EINFACHER SPRACHE FÜR KOGNITIV BEEINTRÄCHTIGTE MENSCHEN.

Übrigens: Jeden Sonntag um 13 Uhr könnt ihr euch einer dreistündigen kostenlosen Rangertour durch den Erlebnisraum anschließen. Ihr erreicht den Infopavillon am Rande der großen Windwurffläche, die im Jahre 2007 entstanden ist. Damals hat Orkan Kyrill hier Hunderte Bäume dem Erdboden gleichgemacht; noch heute liegen die großen Stämme so, wie sie damals gefallen sind. Bis zu 225 Kilometer pro Stunde schnell waren die Windböen eines der heftigsten Orkane der letzten Jahrzehnte. Für Kinder ein Riesenspaß ist der mitten durch dieses Areal angelegte KLETTERPFAD (1), auf dem man über zahlreiche natürliche Stufen, Treppen und Stege klettern kann. Trittsicheren Kindern sollte das – im Zweifel in Begleitung von Erwachsenen – keinerlei Probleme bereiten. Alle anderen laufen auf dem Wilden Weg weiter, immer in Sichtweite vom Kletterpfad, bevor wenig später beide Wege wieder zusammenführen. Von hier ist es nicht mehr weit bis zum Ende des Wilden Weges, wo ihr auf einen breiten Forstweg trefft. Haltet euch hier rechts in Richtung Aussichtspunkt Hirschley. Ihr erreicht eine große Kreuzung namens Schwarzes Kreuz, wo ihr ebenfalls rechts abbiegt. Folgt dabei dem Wegweiser zur Hirschley mit der Gefällewarnung, die jedoch nur für Rollstuhlfahrer und nicht für Kinderwagen relevant ist. Nach einigen Kurven erreicht ihr die SCHUTZHÜTTE HIRSCHLEY 2, von der aus ihr einen fantastischen Blick über den Rursee zu euren Füßen und den waldigen Nationalpark Eifel habt.

Der Blick von der Hirschley hinunter zum Rursee ist beeindruckend

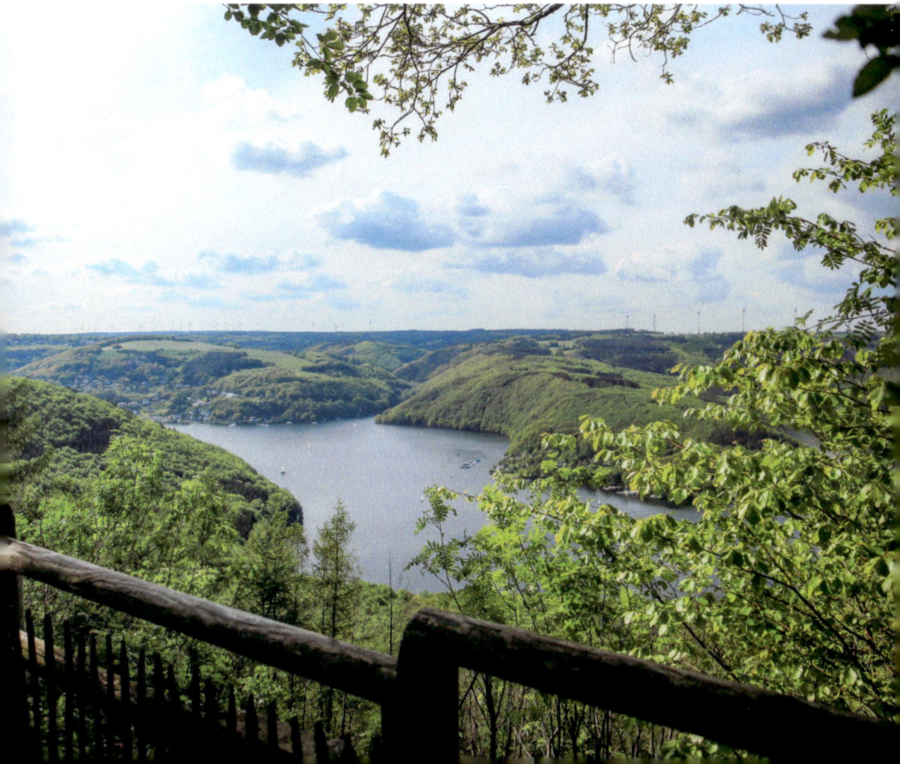

DER RURSEE IST DER ZWEITGRÖSSTE STAUSEE IN DEUTSCHLAND UND WIRD VON DER 77 METER HOHEN RURTALSPERRE SCHWAMMENAUEL GESTAUT. URSPRÜNGLICH ZUR WASSERSTANDSREGULIERUNG DER RUR ERBAUT, WIRD DIE RURTALSPERRE HEUTE NICHT NUR ZUR STROMERZEUGUNG GENUTZT, SONDERN GILT AUCH ALS ELDORADO FÜR ZAHLREICHE WASSERSPORTARTEN. OB KANUTEN, SURFER, SEGLER, RUDERER ODER PADDLER – HIER FÜHLEN SICH WASSERRATTEN ALLER COULEUR PUDELWOHL.

Jetzt geht es auf dem Waldweg weiter, folgt dem hölzernen Wegweiser in Richtung Rurberg. An der nächsten Kreuzung könnt ihr euch bereits wieder auf den beschilderten Rückweg zum Wander-

Der Kletterpfad am Wilden Weg ist ein Highlight für kleine, aber auch große Wanderer

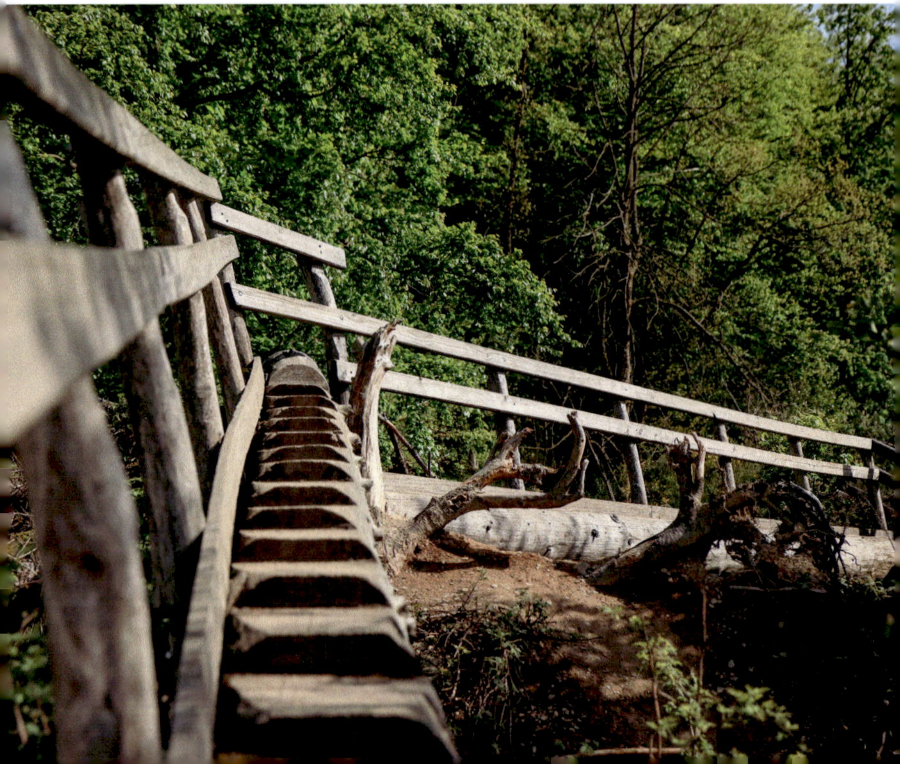

parkplatz Kermeter machen, falls euch das reicht. Alle anderen – egal ob mit oder ohne Kinderwagen – wandern weiter in Richtung Rurberg. Zunächst über einen schönen Waldweg, doch der knickt bald schon nach links ab; an dieser Stelle trennen sich die Routen mit und ohne Kinderwagen. Mit Kinderwagen geht es den Wegweisern nach, über einen leicht ansteigenden Forstweg mit sporadischen Blicken auf die Urftstaumauer sowie die NS-Ordensburg Vogelsang zurück zum Parkplatz Kermeter. Ohne Kinderwagen wandert ihr rechts hinab nach Rurberg (1,8 Kilometer) und landet umgehend auf einem immer steiler werdenden Pfad. Unten angekommen lichten sich die Baumreihen, und ihr gelangt an das glitzernde Ufer des Obersees, wo mit Hilfe des PAULUSHOF-DAMMS 3 sowohl Rur als auch Urft an ihrem Zusammenfluss gestaut werden. Vor dem Damm geht es links bzw. halblinks weiter zum Bootsanleger, von wo euch ein Schiff zur Haltestelle Urftseemauer bringt. Das Schiff fährt vier Mal täglich; samstags, sonntags und an Feiertagen sogar acht Mal. Bitte informiert euch vorab über die aktuellen Abfahrtszeiten unter www.rursee-schifffahrt.de. Die Fahrt hinüber zur Urftseemauer kostet circa 5 Euro pro Person (Kinder unter 15 Jahren 50 Prozent ermäßigt) und dauert etwa 30 Minuten, in denen ihr gemütlich die volle Pracht der Eifel genießen könnt. Wer lieber laufen möchte, folgt dem breiten Wander- und Radweg immer entlang des schlangenartig geformten Ufers. Nach einigen engen Schleifen zu Füßen der steilen Hänge des Kermeters erreicht ihr die mächtige URFTSTAUMAUER 4. Lasst es euch im Ausflugslokal mit Blick auf den idyllischen Obersee gutgehen.

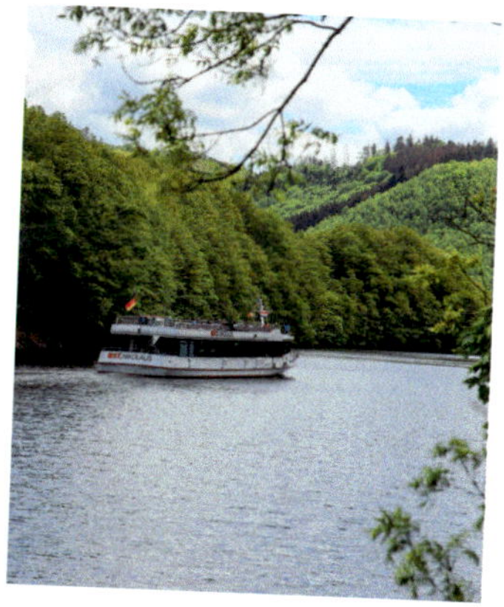

Schiff auf dem Urftsee

DIE URFTTALSPERRE IST DIE ÄLTESTE TALSPERRE DER EIFEL UND WAR FÜR EINIGE ZEIT DIE HÖCHSTE STAUMAUER EUROPAS. DIE DATEN KÖNNEN SICH AUCH HEUTE NOCH SEHEN LASSEN: SO IST DAS VON 1900 BIS 1905 AUS EIFELER GRAUWACKE UND TONSCHIEFER ERBAUTE BOLLWERK GANZE 58 METER HOCH UND 226 METER LANG.

Nach der Einrichtung des Truppenübungsplatzes Vogelsang im Jahre 1946 blieb der Urftstausee bis zum Abzug der belgischen Truppen im Jahr 2005 für die Öffentlichkeit fast vollständig unzugänglich. Gut, dass diese Zeiten vorbei sind und wir alle den traumhaften Anblick genießen können.

Satt und mit neuen Kräften geht es nun bergauf, zunächst zum Eifelblick »Urftstaumauer« etwas oberhalb des Ausflugslokals sowie der Staumauer, von dem ihr nicht nur einen tollen Panoramablick über Urft- und Obersee habt, sondern auch auf die ehemalige NS-Ordensburg Vogelsang, die hoch über dem Urftsee thront und Erinnerungen an dunkle Zeiten weckt. Dann folgt ihr der Markierung der Bachtäler-Höhenroute hinauf in Richtung Parkplatz Kermeter. Ein zunächst recht steiler, dann immer flacher werdender Pfad verschwindet hinter dem Eifelblick-Plateau im Wald und bringt euch zurück zur Kreuzung Schwarzes Kreuz, von wo aus ihr zuvor zur Hirschley gelaufen seid. Hier biegt ihr nun rechts ab auf den breiten Forstweg zurück zum Wanderparkplatz, wo diese ereignisreiche Familientour ihr Ende findet.

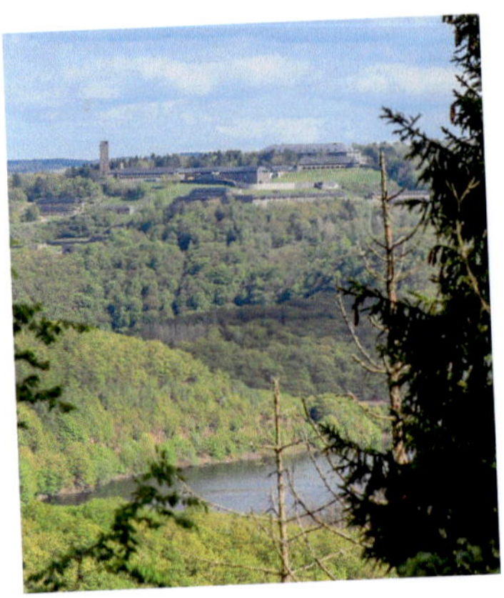

NS-Ordensburg im Blick

Alles, was ihr wissen müsst

Rundtour: leichte, kindgerechte Wanderung ohne große Schwierigkeiten // **kinderwagentauglich** (nur Variante 1, siehe Text)

Markierung: nicht einheitlich, bitte Text und/oder GPS beachten

Entfernung von Köln: 71 Kilometer
ÖPNV: mit Bus und Bahn (es gibt viele unterschiedliche Verbindungen ab Köln) zur Zielhaltestelle Wilder Kermeter, Schleiden-Wolfgarten, direkt am Wanderparkplatz
Auto: kostenloser Wanderparkplatz direkt am Startpunkt, Wilder Kermeter, 53937 Schleiden

Einkehr: **Ausflugslokal Urfttalsperre,** Urfttalsperre 1, 53937 Schleiden, urftseemauer.de

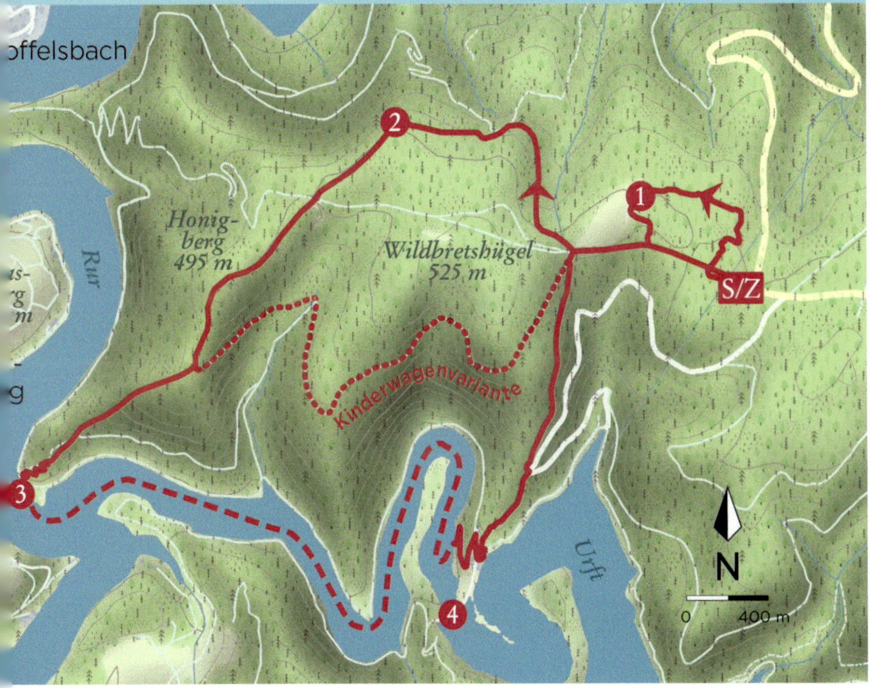

Trekkingtour durch den Nationalpark Eifel

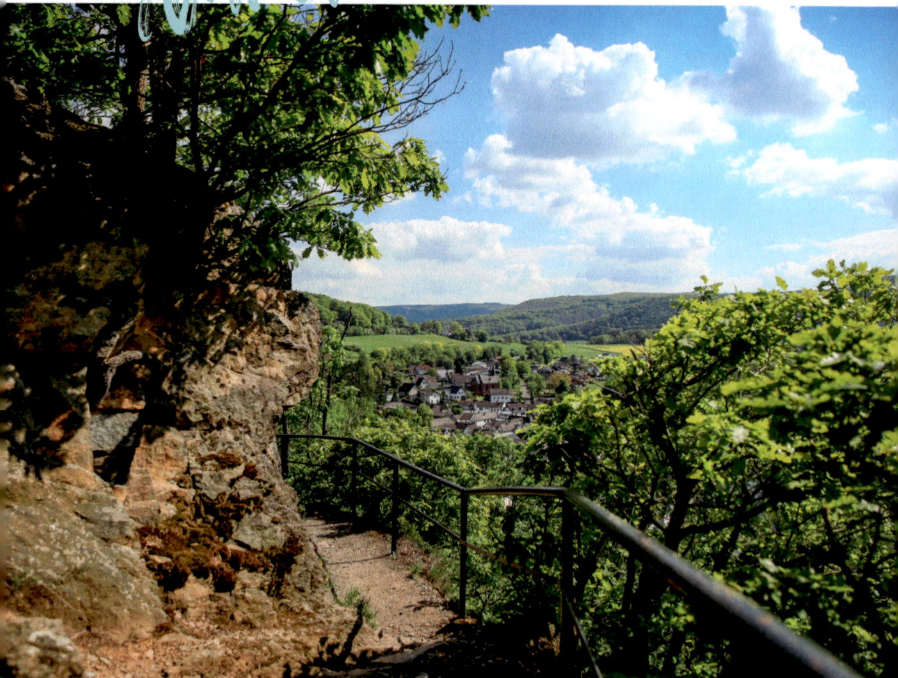

Schwierigkeit: schwer // 50,7 Kilometer // 1.480 Höhenmeter
Für Familien mit Kindern nicht geeignet

VON TREKKINGPLATZ ZU TREKKINGPLATZ: ZWEI TAGE MIT DEM ZELT AUF DEM RÜCKEN

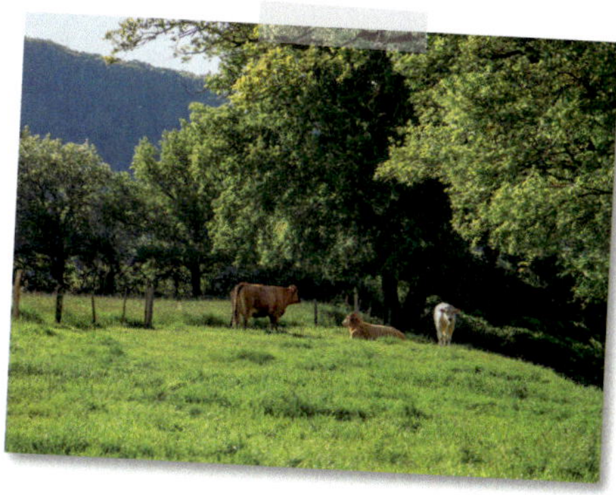

Mitten im Wald wild campen? Das ist in Deutschland aufgrund der Gesetzeslage eigentlich schwierig – doch in der Nordeifel möglich! Auf den dortigen Trekkingplätzen könnt ihr auf kleinen Holzplattformen in euren Zelten inmitten der Natur übernachten. Diese zwei- bzw. dreitägige Trekkingtour verbindet zwei der schönsten Plätze der Nordeifel auf einer anspruchsvollen Strecke, die »echtem« Trekking durch ihre Länge, aber auch durch fantastische Pfade, majestätische Felsen und wildromantische Landschaften im Nationalpark Eifel ganz nahe kommt.

WICHTIGE INFORMATION: DIE BELIEBTEN TREKKINGPLÄTZE MÜSSEN RECHTZEITIG UNTER WWW.TREKKING-EIFEL.DE RESERVIERT WERDEN. BUCHT FÜR DIE ERSTE NACHT DAS KRAWUTSCHKE BIWAK, FÜR DIE ZWEITE DEN PLATZ NAMENS »KLEINSCHWEDEN«.

Die genauen Standorte der Plätze sind zunächst geheim, ihr erfahrt diese erst bei erfolgreicher Buchung, dann erhaltet ihr auch eine Wegbeschreibung. Die hier vorgestellte Route samt GPS-Track beinhaltet daher nicht die tatsächlichen Wege zu bzw. von den Trekkingplätzen und nicht die endgültige Kilometerzahl. Die Länge und der Schwierigkeitsgrad der Route sind bewusst gewählt, um dem abenteuerlichen, aber auch anstrengenden Charakter einer Trekkingtour gerecht zu werden – ihr habt ja den ganzen Tag zur Verfügung.
Die erste Nacht: Dann kann es losgehen – vom Bahnhof Obermaubach am gleichnamigen blauen See folgt ihr am frühen Abend des ersten Tages der Wegbeschreibung, die ihr bei der Buchung erhalten habt, zum Krawutschke Biwak, dem vielleicht einsamsten aller

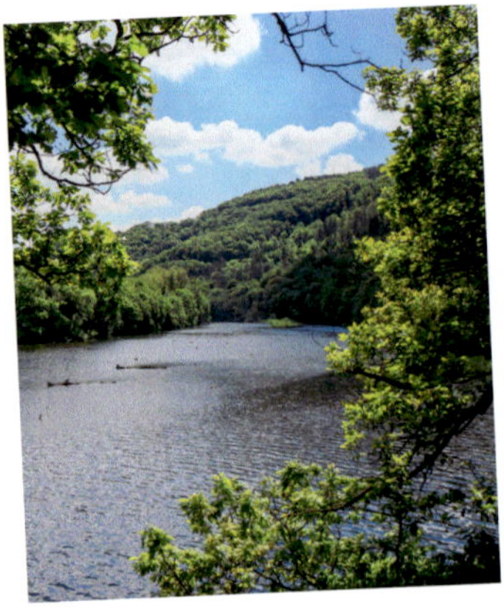

Der Stausee Obermaubach

18 Plätze der Nordeifel. Zunächst schlendert ihr noch durch den kleinen Ort, dann führt euch ein stiller Bergpfad durch ein verwunschenes Bachtal hinauf zum Nachtquartier, wo ihr in der Ruhe des Waldes eure Zelte aufschlagt.

Tag 1: *IM REICH DER FELSEN // 24,5 KM*

Von den ersten Sonnenstrahlen des Tages wachgekitzelt, lauft ihr ein Stück über den breiten Weg zurück aufwärts, dann aber nicht auf den Pfad von gestern, sondern nehmt die Spitzkehre bergauf. Vorbei an der Schutzhütte wandert ihr an den folgenden Kreuzungen geradeaus, bis der Pfad in einen Schotterweg mündet; hier links und sofort wieder rechts zum »Seeblick«. Nach diesem tollen Ausblick geht es über sattgrüne Wiesen am Waldrand entlang, ehe sich der Weg in einer Linkskurve ins Tal absenkt. Immer bergab, bis ihr rechts einen Pfad und den Wegweiser des Stausee-Rundwegs seht, der allerdings nur in Gegenrichtung zu lesen ist. Folgt diesem Pfad bis nah ans Ufer. An dieser Stelle beginnt die GPS-Route.

Mit der gestauten Rur an eurer Seite, deren Wasser in der Sonne glitzert, haltet ihr euch nun an den Weg mit der Nr. 62, die euch im weiteren Verlauf über die Rur sowie die dahinterliegende Bahnstrecke führt. Am Waldrand folgt ihr der Nr. 7 leicht bergauf durch den Wald, ehe sich diese in Richtung Lichtung verabschiedet. An dieser Kreuzung findet ihr rechts zwei flache Trittsteine und einen unmarkierten, aber gut ausgetretenen Pfad; steigt diesen steil hinauf, dann trefft ihr auf den Wegweiser der Buntsandsteinroute. An der gelb-roten Markierung orientiert ihr euch erst mal bis auf Weiteres in Richtung Nideggen. Es dauert nicht lange, da wird der Anstieg über den felsigen Bergrücken mit einem grandiosen Blick vom EUGENIENSTEIN 1 belohnt – hinweg über das Tal der Rur und über die geschwungenen Eifelhöhen. Die Buntsandsteinroute führt euch nun auf überaus abwechslungsreichen, meist schmalen Pfaden durch den Wald. Vorbei an Aussichtspunkten wie der Kickley oder dem sogenannten Felsenblick, gelangt ihr zum Hindenburgtor, einem imposanten Felsbogen, den ihr passiert. Hier gibt sich der Pfad überaus wild und abenteuerlich, ihr steigt über steile Felsstufen hinab, der enge Pfad windet sich in stetigem Auf und Ab durch das Felsenmeer, und bald darauf erreicht ihr die Christinenley, einen der beeindruckendsten Aussichtspunkte entlang der Tour. Vom luftigen Felsturm seht ihr nicht nur die BURG NIDEGGEN 2 auf den Eifelhöhen, sondern habt auch einen fantastischen Blick hinunter ins Tal der Rur. So geht es nun vorbei an markanten und aussichtsreichen Felstürmen bis nach Ni-

Ungewöhnliches Gebilde: Die Tour führt direkt durch das steinerne Hindenburgtor im Felsenmeer vor Nideggen

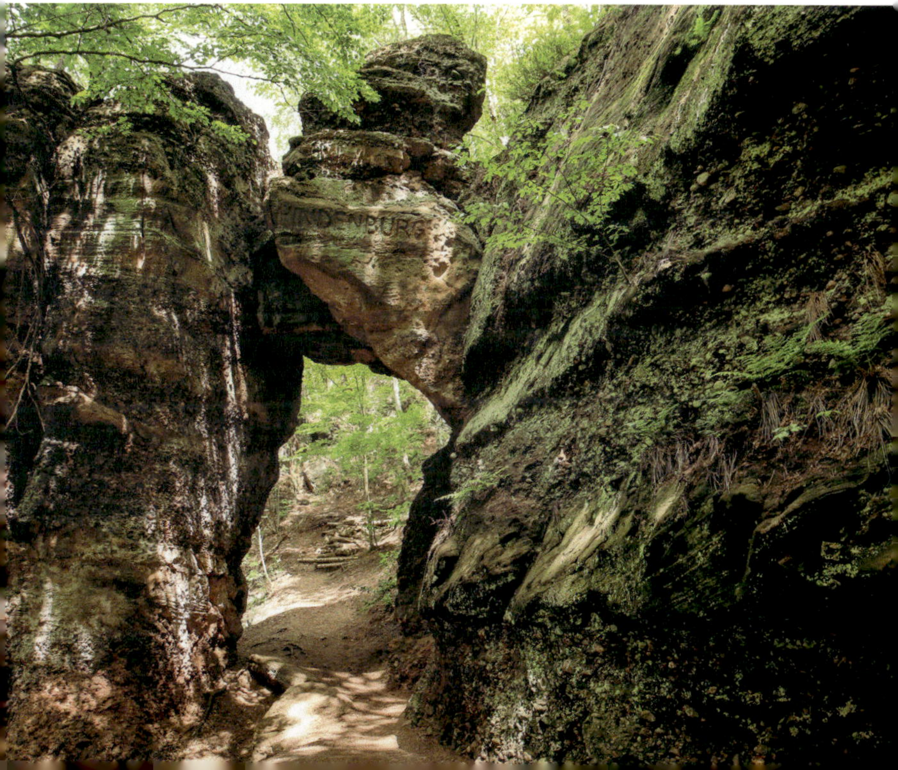

deggen, wo ihr unbedingt einen Abstecher in die historische Altstadt sowie zur Burg – samt Einkehr – machen solltet, die Buntsandsteinroute führt nicht direkt auf die Burg!
Direkt nördlich der Burg bzw. des Friedhofs orientiert ihr euch an der Nr. 37, welche im Vergleich zur Buntsandsteinroute eine schönere Route um Nideggen herum nimmt. Vor allem der balkonartige Panoramapfad unterhalb der Burg ist sensationell. Folgt der Nr. 37 an der Burg vorbei, später an der Jugendherberge am Waldrand (rotes Gebäude mit Eifelblick) und am Effelsdach, einem weiteren Felsturm mit toller Aussicht. Danach finden Buntsandsteinroute sowie Nr. 37 wieder zusammen. Beide führen daraufhin kurz hinunter ins Tal, dann geht es wieder steil hinauf, ehe sich die Routen abermals für eine Zeit trennen. Auch hier empfehle ich die Nr. 37, zunächst durch eine Fahrradsperre, dann über einen stillen Pfad mitten durch

Felstürme und steinerne Aussichtskanzeln säumen den Weg am ersten Tag

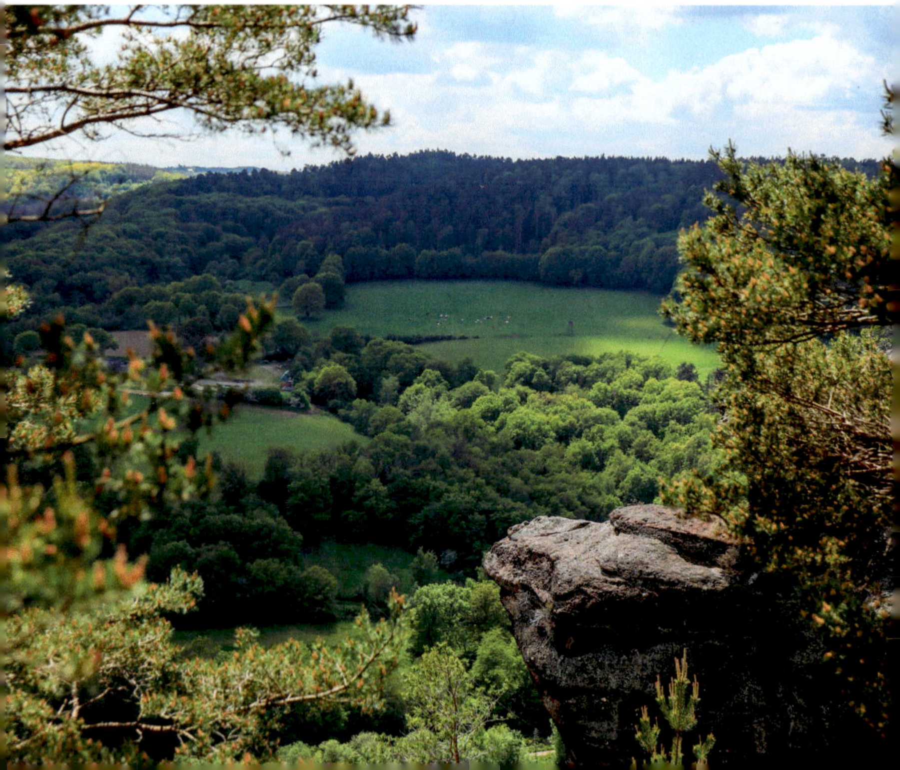

die beeindruckende Landschaft im Schatten kolossaler Felsbrocken bis zum Aussichtspunkt Kuehlenbusch. Ab hier folgt ihr nun der Buntsandsteinroute hinab nach Abenden, wo sich hinter dem idyllischen Örtchen die Landschaft langsam wandelt, und bis zum Trekkingcamp Kleinschweden. War die Umgebung vorher noch durch schroffe Felsen und steile Hänge geprägt, bestimmen im weiteren Verlauf vor allem grüne Wiesen und Weiden sowie das weite Tal der Rur das Landschaftsbild. Hier ist genussvolles Schlendern mit tollen Panoramablicken zu den Sandsteinformationen am Horizont angesagt. Vorbei an Blens und einmal quer durch Hausen gelangt ihr zum letzten Anstieg des Tages, an dessen Ende ihr mit Hilfe der Wegbeschreibung der Trekkingcamps zu eurem zweiten Nachtquartier unweit der Buntsandsteinroute sowie der Schutzhütte Kohnental findet.

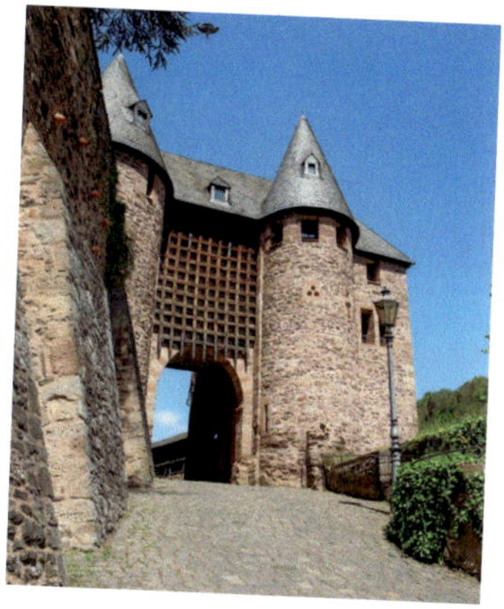

Wuchtig: Burg Heimbach

Tag 2: *NATIONALPARK-STREIFZUG // 28,2 KM*

Guten Morgen, auf geht's nach Gemünd. Folgt zunächst der Buntsandsteinroute hinab nach Heimbach und durch den Ort. Hinter der imposanten BURG HEIMBACH ③ – ein Abstecher lohnt sich – führt euch die Route direkt ans kühle Nass der Rur. Kurz am Ufer entlang, dann wandert ihr bergauf zum ersten Abzweig zur Abtei. Dort biegt ihr aber noch nicht ab, sondern bleibt auf der Buntsandsteinroute; am zweiten Abzweig jedoch verlasst ihr die gelb-rote Markierung mit dem Wegweiser zur Abtei (0,8 Kilometer). Nun geht es recht ordentlich hinauf, ehe ihr nach schweißtreibendem Anstieg den malerisch gelegenen Soldatenfriedhof mit der Abtei Mariawald

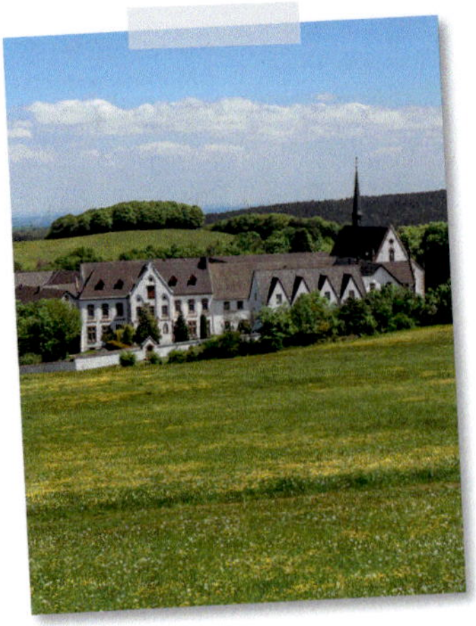

im Hintergrund erreicht – ein schönes Plätzchen für eine Pause. Von hier aus haltet ihr euch bis auf Weiteres an die hölzernen Wegweiser bzw. die gelb-rote Markierung des Wildnis-Trails. Vorbei an der Abtei mit Gaststätte und Klosterladen folgt ihr der Route durch den dichten Wald des Nationalparks Eifel. Es dauert eine Weile, bis sich der Wald lichtet und ihr das kleine Nationalparkdorf Wolfgarten erreicht (von hier lässt sich die Route südwärts nach Gemünd deutlich abkürzen, mehrere Wanderwege führen vom Dorfzentrum aus in Richtung Gemünd). Durchquert das Dorf, weiterhin auf dem Wildnis-Trail, und wandert dann durch das wunderschöne, ruhige und einsame Tal des Großen Böttenbachs bis hinab zur Urft. Hier verlasst ihr den Wildnis-Trail und geht rechts bis zur Victor-Neels-Brücke, mit deren Hilfe ihr den Urftsee überquert.
Auf der anderen Seite steigt ihr über einen Asphaltweg steil hinauf zur ehemaligen NS-ORDENSBURG VOGELSANG (4), deren Besuch und Erkundung beklemmende Gefühle hinterlässt. Am westlichen bzw. in Aufstiegsrichtung rechten Rand des Geländes trefft ihr auf den Eifelsteig sowie wenig später auf den Eifelsteig, welchem ihr nun bis zum Zielpunkt in Gemünd folgen könnt. Am Rande der Ordensburg und vorbei am Zufahrtstor, wandert ihr hinab ins Tal des Morsbachs, welchen ihr über einige Holztreppen sowie eine kleine Brücke quert. Dann müsst ihr noch ein letztes Mal hinauf – zum Modenhübel, einer weitläufigen, bunten Blumenwiese mit toller Aussicht auf die umliegende Landschaft, die mit sattem Grün besticht. Von dort weiter bis zum Bahnhof Gemünd.
Es gibt einige Variationsmöglichkeiten: Ihr könnt die Tour auch in zwei einzelne Tagesetappen teilen, vor allem Tag 1 eignet sich aufgrund der guten Bahnverbindung dafür. Oder ihr übernachtet nur einmal und lasst den ersten oder zweiten Trekkingplatz aus.

Alles, was ihr wissen müsst

keine Rundtour: sehr lange Zwei- bzw. Dreitagestour mit knackigem Profil // **nicht kinderwagentauglich**

Markierung: nicht einheitlich, größtenteils Buntsandsteinroute, Wildnis-Trail sowie Eifelsteig

Entfernung von Köln: 65,1 Kilometer
ÖPNV: mit der Bahn nach Kreuzau, Obermaubach, Rückfahrt: von Gemünd nach Köln
Auto: aufgrund der Streckentour nur bei Tagestrip empfehlenswert,

Einkehr: Tag 1: Biergarten auf Burg Nideggen, Kirchgasse 10 a, 52385 Nideggen, burgrestaurant-nideggen.de // **Gasthof Burg Hausen,** Hausener Straße 8, 52396 Heimbach, gasthofburghausen.com // **Tag 2: Klostergaststätte Abtei Mariawald,** 52396 Heimbach, kloster-mariawald.de // **Gastro Vogelsang,** Vogelsang 70, 53937 Schleiden, vogelsang-ip.de

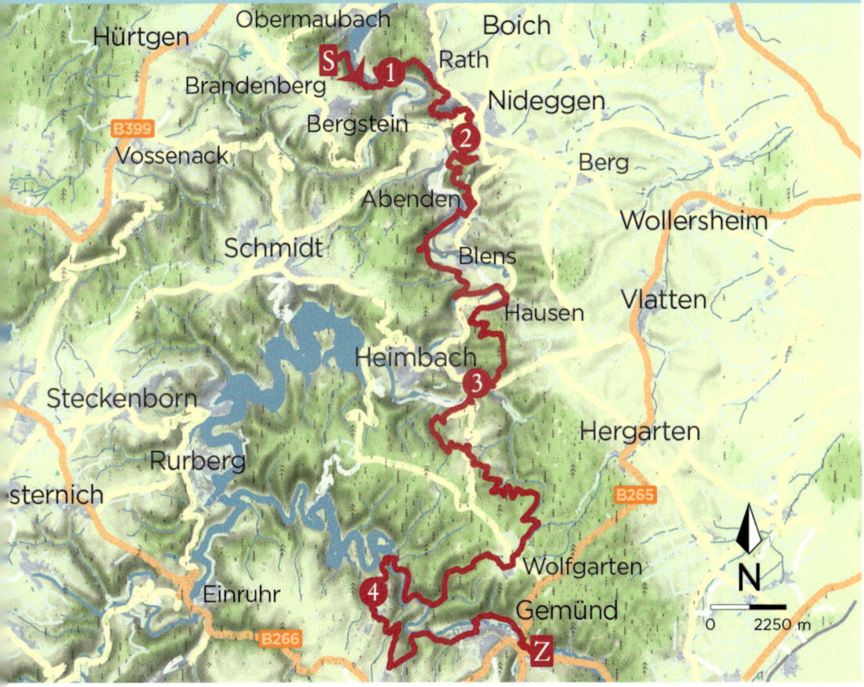

Traumhafte Bachtäler im Hohen Venn

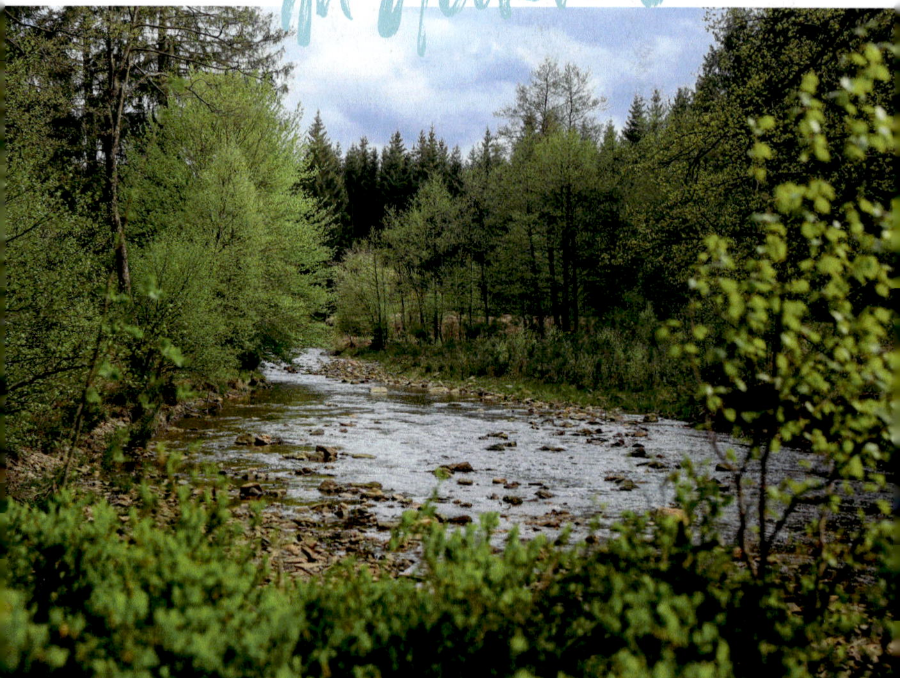

Schwierigkeit: mittel // 14,4 Kilometer // 164 Höhenmeter

Für Familien mit Kindern geeignet

WANDERUNG IN EINE ANDERE WELT: WO EINSAMKEIT, STILLE UND NATUR UNEINGESCHRÄNKT REGIEREN

Mögt ihr die Einsamkeit abgeschiedener Natur? Ohne die Geräuschkulisse der Zivilisation? Bachgeplätscher statt Autoverkehr und Vogelgezwitscher statt Baustellenlärm? Die Wanderung am Rande des Hohen Venns bringt euch buchstäblich in eine andere Welt. Eine Welt, in der der Mensch mal Pause hat und die Natur regiert. Wunderschöne, verschlungene und wurzelübersäte Pfade führen euch entlang von rauschenden Bächen zum Rand des Kutenhardts, einem ausgedehnten Moorgebiet, das einen ganz einzigartigen Zauber ausstrahlt und den Blick auf die offene Sumpflandschaft weitet.
Da diese Tour entlang vieler, naturnaher Bachtäler verläuft, empfehle ich das Tragen guter, mindestens halbhoher und wasserdichter Wanderschuhe. Turnschuhe und Sneaker sind hier nicht das Richtige. Die Orientierung ist kinderleicht dank des Wanderknotenpunktsystems, bei dem ihr einfach den einzelnen nummerierten Knotenpunkten folgt, welche mit Hilfe hölzerner Stelen ausgeschildert sind. Die Abfolge der Knotenpunkte findet ihr in der Tourenbeschreibung sowie in der Übersicht.
Dann kann es losgehen, und zwar auf dem kleinen Wanderparkplatz Weserbrücke am Rande von Roetgen. Noch befindet ihr euch auf deutschem Staatsgebiet, doch schon nach wenigen Metern in Richtung der Nr. 95 macht ihr rüber nach Belgien, und ein paar Schritte weiter umgibt euch bereits die Stille der Natur. Ihr wandert über einen schönen Weg hinab ins Wesertal. Vorbei an Wiesen und Weiden, die sattgrün in der Sonne strahlen, wird dieser allmählich schmaler. In vielen Kurven windet er sich hinab zum Talboden, wo ihr die Nr. 95 erreicht. Ab hier geht es in Richtung Nr. 21 weiter auf einem abwechslungsreichen Pfad über eine relativ frische Rodung. Immer mal wieder steigt ihr in einiger Entfernung zur Weser über Baumstämme oder am Boden liegendes Geäst, ehe euch der Wald verschluckt. Eng beieinander stehen die in den Himmel ragenden Fichten links und rechts des schmalen Waldpfads für euch Spalier.
Kurz bevor ihr geradeaus auf den Eschbach trefft, quert ihr einen Forstweg und lauft ohne Wanderknotenpunkt nach links, dann müsst ihr

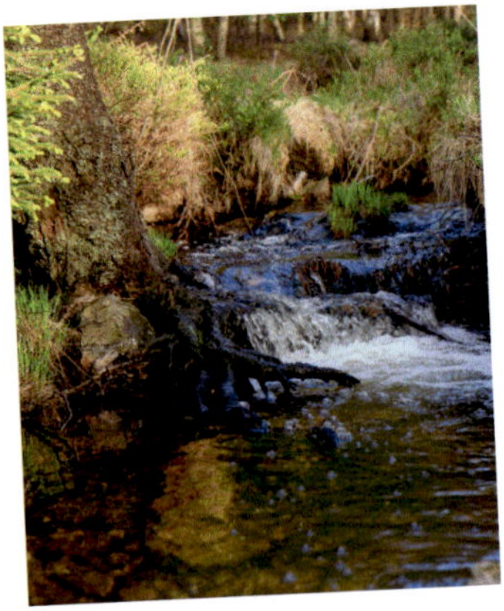

Der gurgelnde Eschbach

auf dem Rückweg nicht den gleichen Weg nehmen. Der Forstweg führt euch nun immer näher an den rauschenden Eschbach heran und weiter zu Nr. 87, welche ihr auf Höhe der Brücke erreicht. Hier, am ZUSAMMENFLUSS VON ESCHBACH UND STEINBACH 1, geht es nun am Steinbach bachaufwärts zur Nr. 93. Es folgt eine wunderschöne Passage ganz dicht am Bach, der euch mit seinen vielen Stromschnellen und Windungen über einen ziemlich wurzelreichen Pfad begleitet. An vielen Stellen gelangt ihr direkt ans Wasser und könnt euch an heißen Sommertagen unterwegs erfrischen. Es sind diese abwechslungsreichen Pfade inmitten von unberührter Natur, die beim Wandern so viel Spaß machen. Außer dem Wasser, den Vögeln und den Geräuschen des Waldes hört ihr hier nichts. Die Nr. 93 erreicht ihr auf Höhe einer steinernen Brücke, die euch von der linken auf die rechte Bachseite bringt, von wo aus ihr in Richtung Nr. 90 weiterlauft.

Es folgt ein kurzes Asphaltstück, ehe ihr an der Kreuzung zur Nr. 37 leicht bergauf wandert. Der Weg wird allmählich schottriger, dann passiert ihr die kleine Wüstung namens REINARTZHOF 2. Einst an einer wichtigen Handels- und Pilgerstraße zwischen Aachen und Trier gelegen, verfällt der ehemals verwunschen im Wald gelegene Weiler und ist der Natur überlassen. Am sogenannten Unterhof sieht man nur noch wenig, doch am Mittelhof steht eine Waldkapelle, die zum Andenken an die historische Siedlung 1973 aus dem Mauerwerk der alten Höfe erbaut wurde. Nur zwei Jahre zuvor hatten die letzten Bewohner den völlig isoliert gelegenen Reinartzhof verlassen, nachdem der Ort in den 1950er Jahren im Zuge des Baus der Wesertalsperre auf königlichen Befehl hin enteignet wurde. Ein schöner

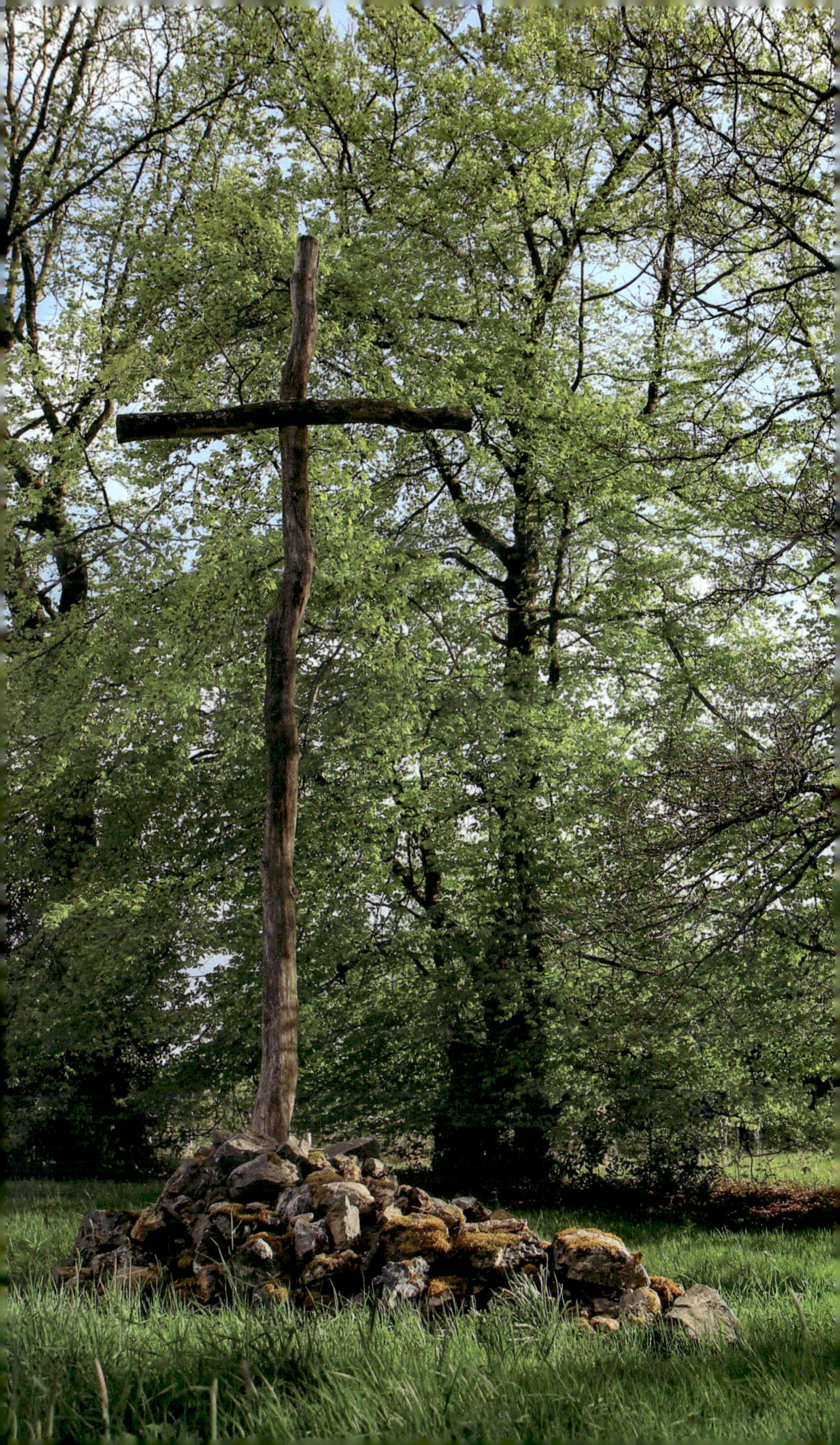

Ort, der bei so manch einem Melancholie und Nostalgie auslöst. Am Oberhof, ein paar Meter aufwärts, sieht man noch die Reste alter Mauern, die nach und nach von der Natur zurückerobert werden. In einigen Jahrzehnten ist hier vielleicht nichts mehr zu sehen.

WÜSTUNG BEZEICHNET EINE AUFGEGEBENE, IM VERFALL BEFINDLICHE SIEDLUNG. OFTMALS ERINNERN DIE MAL MEHR, MAL WENIGER GUT ERHALTENEN RUINEN AN VERLASSENE GEISTERORTE. DASS DIE SIEDLUNGEN EINST VERLASSEN WURDEN, HATTE OFTMALS MILITÄRISCHE GRÜNDE. DOCH AUCH KOHLEABBAU, FEHLENDE WIRTSCHAFTLICHKEIT ODER GROSSFLÄCHIGE BAUMASSNAHMEN KÖNNEN EINE ROLLE SPIELEN.

Weit reicht der Blick über die karge Moorlandschaft des Kutenhardts

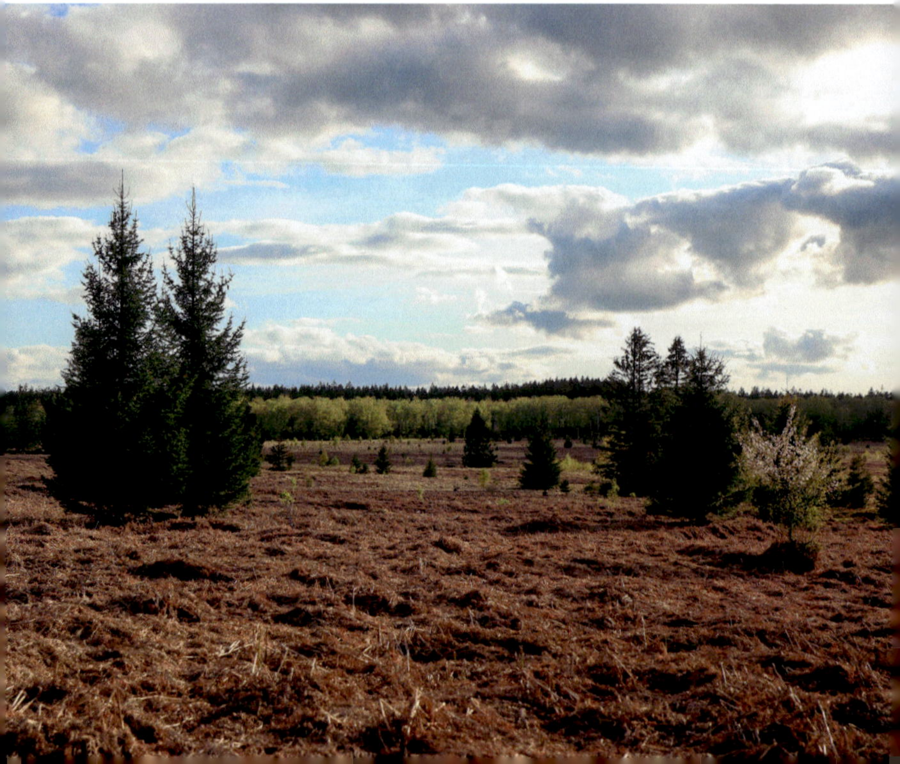

In jedem Fall erzählen Wüstungen spannende Geschichten von früheren Tagen, an denen innerhalb der Häuser, Mauern und Höfe noch Leben geherrscht haben muss – heute bleiben nostalgische Orte des Nachdenkens.

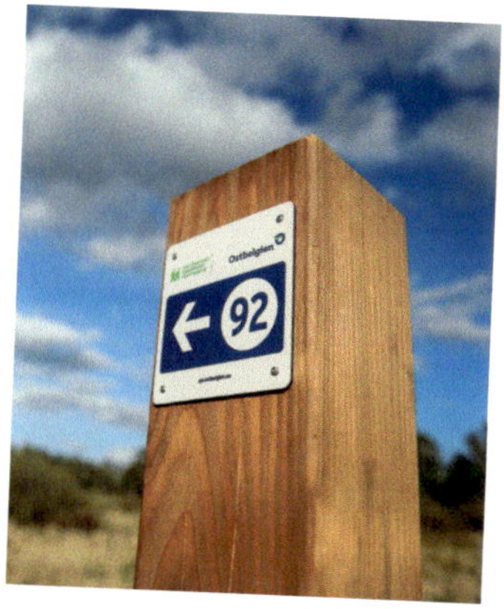

Das Wanderknotensystem

Ihr lasst nun den Reinartzhof hinter euch und macht euch auf in Richtung Nr. 92; bald erreicht ihr das KUTENHARDT-VENN 3, eine weite Moorfläche. Noch bevor sich der Wald öffnet, biegt ihr links und ohne Knotenpunkt auf den schmalen Forstweg ab, der euch durch eine alleeartige Birkenreihe bis zum Rande des Moors führt. Hier lauft ihr rechts weiter über den breiten Wiesenstreifen; wenn ihr Lust habt, könnt ihr diese Passage barfuß gehen und Luft an eure Füße lassen. Ihr passiert die Nr. 92 und folgt nun für eine ganze Weile dem Weg in Richtung Nr. 98. Zuvor jedoch könnt ihr die wunderschönen Blicke hinaus ins Moor mit seinen Torfheiden, Moorbirken und Pfeifengräsern genießen, und wer will, wandert auf einem der Wege ein Stück in die Sumpflandschaft hinein. Der Wiesenweg am Rande des Moors wird zunehmend schmaler, letztlich wandert ihr auf einem Pfad weiter und erreicht den Eschbach.

Hier beginnt eine der schönsten, vielleicht sogar die schönste Pfadpassage aller 25 Touren dieses Buches. Wichtig: Quert gleich zu Beginn den Eschbach und wandert fortan auf der linken Seite des Bachs. Ohne jegliche Schwierigkeit windet sich der Pfad durch das wildwüchsige Reich des Eschbaches. Stellenweise erinnert die Landschaft an die Schönheit und Einsamkeit des hohen Nordens. Büsche streifen eure Beine und zieren die schmale Spur, die unter jedem Schritt ein wenig federt. Der Eschbach plätschert und gurgelt und rauscht über

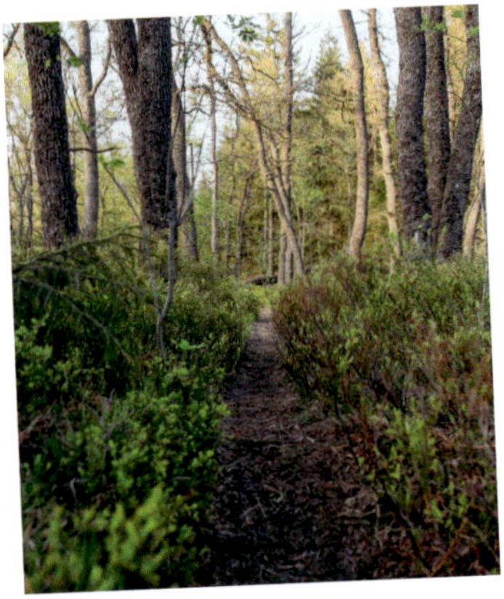

Schmaler Pfad am Eschbach

Stromschnellen, windet sich in Schwüngen bergab und mäandert dann wieder friedlich durch den lichten Wald. Seite an Seite mit dem Wasser bahnt ihr euch den Weg, der hinter jeder Kurve mit einem neuen Blick überrascht und nie mehr als ein paar Meter gerade verläuft. Wildromantisch, ursprünglich und wunderschön – nur kurz unterbrochen an einem Forstweg, wo ihr mit Hilfe einer kleinen Brücke die Bachseite wechselt und dann rechtsseitig zu Nr. 87 wandert.

Der Wald wird etwas dichter, die Schönheit dieses einsamen Pfades jedoch bleibt ungetrübt. Ihr steigt über zahllose Wurzeln, passiert majestätische Fichtenwälder und gelangt nach einer gefühlten Ewigkeit erneut zum Zusammenfluss von Steinbach und Eschbach. Überquert die Brücke, dann habt ihr Nr. 87 sowie eine wunderschön gelegene Rastbank erreicht. Hier im Schatten des Waldes und mit dem Rauschen des Eschbaches im Ohr lässt es sich in aller Gemütlichkeit rasten. Hinter der Brücke lauft ihr nun stets ganz nah am Eschbach entlang zur Nr. 21. Manchmal muss man schon aufpassen, nicht ins kühle Nass zu treten, so dicht bewegt man sich am Bach. Weiter geht es zur Nr. 38 sowie danach zur Nr. 95; auf dem Weg dahin folgt ihr dem dritten Bach des Tages, der WESER 4. Noch einmal schließt sich eine wundervolle Pfadpassage ganz nah am Wasser an – auf einer glatten Felsplatte ist bei Nässe etwas Trittsicherheit erforderlich –, ehe ihr auf die Nr. 95 und den kleinen Asphaltweg trefft. Folgt von hier aus der Markierung zur Nr. 12, diese bringt euch auf gleichem Wege zurück zum Wanderparkplatz Weserbrücke, wo der Ausflug in eine andere Welt leider schon wieder endet und ihr zurück in die Zivilisation gelangt.

Alles, was ihr wissen müsst

Rundtour: mittellange Wanderung mit leichtem Profil // keine besonderen Schwierigkeiten für Kinder // **nicht kinderwagentauglich**

Markierung: Wanderknotenpunktsystem, folgt ab dem Parkplatz dieser Reihenfolge: 95 - 21 - 87 - 93 - 90 - 37 - 92 - 98 - 87 - 21 - 38 - 95 - 12

Entfernung von Köln: 86 Kilometer

ÖPNV: Mit der Bahn nach Aachen, dann mit SB 63 oder SB 66 zur Zielhaltestelle Wanderstation/Bahnhof Roetgen // von dort kurzer Fußweg durch die Mühlenstraße zum Startpunkt

Auto: kostenloser, aber kleiner Wanderparkplatz Weserbrücke, Mühlenstraße 39, 52159 Roetgen // alternativ kostenfreie Parkmöglichkeiten entlang der Mühlenstraße

Einkehr: keine Einkehr direkt an der Strecke, jedoch einige Einkehrmöglichkeiten in Roetgen

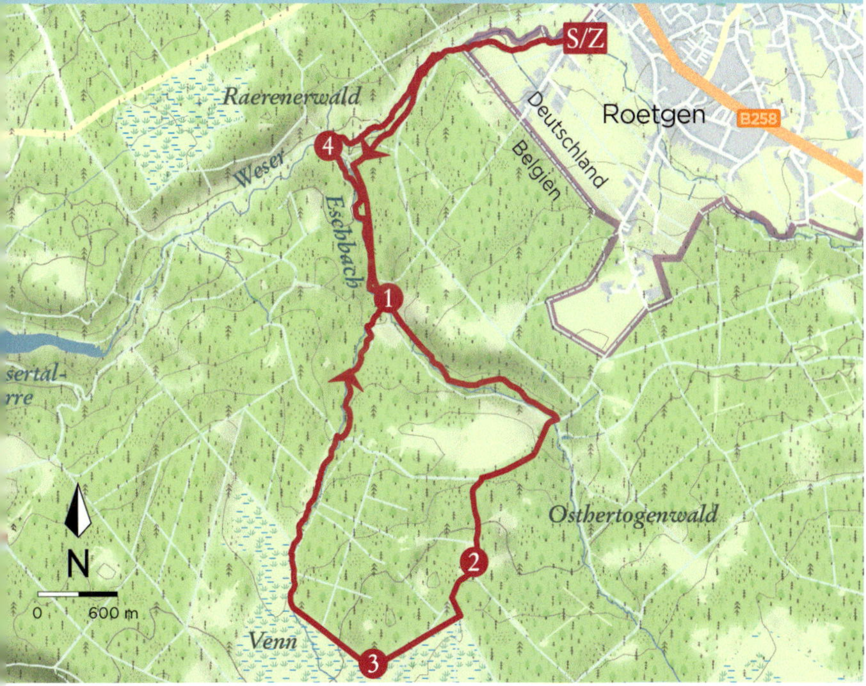

Durch das belgische Moor

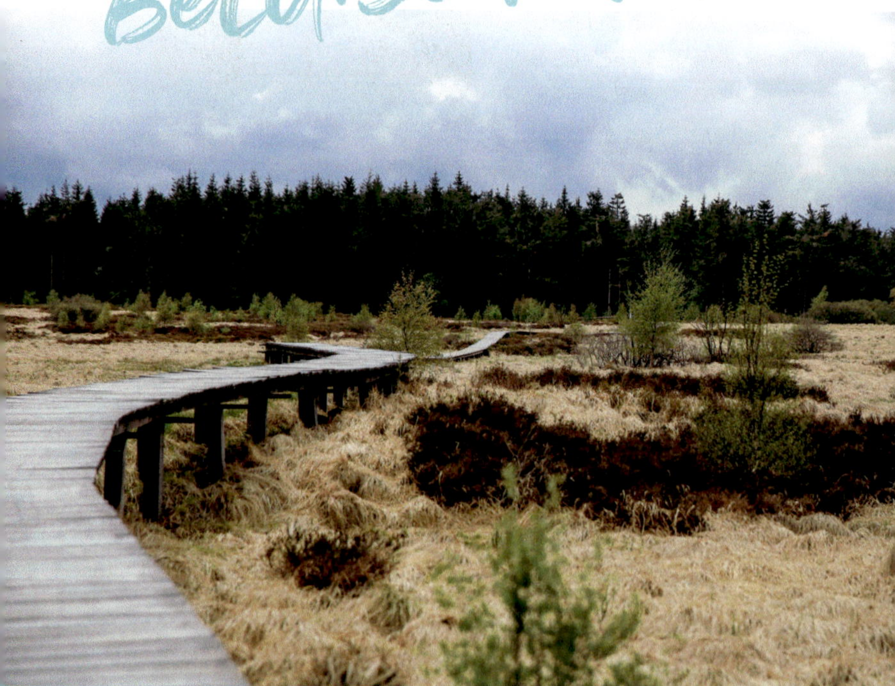

Schwierigkeit: schwer // 15,8 Kilometer // 159 Höhenmeter

Für Familien mit Kindern bedingt geeignet

KARG UND NASS:
AUSSERGEWÖHNLICHE MOORWANDERUNG
ZUM TOTENWALD VON NOIR FLOHAY

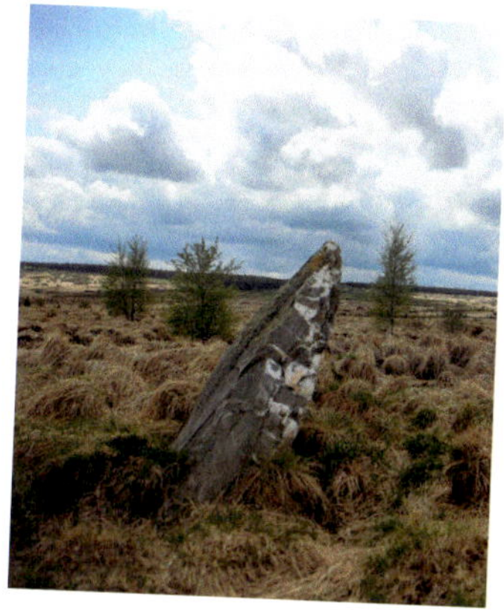

EINSAMER PROTAGONIST IM MOOR

Unweit der deutsch-belgischen Grenze erwartet euch eine einzigartige Landschaft, die es rund um Köln kein zweites Mal gibt. Das Hochmoor im Hohen Venn, ganz nahe dem höchsten Punkt von Belgien, ist ein abenteuerlicher und sehenswerter Ort. Schmale Holzstege und Pfade, sumpfige Wege und weiche, federnde Böden geleiten euch durch die mystische Landschaft, die sich stellenweise so wild und einsam gestaltet, dass ihr euch im hohen Norden von Skandinavien wähnt. Doch aufgepasst: Wasserdichte, hohe Schuhe (keine Gummistiefel!) solltet ihr unbedingt mitnehmen, denn der eine oder andere Tritt ins sumpfige Nass ist unumgänglich.

Vor der Tour ein paar wichtige Hinweise: Das Wandern mit Hund ist im Herzstück des Hohen Venn leider verboten, der Vierbeiner muss also zu Hause bleiben. Wenn die roten Flaggen an den Rändern des Hochmoors wehen, besteht höchste Brandgefahr und das komplette Gebiet ist für Besucher gesperrt; informiert euch bei langen Hitze- und Trockenperioden also am besten vorher, zum Beispiel bei der Tourismusagentur Ostbelgien. Kontaktdaten findet ihr auf www.ostbelgien.eu.

Jetzt kann es aber losgehen, und zwar in Baraque Michel ganz nahe des höchsten Punkts von Belgien, einer ehemaligen Herberge für Reisende, die 1812 vom Rheinländer Michel Henri Schmitz erbaut wurde. Überquert die Straße vor dem Parkplatz, geht kurz rechts und wandert dann über den Fußweg links in das Hohe Venn.

EIN HOCHMOOR BZW. REGENMOOR BEZEICHNET EIN MOORGEBIET, WELCHES AUSSCHLIESSLICH VON OBEN,

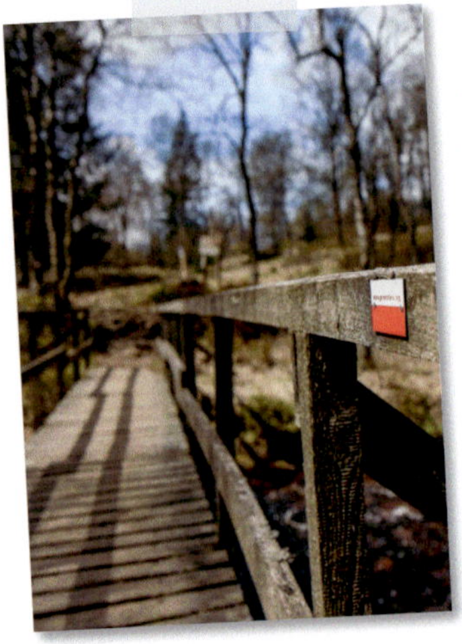

ALSO DURCH NIEDERSCHLAG, MIT WASSER VERSORGT WIRD. SO EIN MOOR WÄCHST ÜBER JAHRTAUSENDE HINWEG UND GLEICHT EINEM VOLLGESOGENEN SCHWAMM, DER AUS 90 PROZENT WASSER BESTEHT.

Möglich machen das vor allem die Torfmoose, die das 25-fache ihres Trockengewichtes an Wasser aufnehmen können. Aufgrund der lebensfeindlichen Bedingungen überleben hier, im Gegensatz zum Niedermoor, das Wasser aus dem Boden zieht, nur die robustesten Arten.
Zunächst begleitet euch ein kleines Waldstück, während ihr linker Hand schon mal einen Eindruck von der Moorlandschaft bekommt. Am Ende des Waldes gelangt ihr zu einem Holzsteg, folgt diesem bis auf Weiteres immer geradeaus, ignoriert dabei jegliche Kreuzung. Der Steg führt euch trockenen Fußes durch den Sumpf, wenngleich das Holz mit jedem Schritt ein wenig federt, wie der Boden des Moors. Das Wasser der vielen Tümpel und Nassstellen glitzert in der Sonne, während ihr Schritt für Schritt ein wenig mehr ins Venn eintaucht – euer Blick reicht bis zum Horizont dieser kargen Landschaft. Überall ragen tote Bäume empor, wie vergessene Soldaten stehen sie Spalier für eure Wanderung. Der Holzsteg indes windet sich in leichten Kurven bergab, vorbei an der Quelle der Hill. Es ist unglaublich, wie schnell das kleine Flüsschen anwächst, bei dem hier gespeicherten Wasser andererseits aber auch kein Wunder. Schon bald ist aus einem Rinnsal ein stattliches Gewässer gewachsen. Ihr begleitet die plätschernde Hill noch für eine ganze Weile; ab und zu wird der Holzsteg von kurzen Pfadabschnitten unterbrochen, dann geht es über die Holzbohlen weiter, immer tiefer ins Venn hinein.

Nach ca. 2,2 Kilometern seht ihr links neben euch eine kleine Brücke über die Hill, die zur Zeit der Begehung leider nicht mehr ganz intakt, jedoch noch passierbar war und in Zukunft wieder in Stand gesetzt werden soll. Merkt euch diese Stelle, hier werdet ihr später am Tag die Runde beschließen. Jetzt wandert ihr weiterhin geradeaus über Stock und Stein und Holz. Stellenweise erinnert der Pfad entlang der Hill an alpine Landschaften, vor allem im Bereich des Ufers, wo sich felsige Abschnitte mit sumpfigen Passagen abwechseln. Dann erreicht ihr eine Holzbrücke, die PONT MARIE-ANNE LIBERT 1, die rechter Hand über die Hill führt und einen schönen Ort zum Rasten abgibt. Überqueren müsst ihr die Brücke jedoch nicht, ihr haltet euch weiter geradeaus und linksseitig der Hill. Ab hier könnt ihr der rot-weißen Markierung des GR 572 folgen. GR steht übrigens für Sentiers de Grande Randonnée, so werden die Fernwanderwege im

Nur wenige Kilometer entfernt als Rinnsal entsprungen, entwickelt sich die Hill zum rauschenden Flüsschen

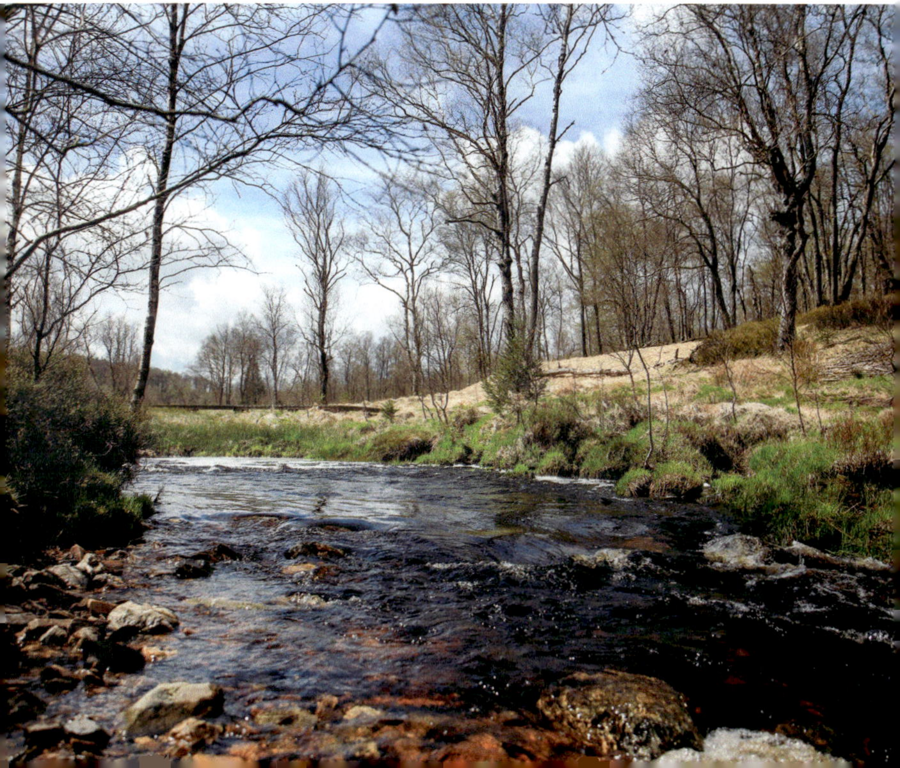

französischsprachigen Raum genannt. Die Holzstege werden ab jetzt schmaler, sodass nur vier Füße nebeneinander Platz haben. Es beginnt der wilde, überaus abenteuerliche Teil der Wanderung. Viele der Holzstege sind im Laufe der Zeit morsch geworden und heute nicht mehr begehbar; so seid ihr gezwungen, über sumpfige Abschnitte zu hüpfen, über quer liegende Baumstämme zu balancieren oder auch mal den Fuß in den feuchten Sumpf zu setzen. Auf Dauer ist das auf dem oft abschüssigen und auch mal steilen Untergrund eine durchaus kräftezehrende Angelegenheit und der einzige Grund, wieso die sonst eigentlich nur mittelschwere Wanderung als schwer eingestuft ist. Die Ausbesserung der Stege ist für die nahe Zukunft geplant, und wer weiß, vielleicht sind diese zur Zeit eurer Wanderung ja schon instand gesetzt. Ihr solltet euch aber in jedem Fall mit wasserdichtem Schuhwerk ausrüsten.

Holzbrücken und Stege durchziehen vielerorts das Hohe Venn. Die hier zu sehende Hauptroute ist gut in Schuss

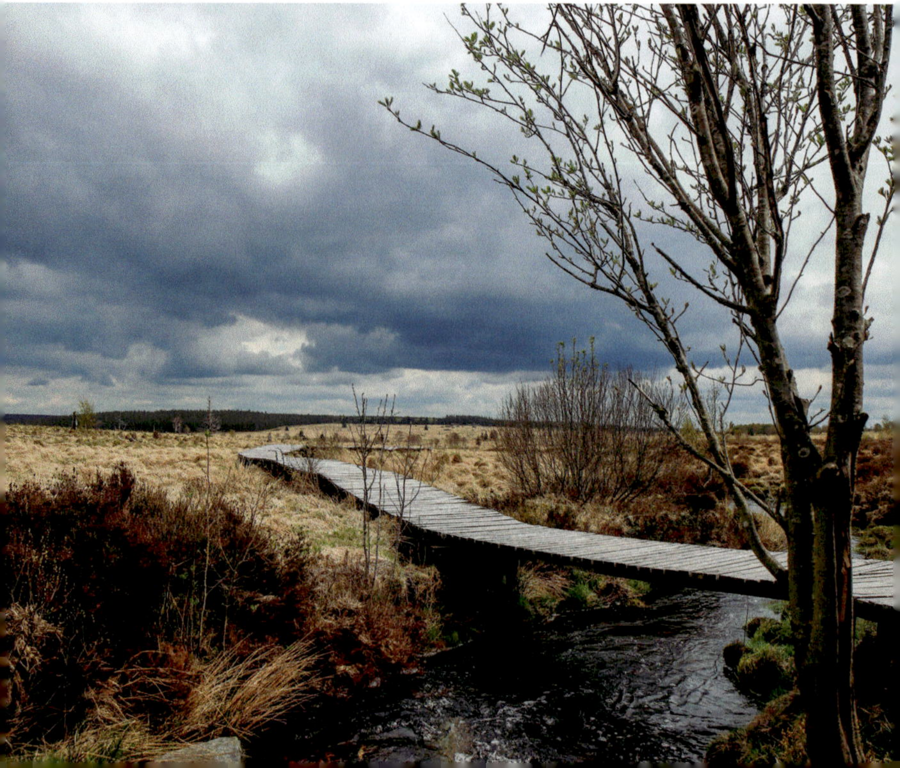

DIE HILL IST NICHT NUR WUNDERSCHÖN, SONDERN AUCH SEIT JEHER VON GROSSER POLITISCHER BEDEUTUNG. SO WAR DER SCHWARZE FLUSS, WIE SIE AUFGRUND DES DUNKLEN, SÄUREHALTIGEN WASSERS GENANNT WIRD, NICHT NUR IN DER RÖMERZEIT DIE GRENZE ZWISCHEN TONGERN UND KÖLN. IM MITTELALTER DANN WAR SIE GRENZFLUSS ZWISCHEN DEN HERZOGTÜMERN LIMBURG UND LUXEMBURG. UND VON 1815 BIS 1919 BILDETE SIE DIE STAATSGRENZE ZWISCHEN PREUSSEN UND DEM KÖNIGREICH NIEDERLANDE.

Dass man sich hier nur rund eine Stunde von Köln befindet, ist stellenweise schwer zu glauben. Mal erinnert die wilde Landschaft an die schottischen Highlands, dann wähnt man sich in Kanada und wenig später im finnischen Lappland. Das Beste? Abgesehen von den Holzstegen und der schmalen Pfadspur ist hier auf mehreren Kilometern nichts, aber auch rein gar nichts von menschlicher Zivilisation zu sehen, geschweige denn zu hören. Eine solche Einsamkeit und Ursprünglichkeit so nah bei Köln ist eine Seltenheit und ein Abenteuer zugleich. Die Hill windet sich in zahllosen Kurven durch das Tal, nagt an ihrer Böschung, modelliert Felswände oder mäandert friedlich durch das sumpfige Moor. Auf Höhe einer weiteren HOLZBRÜCKE BEI BRANDEHAAG-BONGARD (2) endet dann diese wunderschöne Passage, und der GR 572 verlässt euch nach rechts. Ihr jedoch haltet euch weiterhin geradeaus, dazu folgt ihr auf Höhe der Brücke dem rot-weißen Kreuz, das ein wenig an ein Pflaster erinnert, und lauft nun über einen schmalen Naturweg leicht bergauf zurück zum Moor. Zunächst geht es durch einen lichten Wald, doch den verlasst ihr bald darauf, und der Weg verbreitert sich, ehe er in einen noch breiteren Weg mündet.

Hier wandert ihr in einer spitzen Kehre nach links und fortan wieder direkt durch das Hohe Venn. Erneut führen euch schmale Holz-

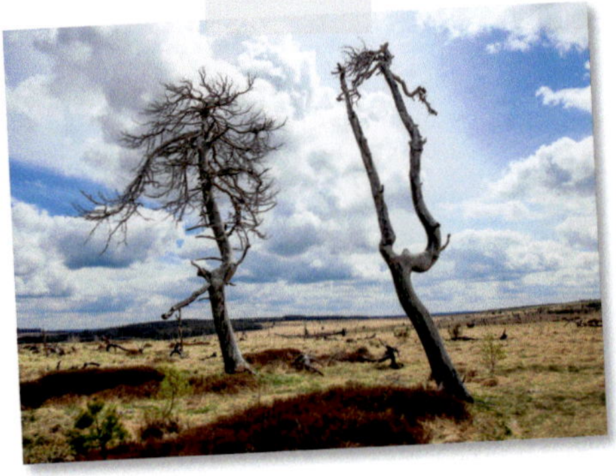

stege und Pfadspuren durch den Sumpf und leiten euch meist trockenen Fußes durch den Morast. Am Rande eines kleinen Waldstückes namens Petit Bongard trefft ihr auf eine Kreuzung; haltet euch hier rechts und lauft dann in das Herzstück des Venns zurück, welches ihr vor allem an den vielen Warnschildern sowie am Fahnenmast erkennt, an dem bei Brandgefahr eine rote Flagge angebracht ist. Der Moorpfad führt euch nun zum GEITZBUSCH 3, ein ausgedehntes Waldgebiet mitten im Moor. Am Rande stehen zahllose tote Bäume, ragen stumm und leblos in den Himmel und geben ein skurriles Motiv ab. Auf dem Waldboden liegt Totholz kreuz und quer. Auch hier sind viele der Holzstege leider zerstört, die Pfadspur ist jedoch stets deutlich zu erkennen und der Weg dadurch eindeutig vorgegeben. So erreicht ihr schließlich den TOTENWALD VON NOIR FLOHAY 4. Diesen umgibt eine wahrlich mystische und gespenstische Atmosphäre. Die einzelnen, krumm und schief gewachsenen Bäume – oder das, was von ihnen noch übrig ist – erinnern wirklich an knochige Gespenster. Dünne, abgemergelte Kieferngerippe ragen aus der mit üppigen Gräsern überwachsenen Hochebene und erzählen die Geschichte eines kleinen Kiefernwäldchens, das den großen Moorbrand im Jahre 2011 und die dauernden Kämpfe gegen den Winter nicht überlebte. Die hölzernen Skelette gelten als einer der markantesten Punkte im ganzen Venn. Habt ihr den Totenwald passiert, geht es aufgrund der zerstörten Holzstege nun recht sumpfig zurück ins Tal der Hill und zu den Holzstegen, von denen ihr am Anfang eurer Tour gekommen seid. Wenn ihr diese erreicht habt, gilt es noch die Hill mit Hilfe der Brückenreste oder der mittlerweile neu errichteten Brücke zu überqueren und dann rechts, auf gleichem Wege wie zu Beginn, zurück nach Baraque Michel zu wandern.

Alles, was ihr wissen müsst

Rundtour: mittellange Wanderung mit leichtem Profil, jedoch schwer zu gehenden Wegen // Wandern durchs Moor: Vorsicht vor Matsch und Nässe // wasserdichtes, am besten hohes Schuhwerk muss mit! // schwierige, weil oft sumpfige Wege bergen Frustpotenzial für Kinder, wecken jedoch auch Abenteuerlust // **nicht kinderwagentauglich**

Markierung: nicht einheitlich, bitte Text und/oder GPS beachten

Entfernung von Köln: 103 Kilometer
ÖPNV: mit der Bahn nach Aachen, von dort weiter mit Bus 14 nach Eupen, dann Bus 394 zur Zielhaltestelle Baraque Michel
Auto: kostenloser Wanderparkplatz, Baraque Michel 36, 4845 Jalhay, Belgien

Einkehr: **La Baraque Michel,** Baraque Michel 36, 4845 Jahay, Belgien, baraquemichel.com

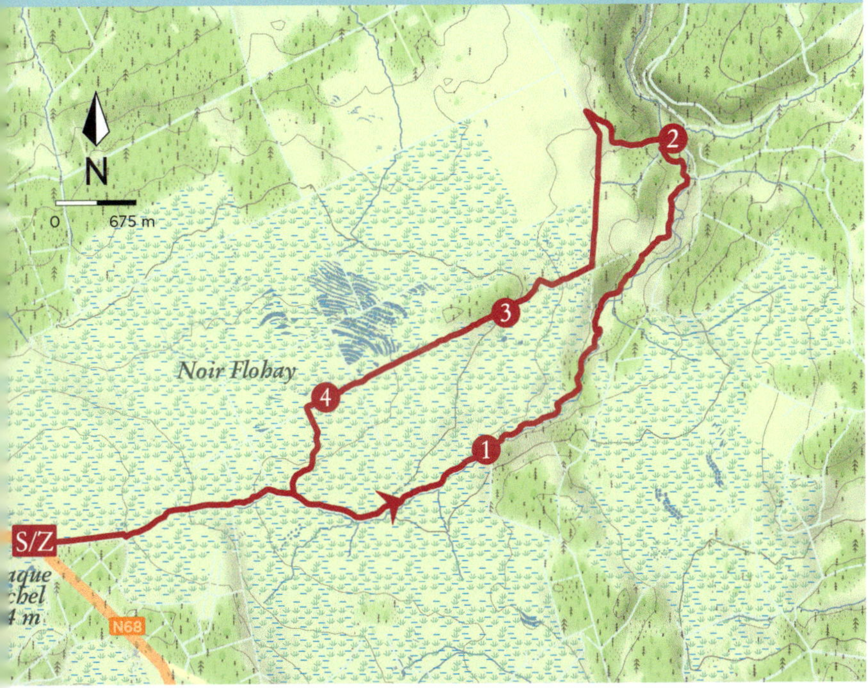

Bibliographische Informationen der Deutschen Nationalbibliothek:
Die Deutsche Nationalbibliothek verzeichnet diese Publikation
in der Deutschen Nationalbibliografie; detaillierte bibliografische Daten
sind im Internet über https://www.dnb.de/ abrufbar.

MIX
Papier | Fördert gute Waldnutzung
FSC® C083411

© Bilder: Jarle Sänger
Umschlaggestaltung: Nina Schäfer
Umschlagmotiv: Lucas1989/photocase.de
Layout: Editorial Design & Artdirection, Conny Laue, Bochum,
nach einem Konzept von Nina Schäfer
Kartografie: Altan Cicek, altancicek.design, www.altancicek.de

Druck und Bindung: CPI – Clausen & Bosse, Leck
Printed in Germany 2023
ISBN 978-3-7408-1699-5